"道路交通安全智能化管控关键技术与集成示范"项目技术丛书
课题二 高速公路网运行状态智能监测与安全服务保障
关键技术研发及系统集成

道路交通网络结构与状态分析评估理论

贾利民 田 钊 董宏辉 张晨琛 沈鸿飞 编著

人民交通出版社

北京

内 容 提 要

本书以道路交通网络的交通拥堵缓解为背景，针对道路交通网络进行了部分基础性的研究，主要包括：道路交通网络的模型构建方法、道路交通网络的结构分析评价方法、道路交通网络的状态分析评估方法以及道路交通网络的关键节点和关键路段识别方法。

本书可供交通运输工程领域特别是从事智能交通的教学、科研和管理人员以及交通运输工程和交通安全工程等专业高年级本科生、研究生参考。

图书在版编目（CIP）数据

道路交通网络结构与状态分析评估理论/贾利民等编著．—北京：人民交通出版社股份有限公司，2024.11
ISBN 978-7-114-13929-1

Ⅰ.①道… Ⅱ.①贾… Ⅲ.①交通网—网络结构—研究②交通网—状态分析—评估 Ⅳ.①U491.1

中国版本图书馆 CIP 数据核字(2017)第 133960 号

Daolu Jiaotong Wangluo Jiegou yu Zhuangtai Fenxi Pinggu Lilun

书　　名：	道路交通网络结构与状态分析评估理论
著 作 者：	贾利民　田　钊　董宏辉　张晨琛　沈鸿飞
责任编辑：	姚　旭　钟　伟
责任校对：	赵媛媛　刘　璇
责任印制：	刘高彤
出版发行：	人民交通出版社
地　　址：	(100011)北京市朝阳区安定门外外馆斜街 3 号
网　　址：	http://www.ccpcl.com.cn
销售电话：	(010)85285857
总 经 销：	人民交通出版社发行部
经　　销：	各地新华书店
印　　刷：	北京科印技术咨询服务有限公司数码印刷分部
开　　本：	787×1092　1/16
印　　张：	14.625
字　　数：	328 千
版　　次：	2024 年 11 月　第 1 版
印　　次：	2024 年 11 月　第 1 次印刷
书　　号：	ISBN 978-7-114-13929-1
定　　价：	80.00 元

(有印刷、装订质量问题的图书，由本社负责调换)

丛书编委会名单

主 任 委 员 吴德金
副主任委员 张劲泉　周荣峰　李作敏　胡　滨
主　　　编 李爱民　李　斌
编　　　委 （按姓氏笔画排序）
　　　　　　　王　琰　牛树云　江运志　孙晓亮
　　　　　　　李　丁　李　健　李　琳　杨　轸
　　　　　　　吴明先　汪　林　沈湘萍　宋国杰
　　　　　　　张　凡　张　利　张纪升　陈　洁
　　　　　　　陈亚莉　陈宇峰　陈祥辉　周　宏
　　　　　　　孟春雷　赵　丽　郝　盛　胡　钢
　　　　　　　贾利民　龚　民　常云涛　董亚波
　　　　　　　董宏辉　路　芳　蔡　蕾　燕　科

丛书前言

自人类进入汽车社会以来，道路交通安全问题已经成为当今世界一个严重的社会问题。为了遏制道路交通事故的发生，降低道路交通事故的危害，人类做出了不懈的努力。进入21世纪，国际社会对道路交通安全问题愈发重视，在全球范围内掀起了提高道路交通安全性的新高潮。但是，遏制道路交通事故发生、缓解道路交通安全压力仍是一项长期和艰巨的任务。

高速公路是公路交通运输系统的"大动脉"，承担了我国70%以上的公路运输交通量，已成为我国综合交通运输系统的重要组成部分。然而，随着高速公路的快速发展，高速公路交通安全状况不容乐观。特别是随着我国机动化进程的不断加快，机动车数量和居民人均出行量进一步快速增长，改善道路交通安全的压力和难度仍在增大。

交通安全是道路交通研究永恒的主题，科技进步和新技术应用则是解决道路交通安全问题的重要手段。由科技部、公安部、交通运输部三个部委联合组织实施的"国家道路交通安全科技行动计划"一期项目"重特大道路交通事故综合预防与处置集成技术开发与示范应用"已于2012年正式通过验收。项目形成了大量具有先进性和实用性的研究成果，示范效果明显，示范路网内事故数平均下降了20.1%，重特大事故数降幅为21.4%，死亡人数平均降幅为27%。正是基于此，2014年国家又启动了"国家道路交通安全科技行动计划"二期项目"道路交通安全智能化管控关键技术与集成示范"，其目标是在一期项目的基础上，利用传感网、大数据研判等先进信息技术，围绕道路交通安全的主要矛盾和突出问题，打造安全、有序的高速公路交通行车环境，实现交通行为全方位有效监管，促进重点驾驶人安全驾驶行为和习惯的养成、交通秩序根本性好转，全面提升重特大交通事故的主动防控能力。

课题二"高速公路网运行状态智能监测与安全服务保障关键技术研发及系统集成"是"道路交通安全智能化管控关键技术与集成示范"项目的重要组成部分。面向国家公路网可视、可测、可控、可服务的战略需求，重点攻克并集成应用高速公路网运行状态感知与态势分析、路网运行预警与交通流组织、信息推送服务等关键技术，研发高速公路运行状态综合感知、路网运行态势分析、路网监测与安全服务保障平台等系统，研制公路传感网自组织节点设备、定向交通信息推送设备、异构系统间专用安全互操作设备等，建成协同高效的部省两级路网监测与安全服务保障平台，实现高速公路网运行状态的全时空监测，多尺度态势分析、研判、预警，跨区域协同管理和跨部门联动预警及安全信息主动推送服务。依托交通运输部公路网运行监测与服务系统工程和典型省份公路网运行监测与服务系统工程开展示范应用，形成公路网运行监测与服务相关标准规范。

在科技部、公安部和交通运输部三个部委的高度重视下和组织下，在各相关方向有专长的科研单位、大学、企业及行业管理单位等20余家单位的300余位研究人员，共同参加课题研究、示范工程建设及标准规范编制修订工作，取得了丰硕的研究成果，并通过"产、学、研、用"相结合的方式，保证研究成果达到"实际、实用、实效"的要求。本丛书是对"高速公路网运行状态智能监测与安全服务保障关键技术研发及系统集成"课题部分成果的总结，是"国家道路交通安全科技行动计划"项目的重要成果之一，本丛书涉及公路桥梁安全状态监管、路网结构分析评估、路网运行状态分析与态势推演、高速公路网交通流调度、跨区域大范围路网协同运行控制、高速公路信息服务、跨部门跨区域路网监测与服务保障平台等方面，丛书将为公路行业的运营管理及交通安全改善工作提供指导，有助于进一步提升高速公路网的监测与安全服务保障能力，具有重要的指导意义和实用价值。

本丛书在编写过程中得到了交通运输部总工程师周伟，交通运输部公路局李华，交通运输部科教司庞松，交通运输部公路科学研究院王笑京、何勇、牛开民、傅宇方等领导的鼎力支持，得到了陈国靖、马林、关积珍、张明月、王辉、左海波等专家的悉心指导，交通运输部路网监测与应急处置中心、交通运输部公路科学研究院等20余家课题参加单位领导、同人给予了大力配合，在此表示衷心感谢！书中参阅大量国内外文献，引述文献的已尽量予以标注，但难免存在疏漏，在此对各文献作者一并致谢！

交通运输部公路科学研究院
交通运输部路网监测与应急中心
2023年1月

前　言

道路交通是我国交通运输业的关键组成部分，承担着重要的客货运输和国防安全保障任务，支撑国民经济可持续发展和百姓高品质出行需求。道路交通网络中越来越严重的拥堵现象，严重制约着城市经济和社会文明的发展与进步，同时也严重影响了居民生活质量的提高，另外，交通拥堵也是交通安全的最大隐患。对道路交通网络进行建模及结构特征分析，能够为道路的设计者和交通的管理者提供一定的数据支持；对道路交通网络进行风险评估，能够为道路的管理者提供决策支持；对道路交通网络中关键交叉口和路段的识别及道路交通网络状态的时序分析，能够为缓解交通拥堵相关策略的制定和实施提供一些针对性的帮助。

本书依托"十二五"国家科技支撑计划课题"高速公路网运行状态智能监测与安全服务保障关键技术研发及系统集成（课题编号：2014BAG01B02）"中的主要研究成果，系统阐述了道路交通网络结构与状态分析评估理论。全书主要包括三大部分：道路交通网络建模（第 2 章），道路交通网络结构分析和状态分析（第 3 章和第 4 章）以及道路交通网络关键节点和关键路段分析（第 5 章和第 6 章）。

鉴于路网结构状态分析仍处在不断探索和发展之中，加上编著者水平有限，错误和不妥之处在所难免，敬请广大读者批评指正。

著作者
2023 年 5 月

目 录

第1章 绪论 /1

1.1 引言 ··· 1
1.2 道路交通网络结构状态分析研究现状 ··································· 4
1.3 本书内容结构 ··· 9

第2章 道路交通网络建模 /11

2.1 概述 ··· 11
2.2 抽象网络模型 ·· 12
2.3 静态属性网络模型 ·· 12
2.4 动态属性网络模型 ·· 14
2.5 普适道路交通网络模型 ·· 17
2.6 本章小结 ·· 18

第3章 道路交通网络结构分析 /19

3.1 概述 ··· 19
3.2 道路交通网络结构特征分析方法 ······································ 20
3.3 道路交通网络结构风险分析方法 ······································ 68
3.4 道路交通网络结构与应急管理研究 ··································· 108
3.5 本章小结 ··· 118

第4章 道路交通网络状态分析 /119

4.1 概述 ·· 119
4.2 道路交通网络状态特征分析方法 ····································· 120
4.3 道路交通网络状态时序分析方法 ····································· 130
4.4 道路交通网络状态风险分析方法 ····································· 141
4.5 道路交通网络状态风险评估与预测方法 ···························· 156
4.6 本章小结 ··· 179

第5章 道路交通网络关键节点分析 /180

5.1 概述 ·· 180
5.2 基于拓扑连接的关键节点分析方法 ··································· 180
5.3 基于静态功能属性的关键节点分析方法 ···························· 186
5.4 本章小结 ··· 191

第6章 道路交通网络关键路段分析 /192

6.1 概述 ··· 192
6.2 基于静态功能属性的关键路段分析方法 ···························· 192
6.3 基于动态交通状态的关键路段分析方法 ···························· 193
6.4 本章小结 ·· 210

参考文献 /211

第1章 绪 论

1.1 引言

道路交通网络(Road Traffic Network,RTN,也称"路网")是指城市及周边由不同功能、等级和区位的道路以一定的密度和适当的形式组成的网络结构。作为城市的基本骨架,道路交通网络的作用是保障公众出行和客货输送,从而确保城市各项基本功能的正常运转,进而促进城市社会经济的进步。我国城市道路建设速度在进入21世纪后明显加快,北京、上海和广州等大城市的道路长度和道路面积进入了飞速发展的阶段。但是,道路交通网络的建设与发展都具有一定的历史渊源,因历史条件的限制或者历史规划预见性的缺乏,使得目前的道路交通网络都存在一些问题,比如,道路交通网络中存在一些"断头路"的情况,路网结构布局也存在一些不合理的地方,部分道路也存在无法充分利用的缺陷。这些都使得整个道路交通网络难以发挥其应有的全部功能,加之目前我国城市人口的爆炸性增长,城市机动车保有量不断且快速增多,造成我国城市道路的交通拥堵日益严重。

自20世纪90年代起,我国交通拥堵问题便已出现。近些年来,城市私家车数量迅速增加,交通拥堵加剧,交通高效出行变得越来越困难,出行时间所占的比例越来越大,严重制约着城市经济和社会文明的发展,同时也严重影响了城市居民生活质量的提高。以北京为例,不断完善的北京市城区交通基础设施,如已建成的二、三、四、五、六环路等城市快速道路系统,虽然能够承担主要的城市交通需求量,但因机动车保有量的不断扩大,仍然无法维持交通需求和交通供给之间的平衡,道路交通压力仍在不断增大并趋于饱和状态,使得北京市道路交通还是处于交通拥堵的困境。这不仅导致居民的出行延误,降低城市的运转效率,而且增加了耗油量和废气排放,导致环境的恶化,严重阻碍了社会和经济的发展,同时影响了首都的整体形象。

交通拥堵不仅会导致城市社会经济的衰退,城市生存环境的恶化,同时也导致了事故的增多,带来经济上的损失,甚至还危及人们的生命安全,同时事故增多又加剧了拥堵。据相关统计,每年全球因交通事故丧生的人数约有124万,每年全球因交通事故造成的经济损失达5180亿美元。

造成城市道路交通拥堵的原因很多,根本原因可以归结为交通需求和交通供给之间的不平衡,即交通需求大于交通供给。解决城市交通拥堵问题主要从两个方面入手:第一,不断加强城市道路基础设施的建设和完善科学智能化的交通管理,从而整体上提高道路交通网络所能提供的交通容量;第二,合理布局城市功能区,引发城市居民高效的出行行为,从而整体上减小城市居民所需要的交通容量。道路基础设施的建设和城市功能区的布局是一个漫长的历史问题,且需要较大的资金支持,同时涉及城市实际的政策,所以很难有较大的改善。科学智能化的交通管理成为解决交通拥堵主要且有效的途径。

科学智能化的交通管理能够提高城市交通系统的运行效率,从而改善城市的拥堵情况。智能交通系统(Intelligent Transportation System,ITS)是将先进的科学技术(信息技术、计算机技术、数据通信技术、传感器技术、电子控制技术、自动控制理论、运筹学、人工智能等)有效地综合起来,运用于交通运输、服务控制和车辆制造,加强车辆、道路、使用者三者之间的联系,从而形成一种保障安全、提高效率、改善环境、节约能源的综合运输系统。作为缓解交通拥堵的主要途径之一,智能交通系统能够对交通运行系统进行智能科学调控,保证交通运输系统的实时高效性,缓解交通拥堵问题,从而达到保障道路交通安全、提高现有交通路网的运行效率、降低资源消耗和改善城市环境的目的。

科学技术部、交通运输部、住房和城乡建设部等相关部门对智能交通系统发展和建设也给予了高度重视。早在"十五"时期,交通部就明确提出利用现代信息技术改造和提升我国传统的交通运输业,促进产业结构调整,挖掘交通运输潜力,加强科学化、现代化管理,最大限度地为社会公众提供优质服务,努力实现交通行业的跨越式发展。在"十一五"期间,科学技术部积极支持智能交通的发展,在科技支撑计划中,设置有重大项目"国家综合智能交通技术集成运用示范",并且国家"863"项目首次设置有"现代交通技术领域"。在"十二五"时期,我国智能交通系统的发展趋势主要体现在通过智能化和信息化手段,推动综合交通运输和城市公共交通的高效发展,实现交通节能减排,打造绿色交通,进一步提高道路交通安全等。《综合交通运输"十三五"发展规划》提出,交通运输将进入全面提高综合交通运输运行效率和质量,切实提升综合运输服务水平的新阶段,努力构建安全、便捷、高效、绿色的现代综合交通运输体系,实现交通基础设施衔接顺畅、运输服务便捷高效、科技信息先进适用、资源环境低碳绿色、安全应急可靠高效和行业管理规范有序。这一切都离不开以智能交通系统建设为路径的综合交通运输体系的全局性和战略性支撑。

目前,在我国大城市骨干道路交通网络建设已基本完成的大背景下,大力推进交通管理与服务的信息化和智能化,是提高城市道路交通管理水平和交通服务水平,进而缓解或解决交通拥堵等城市交通问题的必由之路。

城市道路交通拥堵有以下两个特点:①地点固定性,一般情况下交通拥堵主要发生在交通要道、商业集中路段、交通信号灯较多的路段和行人穿行较多路段等城市路段。②时间规律性,一般情况下交通拥堵主要集中在每天的上下班高峰期(包括早高峰和晚高峰)。

造成城市道路交通拥堵的原因有很多,包括:①道路的因素,即道路容量严重不足。我国大城市的人均道路面积尚不及发达国家的1/3,尽管人均道路面积正以较快的速度逐年增长,但却赶不上城市交通量年均20%的增长速度。此外,新的道路建设主要集中在新的城市,在大城市的建设存在一定的历史问题,发展较慢,且大城市的地产开发集中于市中心地区,产生了过量的交通。②车辆的因素,即机动车数量增长速度过快。我国大城市机动车每年的增长数量远超过每年道路建设的供给能力,我国大部分城市路网密度较低,干道间距过大,难以适应数量快速增长的机动车交通需求量。③人的因素,即部分市民交通公德素质和意识差。在我国很多大城市都存在机动车相互抢道、穿插和违章现象,及电动车、自行车和行人违法穿行现象,导致交通违法行为频发,直接干扰了正常的交通秩序,降低了道路通行能力。④静态交通的因素,即大城市的停车问题。停车供需矛盾突出,违规占道停车和反复寻找停车位等行为所造成的无效交通流量对正常的交通流带来了严重干扰。⑤交通管理的因素,包括多个方面:a. 交通警力不足,使得交通事故不能得到及时有效的处理,造成长时间大面积的交通拥堵;b. 基础设施不完善,交通信号灯的覆盖率和智能化水平较低,标志标线护栏等设施较少,道路条件和技术力量较差,人行天桥和地下通道的数量较少;c. 公共交通发展缓慢,随着城市规模的不断扩大,城市居民的出行次数和出行距离都有所增加,而步行和非机动车出行已无法满足大部分城市居民出行的需求,城市公交发展相对滞后,导致私家车的数量增多,进而更加恶化了交通拥堵的情况。

针对城市道路拥堵的问题,一般通过以下八个方面进行改善。①不断加强全民宣传教育,大力进行文明出行的宣传活动;②不断强化交通秩序整治,集中整治严重的交通违法行为,尤其是酒驾,同时整治非机动车的违法行为;③不断优化交通警力机制,在增加交通警力的基础上,逐步完善交通拥堵的应急处置预案,提高交通拥堵的预见力和处置率;④不断加强交通静态管理,对城区道路停车需求和现有车位进行统计,设置合理的停车方案;⑤不断加大基础设施建设力度,进行城市道路交叉口的优化,包括路牌改版和信号优化等,同时进行城市快速路和主干线的优化,包括交通诱导和车道设计等;⑥不断完善道路交通组织,如设置交通限行分流主干道交通压力等;⑦不断推进公共交通事业,优化完善公交线网布局,增加或扩展公交线路,扩大公交运营范围,提升公交出行分担率,同时设置公交优先通行的政策;⑧不断加快交通道路建设,改造城区路网结构,提高主次干道保畅能力,以完善城市道路路网的功能,优化城市居民的出行方案,提高城市居民的出行效率。

基于以上解决交通拥堵的几个方面,需要了解道路交通网络结构及道路交通网络上交通的运行状态。构建道路交通网络的数学模型是十分必要的,并且,构建的数学模型不仅应该能够描述网络的拓扑连接结构,还应该能够清晰地描述网络的一些功能特性,比如道路长度、道路通行能力、道路实时流量、道路实时速度、道路实时占有率和道路的实时交通状态等。基于构建的道路交通网络模型应能分析道路交通网络的拓扑连接特点,包括路网的局部连接特性和全局连接特性,如:能够分析路网中丁字路口或者十字路口的数量及其分布情况,能够分析路网的连接度,能够分析路网任意两个交叉口所最少经过交叉口数量的路径的分布情况等,为交通道路的网络结构布局规划提供一些数据支持;基于构建的道路交通网络模型还应能描述和分析路网的一个整体功能属性,通过分析路网中路段的长度和最大通行能力等功能属性而寻找一些路网功能性的规律或问题,为交通道路的基础设施的建立或改造提供一定的数据支持和意见建议;基于构建的道路交通网络模型同时还应能实时描述和实时分析路网交通的运行情况,通过实时的交通流量、行驶速度和车辆密度的交通流参数来分析并发现路网运行的规律或者瓶颈,为交通管理者不断完善道路交通组织的策略提供一些支持。构建一个普适的道路交通网络模型具有重要意义,同时分析路网的拓扑结构特性和静态动态功能属性也显得十分重要。

改造道路交通网络结构和基础设施通常需要巨大的人力财力,并且存在一些历史问题和政策问题,使得这一过程困难且发展较慢。科学智能化的交通管理就成为解决交通拥堵的重要且快捷的途径。针对交通拥堵的两大特点(地点固定和时间规律),对路网关键组分(交叉口和路段)的识别是进行智能交通管理的前提。于是,路网关键节点和关键路段的分析具有重要的科学意义。

1.2 道路交通网络结构状态分析研究现状

1.2.1 道路交通网络结构和状态分析现状

目前,道路交通网络的结构特征分析大多数都是基于图论理论形成不同的网络模型,其中使用较多的网络模型为复杂网络。图的研究起源于著名瑞典数学家 Euler 在 1937 年提出的哥尼斯堡七桥问题,图论奠定了网络研究的基础。随后,匈牙利数学家 Erdos 和 Renyi 于 20 世纪 60 年代提出了随机图理论,从此图的研究进入了复杂网络系统性研究的阶段,美国 Watts 和 Strogtz 于 1998 年提出了小世界网络的概念,即 WS 小世界网络模型,美国 Barabasi 和 Albert 于 1999 年提出了无标度网络模型,简称"BA 模型"。复杂网络中最基本的网络模型有 4 种:规则网络、小世界网络、随机网络和无标度网络。

复杂网络理论的飞速发展使得国内外的研究者对许多实际网络进行了实证研究,主要分析了实际网络的拓扑特征,这些网络包括科学家合作网络、人际关系网络、新陈代谢网络、蛋白质网络、生物网络、万维网、物流供应链网络、道路交通网络和交通网络等。道路交通网络的研究包括网络的几何性质、网络的结构特性、网络的形成机制、网络的演化规律、网络的结构稳定性以及网络的演化动力学机制等问题。网络研究的基本统计指标有很多,其中最重要的指标包括度及度分布、节点度度相关性、最短路径、平均距离、聚集系数和介数等。

网络中节点的度表示连接到该节点上的边的数目,也就是该节点的邻居节点的个数。通常情况下,网络中不同节点的度并不相同,因此网络中度的分布规律是刻画网络结构特征的一个重要参量。单个节点的簇系数为它所有的邻居节点中仍然是邻居占总的可能性的百分比。将网络中所有节点的簇系数作平均,就得到了网络的簇系数。网络中任何两节点间的距离是指从其中一个节点出发到达另外一个节点所要经过的边的最少数目。将网络中任何两节点对的距离作平均就得到了网络的平均距离。介数通常分为边介数和节点介数两种,边介数定义为网络中所有最短路径中经过该边的路径的数目占最短路径总数的比例。节点介数定义为网络中所有最短路径中经过该节点的路径的数目占最短路径总数的比例,介数反映了相应的节点或者边在整个网络中的作用和影响力,是一个重要的全局几何量,具有很强的现实意义。

目前,关于交通运输网络的研究主要体现在辨识其拓扑结构具有哪一种网络模型的特性上。Latora V 和 Marchiori M 对波士顿的地铁网络进行研究,分析该地铁网络是否具有小世界特性;Amaral LAN 和 Scala A 等研究了航空网络的拓扑结构,研究表明其具有典型的幂律特征;Bagler G 基于一个复杂的加权网络对印度航空网络进行其相关特性分析;吴建军对北京市的公共交通网络进行建模,分析了公共交通网络的无标度特性;赵金山和狄增如等构建了北京市公共汽车交通建立了公交线路、公交换乘和停靠站点的复杂网络模型,利用这3个网络的几何量讨论了北京市公交网络的几何性质;Sienkiewiez J 和 Holyst A 分析了波兰22个城市的公共运输网络的拓扑结构特性,发现它们的度分布不是服从幂率分布就是服从指数分布;Du P 和 Chen F 等分析了城市轨道交通网络特征及其稳定性,基于复杂网络理论计算了北京市地铁网络的基本统计参数,通过与4种典型复杂网络的对比分析北京市地铁网络的特性。

关于城市交通网络的研究,主要以抽象的网络为主。赵月和杜文等采用复杂网络的基本概念详细分析了城市交通网络的特性,从网络实证、网络演化机制、网络的演化性质、网络动力学和网络结构稳定性5个方面总结了复杂网络理论在城市交通网络分析中的研究进展;吴建军在其博士论文中分析了城市交通网络拓扑结构的复杂性,研究了网络拓扑对交通拥堵的影响、网络拓扑和交通流量的关系、交通网络级联失效问题、交通网络瓶颈问题和交通网络的鲁棒性问题;Chen Z 和 Li N 等对中国的4个大城市的公共汽车网络进行分析,结果显示公共汽车网络的度分布表现为指数形式,同时模拟了公共汽车网络的演化进程。

针对道路交通网络的研究同样受到多数专家学者的关注。Paolo C 和 Vito L 等对规划型城市和自组织型城市的道路交通网络进行实证分析,结果显示,自组织型城市的道路交通网络具有无标度特性;Lämmer S 和 Gehlsen B 对德国二十几个大城市的道路交通网络以及车流情况进行了分析,发现车流分布呈现幂规律分布,并进一步说明了道路的分级特性;石飞和王炜给出了道路交通网络结构的含义,从不同的角度分析了道路交通网络的功能结构、分层结构和布局结构之间关系,认为道路网规划应该考虑道路交通网络结构的特点,而不是仅仅追求道路交通网络容量的增加;张卫华和杨博等运用 Dijkstra 最短路径算法和 Space-L 方法建立初始拓扑网络,并建立了节点度、边度和节点路阻的特性指标模型;Jiang B 和 Claramunt C 基于道路交通网络的特征道路构建了一个新颖的普适化模型,该模型保留道路交通网络的中央结构,模型中节点为道路,边为交叉口,利用中心度的概念衡量网络模型中每个节点的状态,从而用于描述道路交通网络的结构属性和辨识道路交通网络中的重要道路,并以瑞典一个中等城市的道路交通网络为例验证了模型的有效性;Jiang B 通过统计美国的40个城市和一些其他国家的城市的结构特征,发现所有的道路交通网络在考虑拓扑连接时符合小世界网络的特征,而考虑道路长度和连接度时符合无标度网络特性;Alessio C 和 Salvatore S 等研究了道路交通网络形成的平面网络属性,节点为城市道路交叉口,边为考虑长度的道路路段,并用最小生成树和贪婪规则形成同规模的人工网络,与真实的城市网络进行了对比分析,基于其局部属性和全局特征发现它们有较大的相似性;Masucci P 和 Smith D 等采用原始法和对偶法对伦敦道路交通网络进行建模分析,分析了3种形式的网络模型:网格型、静态随机型和动态随机型,并对3种模型进行对比分析,发现伦敦道路交通网络为一个自组织的系统;冯树民和高贺等对分析了方格网式、环形放射状、自由式和混合式4种路网结构形式的3个评价指标,分别为非直线系数、路网连接度和路网可达性,通过对比分析表明,方格网式和自由式路网结构的非直线系数较大,并且可达性较低,而环形放射状和混合式路网结构的非直线系数较小,可达性大;李江和郭庆胜基于道路交通网络拓扑结构的分析给出了城市交通网络的基本形态;赵玲提出了一种基于交通流的道路交通网络建模方法,能够更好地反映道路交通网络的真实情况,并基于该模型分析了路网结构对交通流的影响;王国明基于复杂网络理论分析了城市群道路交通网络的特性和发展方式;胡一竑和吴勤旻等基于复杂网络理论分析了杭州、苏州、嘉兴和无锡4个道路交通网络的基本拓扑性质,通过对节点度分布、路径长度分布和网络效率的分析发现这4个道路交通网络性质十分相似;党武娟从道路交通网络的布局结构、功能结构和等级结构3个方面分析了路网结构的基本特征,并描述了三者之间的关系。

道路交通网络是城市居民出行的载体,网络上交通流的运行状态即通常所说的交通状态,交通状态越来越受到出行者的关注,因为交通拥堵常有发生,尤其是在交通高峰时段,容易造成出行者的旅行时间严重延迟。简单地说,交通出行者关注的交通状态主要是交通拥堵或交通流畅,实际上关于交通状态的评价大多都将交通状态划分为若干个等级,最常见到的是道路交通服务水平。不同城市道路交通状态的评价指标和标准都是不同的,且同一城市不同的交通设施评价的标准也不同,如美国将城市干道服务水平分为6个等级,将信号灯交叉口服务水平分也为6个等级,而日本只有3个级别,我国则定义了4个等级的服务水平评价标准。

交通状态的评价主要是为了辨识交通拥堵状态及拥堵的程度。Lindley A 基于最大服务交通量与基本通行能力的比值对交通拥堵进行了量化,认为值大于0.77的交通状态为拥堵状态;美国交通研究所提出的交通拥挤度指数、日本提出的拥挤度指标和澳大利亚采用的拥堵指数都是根据道路交通的拥挤程度来辨识交通拥堵状态;Washburn S 和 Kirschner S 认为车流密度能够作为交通拥堵的量化指标,行程时间也可以作为评价交通状态的指标;Levinson H 和 Lomax T 基于理想旅行时间与各种路况下的旅行时间的差别提出了一个用于交通拥堵的辨识指标;Chin M 和 Greene D 利用车辆行驶总里程、平均行驶速度、总延误三个指标评价了美国多个地区的交通拥堵情况;姜桂艳和郭海锋针对交通指挥、交通引导和交通控制建立了一套城市道路交通状态评价指标体系;梁颖在其博士论文中采用平均车速分析路段运行状态,平均停车延误分析交叉口运行状态;孙超提出了基于平均行程速度评价路段运行状态的方法和基于交叉口饱和度、平均车辆延迟和最大排队评价交叉口运行状态的方法;李晓丹和刘好德等定义了一种用于交通拥堵状态时空演化分析的"路段拥挤度"指标;张和生和张毅等通过路口可达性和路段连通性分析路网的交通状态;范超提出了一种基于可变指标的城市路网交通状态分析方法;姜桂艳构建了微观、中观和宏观三个层次的评价指标体系用于对城市道路交通状态的评价,其他交通状态的评价指标还有行程时间可靠性和通行能力可靠性等。

道路交通网络状态的分为微观、中观和宏观三个层面,微观交通状态描述的主体是车辆,中观交通状态主要指交叉口与路段的交通状态,宏观交通状态针对的是交通路网的网络特性和整体状态。Kerner S 和 Rehborn H 提出了著名的三相交通流理论,交通流的相变引起了交通拥堵;Shy Bassan 和 Ardeshir Faghri 等认为交通拥堵发生时速度急速下降而密度急速上升;Coifman B 先确定自由流交通状态,然后通过设定可行的时间窗及与特定车辆匹配来确定交通状态是否为拥堵状态;Abdulhai B 和 Ritchie G 基于贝叶斯的概率神经元网络对交通拥挤状态进行自动判断；孙晓亮提出了基于主客观结合实验的路段交通状态评价方法和基于模糊聚类与模糊综合评价的路网交通状态评价方法；顾超然提出了一种基于模糊C均值的城市道路交通状态判别方法；晏承玲构建了基于FAHP和模糊综合评判的交通状态判别模型；冷欢平基于综合饱和度和平均排队长度采用模糊评价的方法对城市道路交叉口交通状态进行评价；贾森提出了一种基于模糊聚类的实时交通状态判别方法；朱琳提出了一种基于改进元胞传输模型的快速路交通状态估计方法；江龙晖提出了基于GPS浮动车数据和固定检测器数据的拥堵度量标准和交通状态判别方法；徐磊提出了一种基于SCATS与GPS信息融合的城市道路交通状态判别技术；於毅构建了基于系统结构分析方法的路网交通状态判别模型；邵敏华提出了面向设施供给水平和运行水平两个方面，交叉口、道路和网络三个层次的评价指标体系；张和生和张毅通过定义状态可达矩阵给出了一种区域交通状态定量分析方法；张雷元和袁建华等提出了一种基于模糊推理的交通拥堵等级评判算法；阴丽娜通过引入节点可达性分析，构建路段拥挤度邻接矩阵和交叉口状态可达矩阵，得到基于节点可达性的路网交通状态判别模型；于春全和郭敏等构建了城市道路交通运行状态评估及服务水平评价指标体系。

总体来说，关于道路交通网络状态的分析基本都是考虑交通拥堵的辨识或者拥堵程度的判别，而对于一个城市的道路交通网络，其交通拥堵发生的地点是局部的，而发生的时间有常规性同时也有偶然性。实际上，能够描述一个道路交通网络状态的规律体现在交通高峰和交通平峰的交替发生，交通高峰状态的相关研究较少。人们通常用高峰小时代替道路交通网络的交通高峰状态，高峰小时主要发生在工作日的上午和下午。实际上，高峰小时不仅仅是描述出行的人的流量，当路上车辆较多而人较少时也可用高峰小时描述。同样地，如果流量不高但是速度很低时，也可以描述为高峰小时的交通状态。关于高峰小时的相关研究较少，Bassan S分析了城市高速路的高峰小时影响因素；Tarko A和Perez-Cartagena R描述了城市道路交叉口高峰小时的可变性；Lan J和Abia D给出了一种高峰小时的确定方法。道路交通网络的高峰小时通常可描述为网络交通拥堵发生的时间，因为道路交通网络规律性的拥堵通常就发生在高峰小时。

1.2.2 道路交通网络关键节点和关键路段分析现状

道路交通网络的交叉口和道路路段是网络形成的主要组分，道路交通网络的建模方法不同，这两种组分在不同的网络模型中体现方式可能不同，或许被描述为节点，或许被描述为边，或许被描述为节点或者边的一部分，但一定会在网络模型中有所体现。道路交通网络的关键组分主要是指关键交叉口和关键路段，关键交叉口和关键路段对道路交通网络中交通流是否畅通起着重要的作用，对道路交通网络整体的功能起着关键的作用，实际上道路交通网络中经常拥堵的交叉口和路段也可定义为关键交叉口和关键路段。对道路交通网络的建模主要都是基于图论和复杂网络的相关理论，于是对道路交通网络关键组分的分析大多是基于复杂网络的关键节点识别的方法。

目前，关于复杂网络中节点重要度分析和关键节点识别的研究有很多，主要可分为三类：社会网络分析法、系统科学分析法和信息搜索分析法。社会网络分析法是保持网络中节点的原有属性不变,通过不同节点体现的信息量不同而进行重要度排序,主要的评价标准有节点的度、介数、权重和能效等;系统科学分析方法则是通过删除节点(该节点失效)或收缩节点(该节点以及与该节点相邻的若干个节点收缩为一个新节点),把影响网络连通性或效率变化程度最大的节点作为网络的关键节点;信息搜索分析法源于互联网网页搜索的概念,网页为节点,网页之间的超链接为边,网页被搜索得越多,说明其重要程度越高。

基于社会网络分析法的复杂网络关键节点识别的研究相对较早,节点的重要度体现在该节点与其他节点连接的显著性上。Freeman C 把节点的介数作为评价社会网络中心节点的指标,介数为网络中所有节点对之间经过该节点的最短路径条数与总节点对个数之间的比值;Jeong H 和 Tombor B 等提出把节点度作为评价网络节点重要度的指标,节点度为节点直接相连的节点个数;Bonacich P 提出了基于特征向量的节点重要度分析方法,即考虑每个节点的地位为其他节点地位的线性组合,用一个线性方程组的最大特征值对应的特征向量来度量节点重要度;Poulin R 在特征向量的基础上提出了累计提名测度指标用于评价网络中的关键节点;随后出现了基于系统科学分析法评价复杂网络节点重要度的相关研究,主要考虑了系统"核和核度"的相关理论,系统"核"是指在系统中起决定作用的节点集合,系统"核度"指节点失效后网络连通性的影响程度,Corley W 和 Sha Y 指出把某条最短路径上的任一节点删除后而使得该最短路径距离增加的节点称为关键节点;李鹏翔和任玉晴等用节点(集)被删除后形成的所有不连通节点对之间的最短路径距离的倒数之和来反映节点删除对网络连通的破坏程度,即为所删节点(集)的重要性;Chen Y 和 Hu Q 等认为节点的重要性决定于该节点被删除后系统中最小生成树数量的变化情况,节点删除后的网络的生成树的数量减少,数量减少越多则表明该节点越重要;基于信息搜索分析法的节点重要度分析有两个代表性的算法,分别为 PageRank 算法和 HITS 算法。此外,周漩和张凤鸣等选取节点度、节点效率以及效率值构建重要度评价矩阵来辨识网络中的关键节点;张喜平和李永树提出了一种基于 m 阶邻居节点重要度贡献的复杂网络节点重要度方法,并引入两个参数用于调节节点重要度评估对节点自身特性及 m 阶邻居节点的依赖程度;安世虎和聂培尧等提出节点赋权网络中节点重要性的综合测度法——CIM 法;Jian Z 和 Pan J 等基于信息熵理论提出了一种基于加权复杂网络拓扑熵变化率的节点重要度评价方法;杨汀依通过计算网络中所有节点的流量值衡量节点的重要程度从而辨识路网关键节点;张斌武和邹森等采用综合考虑节点的局部特性和全局特性的方法来评价复杂网络的节点重要度;谭跃进和吴俊等定义了网络的凝聚度,并在其基础上提出了一种评估复杂网络节点重要度的节点收缩方法;司晓静提出了一种基于排除思想的剥落排序算法,对网络中的节点按重要性测度进行排序。

道路交通网络中关键交叉口的重要性不仅与网络拓扑有关,还与路段的长度和通行能力等静态属性及路段上交通流的流量、速度和密度等动态属性有较大的关系。李先综合考虑路网结构和交通流分布的情况来识别路网中的关键节点;张璇通过车流波模型把节点失效后引起拥堵的时间作为评价节点重要性的指标;王伟基于行程时间介数、平均路径长度变化率、节点度、排队长度、饱和度和延误共同构建了道路交通网络关键节点的评价指标;王力和于欣宇以节点连接度、节点介数和交叉口高峰小时交通流量为评价指标,应用 FCM 模糊聚类方法给出交叉口的重要性分类方法;王正武和况爱武等在节点删除法的基础上,把节点级联失效后对网络的阻塞程度作为网络节点重要性评估的依据,并验证了网络结构以及出行行为对节点重要度的影响;赵毅寰和王祖林等构建了基于节点度和节点介数的节点关键性贡献矩阵,用于辨识网络中的关键节点;沈鸿飞和贾利民等以表征网络统计特征的节点度和节点介数为基本指标模型,构建了评估公路网中节点关键程度的指标体系;Hawick K A 和 James H A 计算了道路交通网络中相对重要的节点或者决定整个网络临界值的特定节点;Wang Z 和 Kuang A 等基于级联失效分析了交通网络的节点重要性。

道路交通网络关键路段和关键交叉口共同确定了路网的拓扑结构和网络交通特性,但是节点的研究不能取代路段的研究。Tsen FSP 和 Sung TY 认为删除边后网络最小生成树数量减少最多的为重要边;Sansò B 和 Milot L 认为发生灾害后失效路段会对网络造成重大的影响,引起影响程度最大的失效路段即为关键路段;Poorzahedy H 和 Bushehri SNS 提出了消费者剩余可靠度的指标体系用于路段重要度的评价,设计了启发式算法来计算路段的重要度;Taylor M A P 和 Este G M D 等提出了一种启发式算法寻找网络中的关键路段,并指出使用概率越大的路段失效后对网络的不利影响就越大,并把关键路段定义为概率大于一定阈值的路段;Scott D M 和 Novak D C 提出了用路网鲁棒性指数来识别道路网中关键路段,该方法综合考虑了道路网流量、路段容量以及道路交通网络拓扑结构;钟茹从路网的拓扑结构和交通流特性出发,提出了路网中关键节点和重要路段的评价指标,建立了路网中关键节点和重要路段的评价模型;涂颖菲和杨超等把通信领域的最小割频度向量作为路网中路段重要度的评价指标来分析路网的关键路段;沈鸿飞在其博士论文中依据节点能效指标和路段能效指标对东部沿海长三角地区的国家高速公路网进行关键节点和关键路段辨识;侯立文和蒋馥通过比较路段的可靠性重要度间接地确定了路段相对重要性;张喜平和李永树提出了一种基于场论的复杂路网路段重要性评估方法。

1.3 本书内容结构

第一部分:路网建模(第2章)。首先给出了三类网络模型的定义,包括抽象网络模型、静态属性网络模型和动态属性网络模型,其中,静态属性网络模型又分为长度边权道路交通网络模型、通行能力边权道路交通网络模型和通行能效边权道路交通网络模型;动态属性网络模型又分为实时流量边权道路交通网络模型、实时速度边权道路交通网络模型、实时占有率边权道路交通网络模型和实时交通状态边权道路交通网络模型。然后给出了普适的道路交通网络模型的定义。

第二部分:路网结构和状态分析(第3、4章)。针对路网结构的分析,首先给出了路网结构特征分析的指标,以及以城镇为节点的路网和以交叉口为节点的路网的结构特征分析评价指标,包括节点评价指标、路段评价指标和路网评价指标,并分别以国内局部公路网和北京部分道路网为例进行了实例分析;然后给出了路网结构风险分析的指标,以及以城镇为节点的路网和以匝道口为节点的路网的结构风险分析评价指标,包括路网均衡性评价指标、路网连通性评价指标、路网抗毁性评价指标等,并分别以国内局部公路网和北京局部高速公路网为例进行了实例分析;最后给出了路网结构与应急管理的相关研究,以公路网为例进行了实例分析。针对路网状态的分析,首先对路网状态特征进行分析,主要考虑了路网的实时流量边、实时速度、实时占有率和实时交通状态,并以北京市部分道路交通网络为例对路网结构特征分析指标进行实例分析;接着给出了道路交通网络状态时序分析方法,并以北京市部分道路交通网络为例给出了其时序分析的结果,对结果进行了讨论分析;然后对路网状态风险进行分析,包含三个测度指标,分别为路网非均匀性测度指标、路网连通性测度指标和路网抗毁性测度指标;最后构建了路网风险评估层次关联结构,并运用多重 Choquet 积分计算得到了路网风险评估值,借助待评估路网近两年的事故统计数据以及 K-means 聚类划分了路网安全性和风险的等级,提出了基于灰色-小波神经网络的多因素路网风险组合预测模型。

第三部分:路网关键点段分析(第5、6章)。首先给出了基于抽象网络模型的关键交叉口识别方法,分为针对局部连通性和针对全局连通性的两类交叉口重要度分析方法,其中针对局部连通性的分析为考虑节点的连通度和节点失效后局部连通性的变化,针对全局连通性的分析为考虑节点的平均最短路径距离和节点失效后路网平均最短路径距离的变化;其次给出了基于静态功能属性网络模型的关键交叉口识别方法,分为针对静态功能属性和针对路网节点介数的两类交叉口重要度分析方法,其中针对静态功能属性包括考虑节点里程度、考虑节点能力度和考虑节点能效度,针对节点介数,因其最短路径的计算不同,分别为仅考虑路段长度计算最短路径和考虑路段长度和通行能力计算最短路径;然后给出了基于静态功能属性网络模型的关键路段识别方法,主要考虑了路段介数的关键路段识别过程;最后给出了动态功能属性网络模型的关键路段识别方法,分为针对路网实时流量、针对路网实时速度、针对路网实时占有率和针对路网实时交通状态的4种路段重要度分析方法,并给出了基于路段邻接关系和路段拥堵状态时间分布的关键路段识别方法。

第2章 道路交通网络建模

2.1 概述

城市道路因其地理属性的限制,在物理层面上多为一个规则网络。许多相关的道路交通网络研究都是建立一个对偶网络模型,以整条道路作为节点,道路交叉口作为连接节点的边,但是这样的建模一般只能分析路网拓扑连接结构上的一些特点。道路交通网络中一整条道路通常比较长,因为存在的交叉口将这些路段分割开来,造成不同路段的交通需求量不同,有一部分路段会出现速度大密度小的自由流,而另一部分路段则会出现速度小密度大的拥堵流。这种建模方法无法准确描述整条道路的一个多状态共存的交通运行情况。同时也有许多研究者构建物理层面之上的逻辑网络来分析网络动态属性下的一些特征,在建模时,以交叉口为节点,但是边的定义就有很多种,比如:如果路网中两个交叉口最少需要两个以内的交叉口作为中间节点就可以形成连接通路,那么这两个交叉口存在一条边;如果一个交叉口在一定旅行时间内可以达到另一个交叉口,那么这两个节点存在一条边。然而这类建模无法简单而准确地描述和分析道路交通网络中各组分的实时运行情况。

在道路交通网络的建模过程中,直观的建模方法为物理层的建模,交叉口为点,连接路段为边,这样构建的道路交通网络模型也是最直观的网络模型,组成一个无向无权的网络。道路交通网络无权模型仅仅能够分析道路交通网络的拓扑连接属性,比如能够简单分析任意两点之间的连通性,然而道路交通网络的路段都具有路段长度和最大通行能力,这些功能属性才能实现路网的真正目的,即实现城市居民的出行通勤,同时决定了整个道路交通网络的承载能力等全局功能属性,于是将路段长度和最大通行能力属性加入网络模型是十分有意义的。此外,城市中常存在单向的道路,且常存在一条路段的上行和下行有不同的长度和通行能力,故应将路网建立为有向加权的道路交通网络模型。

实际上,道路交通网络模型不仅需要考虑这些静态功能属性,还应该考虑路网的动态功能属性。因为路网的根本作用是完成车辆或居民的出行目的,路网中车辆的集体流动形成了网络的交通流,路网的实时状态才能真正体现路网功能的完成情况。当车辆在路网中通行时通常会考虑路况,畅通和拥堵是最常见的两种路况。交通流最常见最直接的参数包括流量、速度和密度,且这三个参数随时间实时变化。将这些实时变化的交通流状态参数作为权重加入道路交通网络模型,能够清楚准确地描述道路交通网络的实时交通运行状态,于是道路交通网络模型也应该是一个可以实时描述交通运行状态的有向动态加权网络模型。

本书基于道路交通网络的物理属性及功能属性，采用原始法构建普适的道路交通网络模型，首先介绍了考虑路网拓扑连接属性的抽象网络模型，接着介绍了含有静态物理属性和功能属性的静态属性网络模型，然后构建了含有动态物理属性和功能属性的动态属性网络模型，最后构建了普适的道路交通网络模型。

2.2 抽象网络模型

抽象网络是指在不考虑道路交通网络的物理属性时抽象出来的拓扑连接网络，能够从整体上描述道路交通网络的连通情况。

2.2.1 道路交通网络节点的定义

基于原始法构造的网络模型，针对不同的网络规模和粒度，节点可以有不同的定义。对于城域网的建模，节点可定义为城市；对于城市道路网络，节点可定义为交叉口；对于城市局部道路网络，节点可定义为匝道口（分流和汇流点）等。对于不同的节点定义，边的含义有所不同，但可统一抽象为连接两点之间的道路。

2.2.2 道路交通拓扑连接网络模型

道路交通拓扑连接网络模型仅考虑了道路交通网络的拓扑连接，因为存在单向路，所以为一个无权有向网络。

定义 道路交通拓扑连接网络模型。

道路交通拓扑连接网络模型可通过一个二元组来描述，即：

$$RTN_0 = (N, E) \tag{2-1}$$

式中，$N = \{1, 2, \cdots, n\}$ 是路网中节点的有限集合，为节点的个数，N 描述了道路交通网络中所有的节点（可为城市、交叉口或者匝道口等）；$E = \{e_{ij} \mid i, j \in N\}$ 是路网中边的有限集合，$me = n^2$ 为集合 E 的元素个数，E 描述了道路交通网络中的所有的两个节点之间存在或不存在的有向道路或路段，并且当 $i \neq j$ 时有 $e_{ij} \neq e_{jk}$。e_{ij} 的取值见式(2-2)：

$$e_{ij} = \begin{cases} 1, \text{从节点 } i \text{ 到节点 } j \text{ 有一条直接相连的路段且 } i \neq j \\ 0, \text{其他} \end{cases} \tag{2-2}$$

式中，$i, j \in N$，$e_{ij} = 1$ 表示节点 i 到节点 j 存在一条直接相连的道路或路段，$e_{ij} = 0$ 表示节点 i 到节点 j 不存在一条直接相连的路段，$e_{ii} = 0$ 表示从节点 i 出发到自己之间不存在一条路段。为了方便下文的一些描述和分析，这里定义了一个真实存在的路段的集合，描述为 $E' = \{e_{ij} \mid i, j \in N, e_{ij} = 1\}$。

2.3 静态属性网络模型

现实世界中，大部分网络都有其固有的静态属性，这些属性有些体现在节点上，有些体现在边上。对于道路交通网络，这些静态功能属性主要体现在道路上。静态功能属性网模型是在道路交通拓扑连接网络模型的基础上添加了道路交通网络的一些静态功能属性，主要包括路段的里程和最大通行能力，将这两个单一的静态功能属性作为边权分别加入道路交通拓扑连接网络模型，可形成长度边权道路交通网络模型和通行能力边权道路交通网络模型。如果将这两个单一的静态功能属性融合为一个综合的静态功能属性，如路段的通行能效，可形成通行能效边权道路交通网络模型。

2.3.1 考虑路段长度的网络模型

长度边权道路交通网络模型考虑了道路交通网络的拓扑连接和路段的长度，为一个加权有向网络。路段 e_{ij} 的长度即为从节点 i 到节点 j 的实际距离，单位为米(m)或千米(km)等。

定义 长度边权道路交通网络模型。

长度边权道路交通网络模型可通过一个三元组来描述，即：

$$\mathrm{RTN}_l = (N, E, \mathrm{EL}) \tag{2-3}$$

式中，N 和 E 的含义如上，$\mathrm{EL} = \{wl_{ij} | i, j \in N\}$ 表示边的长度权重的集合。wl_{ij} 的取值见式(2-4)：

$$wl_{ij} = \begin{cases} rl_{ij}, & e_{ij} = 1 \\ \infty, & e_{ij} = 0 \end{cases}, rl_{ij} \in R^+ \tag{2-4}$$

式中，$wl_{ij} = rl_{ij}$ 表示边 e_{ij} 的长度，即从节点 i 到节点 j 之间直接相连路段的长度值；$wl_{ij} = \infty$ 表示从节点 i 到节点 j 之间路段的长度为无穷大，因为节点 i 到节点 j 之间不存在直接相连的路段。

长度边权是一个相异权，当 $wl_{ij} \neq \infty$ 时，wl_{ij} 的值越大，表示从节点 i 到节点 j 的关系越远；wl_{ij} 的值越小，表示从节点 i 到节点 j 的关系越近。

2.3.2 考虑路段通行能力的网络模型

通行能力边权道路交通网络模型考虑了道路交通网络的拓扑连接和路段的最大通行能力，为一个加权有向网络。路段 e_{ij} 的最大通行能力即为这条路段上所能提供的最大的交通流量，单位为车辆数每小时或者标准车当量数每小时等。

定义 通行能力边权道路交通网络模型。

通行能力边权道路交通网络模型可通过一个三元组来描述，即：

$$\mathrm{RTN}_c = (N, E, \mathrm{EC}) \tag{2-5}$$

式中，N 和 E 的含义如上，$\mathrm{EC} = \{wc_{ij} | i, j \in N\}$ 表示边的最大通行能力权重的集合。wc_{ij} 的取值如下：

$$wc_{ij} = \begin{cases} rc_{ij}, & e_{ij} = 1 \\ 0, & e_{ij} = 0 \end{cases}, rc_{ij} \in Z^+ \tag{2-6}$$

式中，$wc_{ij} = rc_{ij}$ 表示边 e_{ij} 的最大通行能力，即从节点 i 到节点 j 之间直接相连路段的最大通行能力值；$wc_{ij} = 0$ 表示从节点 i 到节点 j 之间路段的通行能力值为零，因为节点 i 到节点 j 之间不存在直接相连的路段。

通行能力边权是一个相似权,当 $wc_{ij} \neq 0$ 时,wc_{ij} 的值越大,表示从节点 i 到节点 j 的关系越近;wc_{ij} 的值越小,表示从节点 i 到节点 j 的关系越远。

2.3.3 考虑路段通行能效的网络模型

通行能效边权道路交通网络模型考虑了道路交通网络的拓扑连接和道路各个路段的长度及最大通行能力,为一个加权有向网络。这里其实是将路段的长度和最大通行能力两个静态功能属性值融合为路段的通行能效这个综合的静态属性值,首先给出路段通行能效的定义,即给出从多个单一静态功能属性到一个综合静态功能属性的映射函数。

路段的通行能效:边 e_{ij} 的通行能效为路段 e_{ij} 的通行能力与长度的比值,表明路段 e_{ij} 完成从节点 i 到节点 j 车辆到达的效率。计算公式见式(2-7):

$$we_{ij} = \begin{cases} wc_{ij}/wl_{ij}, & e_{ij}=1 \\ 0, & e_{ij}=0 \end{cases} \quad (2-7)$$

路段通行能效与长度成反比,表明道路长度越长,完成车辆到达的效率就越低;路段通行能效与通行能力成正比,表明道路通行能力越大,完成车辆到达的效率就越高。

式中,$we_{ij} = wc_{ij}/wl_{ij} = rc_{ij}/rl_{ij}$ 表示边 e_{ij} 的通行能效,即从节点 i 到节点 j 之间直接相连路段的通行能效值;$we_{ij}=0$ 表示从节点 i 到节点 j 之间路段的通行能效值为零,因为节点 i 到节点 j 之间不存在直接相连的路段。

定义 通行能效边权道路交通网络模型。

通行能效边权道路交通网络模型可通过一个五元组来描述,即:

$$RTN_e = (N, E, EL, EC, ESF) \quad (2-8)$$

式中,N、E、EL 和 EC 的含义如上,映射函数 $ESF: sw_{ij} = f(wc_{ij}, wl_{ij})$ 的含义为 $sw_{ij} = we_{ij} = wc_{ij}/wl_{ij}$,详细解释见路段通行能效的定义。

通行能力边权是一个相似权,当 $we_{ij} \neq 0$ 时,we_{ij} 的值越大,表示从节点 i 到节点 j 的关系越近;we_{ij} 的值越小,表示从节点 i 到节点 j 的关系越远。

2.4 动态属性网络模型

道路交通网络除了有静态功能属性,同时还包含一些动态功能属性。同样地,这些动态功能属性主要体现在路段上。城市道路的动态功能属性主要指路段上交通流的流量、速度和密度,且随着时间实时变化。将这三个单一的实时变化的动态功能属性作为边的权重分别加入道路交通拓扑连接网络模型,形成了实时流量边权道路交通网络模型、实时速度边权道路交通网络模型和实时占有率边权道路交通网络模型。如果将这三个单一的实时变化的动态功能属性融合为一个综合的实时变化的动态功能属性,如道路的实时交通状态或车辆通过路段的实时旅行时间等,可形成实时交通状态边权道路交通网络模型或者实时旅行时间边权道路交通网络模型等。本书以道路的实时交通状态作为一个综合的动态功能属性来进行建模。

2.4.1 考虑路段交通流量的网络模型

实时流量边权道路交通网络模型考虑了道路交通网络的拓扑连接和路段的实时流量,为一个随时间可变的加权有向网络。路段 e_{ij} 的实时流量定义为单位时间内通过路段 e_{ij} 上各个断面的车辆数的平均值。

定义 实时流量边权道路交通网络模型。

实时流量边权道路交通网络模型可通过一个三元组来描述,即:

$$\text{RTN}_f = (N, E, \text{EF}(t)) \tag{2-9}$$

式中,N 和 E 的含义如上,$\text{EF}(t) = \{wf_{ij}(t) \mid i, j \in N\}$ 表示边在 t 时刻的流量集合。$wf_{ij}(t)$ 的取值如下:

$$wf_{ij}(t) = \begin{cases} rf_{ij}^t, & e_{ij} = 1 \\ 0, & e_{ij} = 0 \end{cases}, rf_{ij}^t \in Z^+ \tag{2-10}$$

$wf_{ij}(t) = rf_{ij}^t$ 表示边 e_{ij} 在 t 时刻的实时流量,即从节点 i 到节点 j 之间直接相连路段的实时交通流量;$wf_{ij}(t) = 0$ 表示在 t 时刻从节点 i 到节点 j 之间路段的实时流量为零,因为节点 i 到节点 j 之间不存在直接相连的路段。

从城市道路交通管理者的角度出发,实时流量边权是一个相似权,即交通流量越大越好。当 $wf_{ij}(t) \neq 0$ 时,$wf_{ij}(t)$ 的值越大,表示在 t 时刻从节点 i 到节点 j 的路段的交通状态越好,也可理解为在 t 时刻从节点 i 到节点 j 的关系越近;$wf_{ij}(t)$ 的值越小,表示在 t 时刻从节点 i 到节点 j 的路段的交通状态越差,也可理解为从节点 i 到节点 j 的关系越远。

2.4.2 考虑路段交通速度的网络模型

实时速度边权道路交通网络模型考虑了道路交通网络的拓扑连接和路段的实时速度,为一个随时间可变的加权有向网络。路段 e_{ij} 的实时速度定义为某时刻行驶在路段 e_{ij} 上所有车辆的平均速度。

定义 实时速度边权道路交通网络模型。

实时速度边权道路交通网络模型可通过一个三元组来描述,即:

$$\text{RTN}_v = (N, E, \text{EV}(t)) \tag{2-11}$$

式中,N 和 E 的含义如上,$\text{EV}(t) = \{wv_{ij}(t) \mid i, j \in N\}$ 表示边在 t 时刻的速度集合。$wv_{ij}(t)$ 的取值如下:

$$wv_{ij}(t) = \begin{cases} rv_{ij}^t, & e_{ij} = 1 \\ 0, & e_{ij} = 0 \end{cases}, rv_{ij}^t \in R^+ \tag{2-12}$$

$wv_{ij}(t) = rv_{ij}^t$ 表示边 e_{ij} 在 t 时刻的实时速度,即从节点 i 到节点 j 之间直接相连路段的实时速度;$wv_{ij}(t) = 0$ 表示在 t 时刻从节点 i 到节点 j 之间路段的实时速度为零,因为节点 i 到节点 j 之间不存在直接相连的路段。

从城市道路交通出行者的角度出发,实时速度边权是一个相似权,即速度越大越好。当 $wv_{ij}(t) \neq 0$ 时,$wv_{ij}(t)$ 的值越大,表示在 t 时刻从节点 i 到节点 j 的路段的交通状态越好,也可理解为在 t 时刻从节点 i 到节点 j 的关系越近;$wv_{ij}(t)$ 的值越小,表示在 t 时刻从节点 i 到节

点 j 的路段的交通状态越差,也可理解为从节点 i 到节点 j 的关系越远。

2.4.3 考虑路段交通占有率的网络模型

实时占有率边权道路交通网络模型考虑了道路交通网络的拓扑连接和路段的实时占有率,为一个随时间可变的加权有向网络。路段 e_{ij} 的实时占有率又分为时间占有率和空间占有率,其中时间占有率为在观测断面上车辆累计通过的时间值与观测的总时间的百分比;空间占有率为单位长度的路段上所有车辆的长度之和与路段总长度的百分比。路段实时密度的测量较为困难,一般由占有率来代替。

定义 实时占有率边权道路交通网络模型。

实时占有率边权道路交通网络模型可通过一个三元组来描述,即:

$$\text{RTN}_o = (N, E, EO(t)) \tag{2-13}$$

式中,N 和 E 的含义如上,$EO(t) = \{wo_{ij}(t) \mid i,j \in N\}$ 表示边在 t 时刻的密度集合。$wo_{ij}(t)$ 的取值如下:

$$wo_{ij}(t) = \begin{cases} ro_{ij}^t, & e_{ij} = 1 \\ 0, & e_{ij} = 0 \end{cases}, ro_{ij}^t \in [0,1] \tag{2-14}$$

式中,$wo_{ij}(t) = ro_{ij}^t$ 表示边 e_{ij} 在 t 时刻的实时占有率,即从节点 i 到节点 j 之间直接相连路段的实时占有率;$wo_{ij}(t) = 0$ 表示在 t 时刻从节点 i 到节点 j 之间路段的实时占有率为零,因为节点 i 到节点 j 之间不存在直接相连的路段。

从城市道路交通出行者的角度出发,实时占有率边权是一个相异权,即占有率越小越好。当 $wo_{ij}(t) \neq 0$ 时,$wo_{ij}(t)$ 的值越大,表示在 t 时刻从节点 i 到节点 j 的路段的交通状态越差,也可理解为在 t 时刻从节点 i 到节点 j 的关系越远;$wo_{ij}(t)$ 的值越小,表示在 t 时刻从节点 i 到节点 j 的路段的交通状态越好,也可理解为从节点 i 到节点 j 的关系越近。

2.4.4 考虑路段交通状态的网络模型

实时交通状态边权道路交通网络模型考虑了道路交通网络的拓扑连接和路段的实时流量、实时速度和实时占有率,为一个随时间可变的加权有向网络。将路段的实时流量、实时速度和实时占有率三个动态功能属性值融合为路段的交通状态这个综合的动态功能属性值,首先给出路段交通状态的定义,即给出从多个单一动态功能属性到一个综合动态功能属性的映射函数。

路段的交通状态:边 e_{ij} 的交通状态定义为路段 e_{ij} 在某时刻将道路的流量、速度和占有率三个参数融合为表征交通状态的一个综合值。计算公式如下所示:

$$ws_{ij}(t) = \begin{cases} \alpha \dfrac{wf_{ij}^t}{wf_{ij}^{\max}} + \dfrac{1-\alpha}{2}\left(\dfrac{wv_{ij}^t}{wv_{ij}^{\max}} + \dfrac{wo_{ij}^{\max} - wo_{ij}^t}{wo_{ij}^{\max}}\right), & e_{ij} = 1 \\ 0, & e_{ij} = 0 \end{cases} \tag{2-15}$$

式中,$wf_{ij}^{\max}$ 表示路段 e_{ij} 的最大流量,等于路段 e_{ij} 的最大通行能力 wc_{ij};$wv_{ij}^{\max}$ 表示路段 e_{ij} 的最大速度;$wo_{ij}^{\max}$ 表示路段 e_{ij} 的最大占有率。路段交通状态与流量成正比,表明流量越大,交通状态越好;路段交通状态与速度成正比,表明速度越大,交通状态越好;而路段交通状态与占有率成反比,表明占有率越大,交通状态越差。α 为模型参数值,当 α = 1 时,交通状态的好坏主要是站在交通管理者的角度来考虑,完全由流量来描述交通状态,流量越大,交通状态越好;当 α = 0 时,交通状态的好坏主要是站在交通出行者的角度来考虑,完全由速度和占有率来描述交通状态,速度越大,占有率越小,交通状态越好。

当 $e_{ij} = 1$ 时,可通过上式计算边 e_{ij} 的交通状态,即从节点 i 到节点 j 之间直接相连路段的交通状态值,取值在 0~1 之间,值越大表示交通状态越好;$ws_{ij}(t) = 0$ 表示从节点 i 到节点 j 之间路段的交通状态值为零,因为节点 i 到节点 j 之间不存在直接相连的路段。

定义 实时交通状态边权道路交通网络模型。

实时交通状态边权道路交通网络模型可通过一个六元组来描述,即:

$$RTN_s = (N, E, EF(t), EV(t), EO(t), EDF(t)) \quad (2\text{-}16)$$

式中,N、E、$EF(t)$、$EV(t)$ 和 $EO(t)$ 的含义如上,映射函数 $EDF(t):dw_{ij}(t) = f(wf_{ij}(t), wv_{ij}(t), wo_{ij}(t))$ 的含义为 $dw_{ij}(t) = ws_{ij}(t)$,详细解释见路段交通状态的定义。

交通状态边权可以看作为一个相似权,当 $ws_{ij}(t) \neq 0$ 时,$ws_{ij}(t)$ 的值越大,表示路段 e_{ij} 在 t 时刻的交通状态越好,即从节点 i 到节点 j 的关系越近;$ws_{ij}(t)$ 的值越小,表示路段 e_{ij} 在 t 时刻的交通状态越差,即从节点 i 到节点 j 的关系越远。

2.5 普适道路交通网络模型

普适道路交通网络模型能够适用于所有的道路交通网络的建模,能够简单化地描述城市道路的基本拓扑连接;能够准确地反映城市道路的静态功能属性(道路长度和道路最大通行能力);能够实时地刻画城市道路的动态功能属性(道路实时流量、道路实时速度和道路实时占有率);能够将多个静态功能属性或者多个动态功能属性融合为一个综合的静态功能属性或一个综合的动态功能属性。

定义 道路交通网络模型。

道路交通网络模型可通过一个六元组来描述,即:

$$RTN = (N, E, ES, ESF, ED(t), EDF(t)) \quad (2\text{-}17)$$

式中,$N = \{1, 2, \cdots, n\}$ 是路网中节点的有限集合;$E = \{e_{ij} | i, j \in N\}$ 是路网中边的有限集合;$ES \in P(SA)$ 是路网中边的一个或多个静态功能属性的有限集合;$P(SA)$ 表示静态功能属性集合的幂集,$SA = \{EL, EC\}$ 为边的静态功能属性集合,包括边的长度集合和最大通行能力集合;$ESF:ES \rightarrow SW$ 是路网中边的多个静态功能属性权重到一个综合静态功能属性权重的映射函数,其中 $|ES| \geq 2$,表示一个综合静态功能属性权重至少需要两个静态功能属性权重才可以融合得到,$SW = \{sw_{ij} | i, j \in N\}$ 表示边的综合静态功能属性权重的集合,ESF 可有可无,然而,当 $|ES| < 2$ 时,ESF 一定不存在;$ED(t) \in P(DA(t))$ 是 t 时刻路网中边的一个或多个动态功能属性的有限集合,$P(DA(t))$ 表示 t 时刻路网动态功能属性集合的幂集,$DA(t) = \{EF(t), EV(t), EO(t)\}$ 为 t 时刻边的动态功能属性集合,包括边在 t 时刻的流量、速度和密度;$EDF(t):ED(t) \rightarrow DW(t)$ 是路网中边的多个动态功能属性权重到一个综合动态功能属性权重的映射函数,其中 $|ED(t)| \geq 2$,表示一个综合动态功能属性权重至少需要两个动态功能

属性权重才可以融合得到，$DW = \{dw_{ij}(t) | i,j \in N\}$ 表示边的综合动态功能属性权重的集合，EDF(t)可有可无，然而，当$|ED(t)| < 2$时，EDF(t)一定不存在。

2.6 本章小结

本章首先给出了三类网络模型的定义，包括抽象网络模型、静态属性网络模型和动态属性网络模型，其中，静态属性网络模型又分为长度边权道路交通网络模型、通行能力边权道路交通网络模型和通行能效边权道路交通网络模型；动态属性网络模型又分为实时流量边权道路交通网络模型、实时速度边权道路交通网络模型、实时占有率边权道路交通网络模型和实时交通状态边权道路交通网络模型，然后给出了普适的道路交通网络模型的定义。

第3章 道路交通网络结构分析

3.1 概述

针对道路交通网络结构的研究,首先是网络结构特征的分析,其结构特征分析多数是对结构拓扑方面的分析。在考虑道路交通网络的结构特性时,可区别网络结构的基本格局,比如放射性格局或者方格式格局;在分析道路交通网络结构长久的历史变化和发展时,可获取路网的发展模式,比如贪婪剖分模式或者最小生成树模式。但是这些研究的重点都在于网络结构发展变化的分析,可为网络的规划和布局等提供帮助。事实上,这些相关的研究对已成形的道路交通网络的贡献较少,不能对网络所提供的功能,即交通车辆的"通"和"达"提供一定的帮助。

在进行道路交通网络结构特征分析之前,首先要确定哪些结构指标体现了什么物理意义;对已成形的道路交通网络的拓扑特征进行分析时,应该重点考虑路网的连通情况,比如任意两个节点是否连通,另外还需要考虑路段的长度及不同长度路段的分布情况,路段的最大通行能力情况及提供交通车辆通行能效等问题也体现了路网的结构特征。对道路交通网络的结构特征分析也分为三大部分,分别是道路交通抽象网络模型的结构特征分析、道路交通静态属性网络模型的结构特征分析和道路交通动态属性网络模型的结构特征分析。对这三种网络模型进行结构特征分析,可以对城市道路的设计者、管理者和出行者等各个交通参与者提供简单直接的数据统计规律,可为城市道路结构和基础设施的优化修整提供一定的科学依据,也为城市道路交通的智能管理提供数据基础。

道路交通网络的拓扑结构(如结构性缺陷)可能会引发路网功能遭到破坏,于是对路网结构的风险分析也具有重要意义。分析研究道路交通网络风险的表征方法,能够为道路管理者主动防控风险提供重要的理论依据。从目前研究来看,尚缺乏一套较为完整的路网结构风险评估方法,为道路的管理者提供决策支持,从而保障道路使用者的人身安全。路网结构风险由基础路网的拓扑结构性质决定,因此,为了测度路网结构风险,提出相应的结构风险测度,需要以抽象网络模型的拓扑结构特性参数为基础分析路网的结构风险测度指标。考虑路网构件属性的分布情况,可采用路网非均匀性指标;考虑路网构件间的相互作用关系,可采用路网连通性指标;考虑破坏路网结构的难易程度,可采用路网抗毁性指标。

现阶段,我国道路交通网络管理正由路段分段管理向网络化、区域化管理过渡,尚缺乏此方面的系统性研究成果以支持路网运营及应急管理。因此,进行道路交通网络结构与应急管理理论与分析方法研究，探讨路网结构性质与管理之间的科学问题，是非常必要的基础性问题，本书对此进行了初步探讨。

3.2 道路交通网络结构特征分析方法

对路网结构特征的分析主要是基于抽象网络和静态属性网络的分析。针对不同的网络规模和节点粒度，分别考虑以城镇和交叉口为节点的路网。

3.2.1 以城镇为节点的道路交通网络

节点粒度选择以路网范围所覆盖的城镇作为节点来处理，面向不同层次的路网，如国家公路网到地方公路网，则根据实际情况对节点作进一步细化。对于全国性国家干线公路网络，将干线公路途经的城镇作为同一级别的节点考虑。

3.2.1.1 指标体系构建方法

1) 指标体系构建原则

系统的指标体系建立既与评估对象的特征有关，也与指标体系建立人员的主观因素和所采用的方法有关，不同的指标体系构建思路，会使相同事物的评估呈现差异化的结果。因此，一般通用指标体系的建立均须遵循一定标准的原则，如系统性原则、一致性原则、独立性原则、可测性原则、科学性原则、可比性原则等，公路网的结构评价指标体系除需遵循上述指标体系建立原则外，还必须建立符合公路网系统结构特性的评估指标体系，才更有实用价值。因此，还要考虑如下指标原则：

(1) 指标数据易取得性，且适于计算。一方面，从路网局部特征指标到全局特征指标，其指标的量级规模大，必须借助计算机程序才能实现；另一方面，有些指标因为数据获得不连贯，或较复杂不易于基层人员掌握，数据采集中断的现象时有发生。因此，本书指标考虑设计简化、易取得，这样指标才具有可用性和可持续性。

(2) 指标清晰明了，便于理解。指标表达便于决策者和使用者理解与掌握，交通系统的指标重点在于反映决策者的交通管理目的、交通决策以及交通参与者的需求满足等，因此指标应该清晰易懂、易操作，并能够在实际工作中灵活应用。

(3) 指标具有灵敏性。公路交通系统或其他交通系统中发生的类似网络性能变化或服务水平变化的指标，其微小的变化值应能够被监测和检测出。同时，该指标也可将交通影响因素一定粒度和维度上的微小变化监测到和评估出。

(4) 指标具有覆盖性、多维性。指标应能够涵盖不同用户群体以及不同路网区域管理者的决策需要和系统特性，并能够从多个维度反映被评估对象的各种属性。

2) 指标体系构建方法

公路网的结构评价指标体系构建采用综合评价方法，进行定量或定性的评价。设定指标时，采用自下而上、由微观到宏观的指导思想，并具有多层次结构。

本书依据公路网现有技术条件和数据采集情况，选取表征网络静态统计特征的用于计算节点和边重要度的度和介数作为构建表征公路网结构特征的基本指标模型，通过与公路网所具有的里程和通行能力基本功能属性相结合,采用网络科学运用统计物理的思想,提出适合公路网节点和路段局部特征以及路网全局特征的多维结构评价指标,构建一套较为完整的指标体系,实现对路网局部特征(节点和路段)和路网全局特征(整个路网)的单一维度属性评估和多维度属性综合评估。因此,评价指标体系是贯穿于整个路网结构性质评估的全过程,是其核心环节。图 3-1 给出了基于结构评价指标体系的路网结构评价流程。

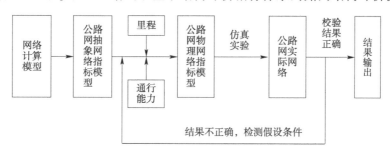

图 3-1 基于结构指标体系的路网结构评价流程

从图 3-1 可以看出指标体系构建的核心基础:一是物理指标模型构建如何体现里程和通行能力功能属性综合作用的评估假设条件;二是对评价指标体系正确性的校验。本书将通过多种方式、不同角度进行评价指标的构建和校验,以达到预设的研究目标。

公路网的结构评价指标体系由节点、路段局部特征指标(即微观指标)和路网结构全局特征指标(即宏观指标)组成。指标类型以基本指标、派生指标和特征指标组成。主要指标内容包括评价节点和路段的自身重要程度、节点和路段在路网中全局关键程度,以及路网整体结构特性及性能的测度指标。

节点和路段是构成公路网结构的关键组件,节点和路段在路网中的实际物理意义和所发挥的作用是完全不同的,因此需要分别构建其各自的评价指标。

主要指标涵盖评价节点和路段的结构性和功能性系列指标,包括:①节点自身重要程度指标:该指标主要以"节点度指标集"为系列评价指标,评价节点自身在网络中的重要程度。②节点和路段的重要程度、关键程度指标:该指标主要由"节点介数指标集""路段介数指标集"系列指标组成。主要用于评价节点或路段在路网中的重要程度和关键程度。③节点和路段的功能重要程度、关键程度指标:该指标主要从路网功能角度,评价节点和路段在路网功能中的作用。具体指标主要构成要素见图 3-2。

3.2.1.2 节点评价指标

1)抽象网络模型节点评价指标

节点度($d_{i\text{-unit}}$):公路网抽象网络节点度是路网中节点 i 与其他节点直接相连通的路段数。度越大,表示节点 i 与其他节点直接连通的路段数就越多,节点自身在路网中的影响就越重要,计算公式为:

$$d_{i\text{-unit}}(L) = \frac{d_i(L)}{K_i} = \frac{\sum_j l_{ij}(e_{ij})}{\sum_{j \in N} e_{ij}} \quad (3-1)$$

式中,K_i 为节点 i 的度;$K_i = \sum_j e_{ij}$;i,j 为节点标识。

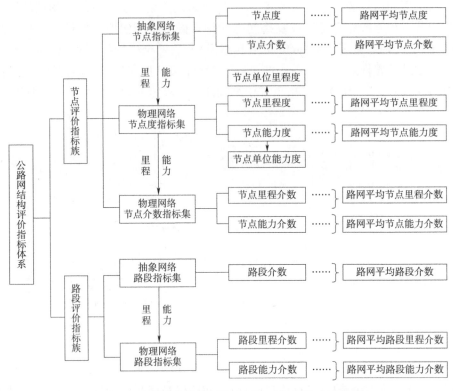

图 3-2　公路网的结构评价指标体系主要构成要素图

节点介数(B_i)：公路网抽象网络中节点 i 的介数定义为路网中所有节点间最短路径中经过该节点的数量比例。节点介数反映了路网中节点对整个网络的作用和影响力，是一个重要的全局几何量，介数越大，节点在路网中负载就越重，对网络的连通和枢纽作用就越强。计算公式为：

$$B_i = \frac{\sum_{j,k \in V, j \neq k} n_{jk}(i)}{\sum_{j,k \in V, j \neq k} n_{jk}} \tag{3-2}$$

式中，i,j,k 为节点标识；B_i 为节点 i 的介数；$n_{jk}(i)$ 为连接节点 j 和节点 k 且经过节点 i 的最短路径数；n_{jk} 为连接节点 j 和节点 k 的所有最短路径数。

2）静态属性网络模型节点评价指标

公路网抽象网络，仅反映了路网中节点之间相互作用存在与否的定性描述，实际路网中节点之间相互作用的强度反映公路网网络重要的性质与功能，需要引入边权来确定。实际公路网物理网络是具有里程和通行能力的功能属性。物理网络中节点和节点之间相连通的路段里程长短和通行能力大小，对旅行者出行路径选择和路网整体能效的发挥具有重要影响作用，在路网应急管理中直接影响救援路径的选择。将路段具体的里程和通行能力功能属性值作为确定路网中边权的依据，才能够准确地分析出节点和路段在路网中实际耦合作用的强弱，并具有现实指导意义。

(1) 节点度指标集。

节点里程度($d_i(L)$):节点i与其他节点直接连通的路段总里程。反映了节点i在路网中直接覆盖的里程范围,里程度越大,节点i在路网中的自身影响作用就越大,在路网中的地位就越重要。计算公式为:

$$d_i(L) = \sum_j l_{ij}(e_{ij}) \tag{3-3}$$

式中,i,j为节点标识;$d_i(L)$为节点i的里程度,L是里程标识;$l_{ij}(e_{ij}) = l_{ij}e_{ij}$;$l_{ij}$为节点$i$到节点$j$的路段实际里程;$e_{ij}$为公路网邻接矩阵元素,若节点$i$与节点$j$邻接,$e_{ij}=1$;若节点$i$与节点$j$不邻接,则$e_{ij}=0$。

节点单位里程度($d_{iu}(L)$):节点i与其他节点直接连通的路段平均里程,反映了节点i自身直接里程覆盖的平均规模大小。计算公式为:

$$d_{iu}(L) = \frac{d_i(L)}{k_i} = \frac{\sum_j l_{ij}(e_{ij})}{\sum_j e_{ij}} \tag{3-4}$$

式中,i,j为节点标识;$d_{iu}(L)$为节点i的单位里程度,L是里程标识;$d_i(L)$为节点i的里程度,L是里程标识;k_i为节点i的度;$l_{ij}(e_{ij}) = l_{ij}e_{ij}$;$l_{ij}$为节点$i$到节点$j$的路段实际里程;$e_{ij}$为公路网邻接矩阵元素,若节点$i$与节点$j$邻接,$e_{ij}=1$;若节点$i$与节点$j$不邻接,则$e_{ij}=0$。

节点里程度离差$d_V(SD_L)$:路网中节点i的里程度对路网平均里程度的偏离程度,描述了路网中节点里程度分布的离散程度。节点里程度离差$d_V(SD_L)$值越大,说明路网中节点之间里程度离散程度越大,路网中节点的里程连通范围越不均衡。如果偏差过大,且仅有少量的里程度值较高的节点,表明这些节点对路网里程连通的重要作用,如果被破坏,将严重影响路网的里程连通。计算公式为:

$$d_V(SD_L) = \sqrt{\frac{\sum_{i=1}^{N}[d_i(L) - \overline{d_V(L)}]^2}{N}} \tag{3-5}$$

式中,i为节点标识;$d_V(SD_L)$为节点里程度标准差,SD_L是里程标准差标识;$d_i(L)$为节点i的里程度,L是里程标识;$\overline{d_V(L)}$为路网平均节点里程度,L是里程标识;N为路网中总节点数。

节点能力度($d_i(C)$):节点i与其他节点直接连通的路段通行能力总和(简称"能力")。反映了节点i在路网中提供的路段交通容量大小,其值越大,节点与其他节点之间连通的路段交通容量就越大,节点在路网中的地位就越重要。计算公式为:

$$d_i(C) = \sum_j c_{ij}(e_{ij}) \tag{3-6}$$

式中,i,j为节点标识;$d_i(C)$为节点i的能力度,C是通行能力标识;$c_{ij}(e_{ij}) = c_{ij}e_{ij}$;$c_{ij}$为节点$i$到节点$j$的路段通行能力;$e_{ij}$为$e_{ij}$为公路网邻接矩阵元素,若节点$i$与节点$j$邻接,$e_{ij}=1$;若节点$i$与节点$j$不邻接,则$e_{ij}=0$。

节点单位能力度($d_{iu}(C)$):节点i与其他节点直接相连通的路段平均通行能力,反映了节点i自身提供路段平均交通容量的大小。

$$d_{iu}(C) = \frac{d_i(C)}{k_i} = \frac{\sum_j c_{ij}(e_{ij})}{\sum_j e_{ij}} \qquad (3\text{-}7)$$

式中,i,j 为节点标识;$d_{iu}(C)$ 为节点 i 的单位能力度,C 是通行能力标识;$d_i(C)$ 为节点 i 的能力度,C 是通行能力标识;k_i 为节点 i 的度;$c_{ij}(e_{ij}) = c_{ij}e_{ij}$;$c_{ij}$ 为节点 i 到节点 j 的路段通行能力;e_{ij} 为公路网邻接矩阵元素,若节点 i 与节点 j 邻接,$e_{ij}=1$;若节点 i 与节点 j 不邻接,则 $e_{ij}=0$。

节点能力度离差($d_V(SD_C)$):路网中节点 i 的能力度对路网平均能力度的偏离程度,描述了路网中节点能力度分布的离散程度。节点能力度离差 $d_V(SD_C)$ 值越大,说明路网中节点的能力度离散程度越大,路网中节点之间相连路段传输能力越不均衡。如果偏差过大,且仅有少量能力度较高的节点,表明这些节点对路网整体承载能力起重要支撑作用,如果被破坏,将严重影响路网的容量和承载力。计算公式为:

$$d_V(SD_C) = \sqrt{\frac{\sum_{i=1}^{N}[d_i(C) - \overline{d_V(C)}]^2}{N}} \qquad (3\text{-}8)$$

式中,i 为节点标识;$d_V(SD_C)$ 为节点能力度标准差,SD_C 是通行能力标准差标识;$d_i(C)$ 为节点 i 的能力度,C 是通行能力标识;$\overline{d_V(C)}$ 为路网平均节点能力度,C 是通行能力标识;N 为路网中总节点数。

(2)节点介数指标集。

节点里程介数($b_i(L)$):路网中经过节点 i 连通的节点间最短路径的里程之和与路网中所有节点间最短路径里程之和的比值。里程介数越大,表示路网中经过节点 i 连通的节点间的最短路径里程规模就越大,节点 i 对全网的里程连通作用就越重要。计算公式为:

$$b_i(L) = \frac{\sum_{j,k \in V, j \neq k} \sum_{m=1}^{M_1} n_{jk}^m(i) d_{jk}^m(i)}{\sum_{j,k \in V, j \neq k} \sum_{m=1}^{M_2} n_{jk}^m d_{jk}^m} \qquad (3\text{-}9)$$

式中,i,j,k 为节点标识;$b_i(L)$ 为节点 i 的里程介数,L 是里程标识;$n_{jk}^m(i) \in \{1,0\}$ 为连接节点 j 和节点 k 且经过节点 i 的第 m 条最短路径存在的标识变量,若第 m 条最短路径存在,则 $n_{jk}^m(i)$ 为 1,否则为 0;$d_{jk}^m(i)$ 为连接节点 j 和节点 k 且经过节点 i 的第 m 条最短路径的里程;M_1 为连接节点 j 和节点 k 且经过节点 i 的最短路径数;$n_{jk}^m \in \{1,0\}$ 为连接节点 j 和节点 k 的第 m 条最短路径存在的标识变量,若第 m 条最短路径存在,则 n_{jk}^m 为 1,否则为 0;d_{jk}^m 为连接节点 j 和节点 k 的第 m 条最短路径的里程;M_2 为连接节点 j 和节点 k 的最短路径数。

节点里程介数离差($b_V(SD_L)$):路网中节点 i 的里程介数对路网平均节点里程介数的偏离程度,描述了路网中节点里程介数分布的离散程度。节点里程介数 $b_V(SD_L)$ 值越大,说明路网中节点的里程介数离散程度越大,路网中经过节点 i 连通的最短路径里程规模越不均衡。如果偏差过大,且仅有少量的里程介数值较高的节点,表明这些节点对路网里程连通的重要枢纽作用,如果被破坏,将严重影响路网的连通性。计算公式为:

$$b_{\mathrm{V}}(\mathrm{SD_L}) = \sqrt{\frac{\sum_{i=1}^{N}[b_i(L) - \overline{B_{\mathrm{V}}(L)}]^2}{N}} \tag{3-10}$$

式中，i 为节点标识；$b_{\mathrm{V}}(\mathrm{SD_L})$ 为节点 i 的里程介数标准差，$\mathrm{SD_L}$ 是里程标准差标识；$b_i(L)$ 为节点 i 的里程介数，L 是里程标识。$\overline{B_{\mathrm{V}}(L)}$ 为路网平均节点里程介数，L 是里程标识；N 为路网中总节点数。

节点能力介数（$b_i(C)$）：路网中经过节点 i 连通的节点间最短路径的通行能力之和与路网中所有节点间最短路径通行能力之和的比值（简称"能力介数"）。能力介数越大，表明经过节点 i 连通的节点间最短路径的通行能力就越大，节点 i 对全网的能力传输就越重要。计算公式为：

$$b_i(C) = \frac{\sum_{j,k \in V, j \neq k} \sum_{m=1}^{M_1} n_{jk}^m(i) c_{jk}^m(i)}{\sum_{j,k \in V, j \neq k} \sum_{m=1}^{M_2} n_{jk}^m c_{jk}^m} \tag{3-11}$$

式中，i,j,k 为节点标识；$b_i(C)$ 为节点 i 的能力介数，C 是通行能力标识；$n_{jk}^m(i) \in \{1,0\}$ 为连接节点 j 和节点 k 且经过节点 i 的第 m 条最短路径存在的标识变量，若第 m 条最短路径存在，则 $n_{jk}^m(i)$ 为 1，否则为 0；$c_{jk}^m(i)$ 为连接节点 j 和节点 k 且经过节点 i 的第 m 条最短路径的通行能力；M_1 为连接节点 j 和节点 k 经过节点 i 的最短路径数；$n_{jk}^m \in \{1,0\}$ 为连接节点 j 和节点 k 的第 m 条最短路径存在的标识变量，若第 m 条最短路径存在，则 n_{jk}^m 为 1，否则为 0；c_{jk}^m 为连接节点 j 和节点 k 的第 m 条最短路径的通行能力；M_2 为连接节点 j 和节点 k 的最短路径数。

节点能力介数离差（$b_{\mathrm{V}}(\mathrm{SD_C})$）：路网中节点 i 的能力介数对路网平均节点能力介数的偏离程度，描述了路网中节点能力介数分布的离散程度。节点能力介数离差 $b_{\mathrm{V}}(\mathrm{SD_C})$ 值越大，说明路网中节点的能力介数离散程度越大，路网中经过节点 i 连通的最短路径的通行能力就越不均衡。如果偏差过大，且仅有少量的能力介数值较高的节点，表明这些节点对路网能力连通的重要枢纽作用，如果被破坏，将严重影响路网的交通容量。计算公式为：

$$b_{\mathrm{V}}(\mathrm{SD_C}) = \sqrt{\frac{\sum_{i=1}^{N}[b_i(C) - \overline{B_{\mathrm{V}}(C)}]^2}{N}} \tag{3-12}$$

式中，i 为节点标识；$b_{\mathrm{V}}(\mathrm{SD_C})$ 为节点 i 的能力介数标准差，$\mathrm{SD_C}$ 是通行能力标准差标识；$\overline{B_{\mathrm{V}}(C)}$ 为路网平均节点能力介数，C 是通行能力标识；$b_i(C)$ 为节点 i 的能力介数，C 是通行能力标识；N 为路网中总节点数。

节点能效介数（$b_i(E)$）：路网中经过节点 i 连通的节点间最短路径的能效之和与路网中所有节点间最短路径能效之和的比值。能效介数越大，表明经过节点 i 连通的节点间最短路径的能效就越大，节点 i 对全网的能效发挥就越重要。计算公式为：

$$b_i(E) = \frac{\sum_{j,k \in V, j \neq k} \sum_{m=1}^{M_1} n_{jk}^m(i) E_{jk}^m(i)}{\sum_{j,k \in V, j \neq k} \sum_{m=1}^{M_2} n_{jk}^m E_{jk}^m} \tag{3-13}$$

式中，i,j,k 为节点标识；$b_i(E)$ 为节点 i 的能效介数，E 是能效标识；$n_{jk}^m(i) \in \{1,0\}$ 为连接节点 j 和节点 k 且经过节点 i 的第 m 条最短路径存在的标识变量，若第 m 条最短路径存在，则 $n_{jk}^m(i)$ 为 1，否则为 0；$E_{jk}^m(i)$ 为连接节点 j 和节点 k 且经过节点 i 的第 m 条最短路径的能效；M_1 为连接节点 j 和节点 k 经过节点 i 的最短路径数；$n_{jk}^m \in \{1,0\}$ 为连接节点 j 和节点 k 的第 m 条最短路径存在的标识变量，若第 m 条最短路径存在，则 n_{jk}^m 为 1，否则为 0；E_{jk}^m 为连接节点 j 和节点 k 的第 m 条最短路径的能效；M_2 为连接节点 j 和节点 k 的最短路径数。

(3) 节点归一化指标。

归一化的节点里程度（$d_{\text{inor}}(L)$）：归一化的节点 i 的里程度是节点 i 的里程度与归一化因子 $1/\max\limits_{1 \leq i \leq N} d_i(L)$ 的乘积，反映了节点 i 的里程度与路网中节点最大里程度的接近程度。计算公式为：

$$d_{\text{inor}}(L) = \frac{d_i(L)}{\max\limits_{1 \leq i \leq N} d_i(L)} \tag{3-14}$$

式中，i 为节点标识；$d_{\text{inor}}(L)$ 为归一化的节点 i 的里程度，L 是里程标志；$d_i(L)$ 为节点 i 的里程度，L 是里程标识；$\max\limits_{1 \leq i \leq N} d_i(L)$ 为路网中节点里程度的最大值；N 为路网中总节点数。

归一化的节点能力度（$d_{\text{inor}}(C)$）：归一化的节点 i 的能力度是节点 i 的能力度与归一化因子 $1/\max\limits_{1 \leq i \leq N} d_i(C)$ 的乘积，反映了节点 i 的能力度与路网中节点最大能力度的接近程度。计算公式为：

$$d_{\text{inor}}(C) = \frac{d_i(C)}{\max\limits_{1 \leq i \leq N} d_i(C)} \tag{3-15}$$

式中，i 为节点标识；$d_{\text{inor}}(C)$ 为归一化的节点 i 的能力度，C 是通行能力标识；$d_i(C)$ 为节点 i 的能力度，C 是通行能力标识；$\max\limits_{1 \leq i \leq N} d_i(C)$ 为路网中节点能力度的最大值；N 为路网中总节点数。

归一化的节点里程介数（$b_{\text{inor}}(L)$）：归一化的节点 i 的里程介数是节点 i 的里程介数与归一化因子 $1/\max\limits_{1 \leq i \leq N} b_i(L)$ 的乘积，反映了节点 i 的里程介数与路网中节点最大里程介数的接近程度。计算公式为：

$$b_{\text{inor}}(L) = \frac{b_i(L)}{\max\limits_{1 \leq i \leq N} b_i(L)} \tag{3-16}$$

式中，i 为节点标识；$b_{\text{inor}}(L)$ 为归一化的节点 i 的里程介数，L 是里程标识；$b_i(L)$ 为节点 i 的里程介数，L 是里程标识；$\max\limits_{1 \leq i \leq N} b_i(L)$ 为路网中节点里程介数的最大值；N 为路网中总节点数。

归一化的节点能力介数（$b_{\text{inor}}(C)$）：归一化的节点 i 的能力介数是节点 i 的能力介数与归一化因子 $1/\max\limits_{1 \leq i \leq N} b_i(C)$ 的乘积，反映了节点 i 的能力介数与路网中节点最大能力介数的接近程度。计算公式为：

$$b_{\text{inor}}(C) = \frac{b_i(C)}{\max\limits_{1 \leq i \leq N} b_i(C)} \tag{3-17}$$

其中，i 为节点标识；$b_{\text{inor}}(C)$ 为归一化的节点 i 的能力介数，C 是通行能力标识；$b_i(C)$ 为节点 i 的能介数,C 是通行能力标识;$\max\limits_{1\leq i\leq N} b_i(C)$ 为路网中节点能力介数的最大值;N 为网中总节点数。

归一化的节点能效介数($b_{\text{inor}}(E)$):归一化的节点 i 的能效介数是节点 i 的能效介数与归一化因子 $1/\max\limits_{1\leq i\leq N} b_i(C)$ 的乘积,反映了节点 i 的能效介数与路网中节点最大能效介数的接近程度。计算公式为:

$$b_{\text{inor}}(E) = \frac{b_i(E)}{\max\limits_{1\leq i\leq N} b_i(E)} \tag{3-18}$$

式中,i 为节点标识;$b_{\text{inor}}(E)$ 为归一化的节点 i 的能效介数,E 是能效标识;$b_i(E)$ 为点 i 的能效介数,E 是能效标识;$\max\limits_{1\leq i\leq N} b_i(E)$ 为路网中节点能效介数的最大值;N 为网中总节点数。

3.2.1.3 路段评价指标

1)抽象网络模型路段评价指标

路段介数(B_e):公路网抽象网络中经过路段 e 连通的节点间最短路径数占全网所有节点间最短路径数的比例。介数越大,表示通过路段 e 连通的节点间最短路径数越多,路段在路网中的枢纽作用就越强。计算公式为:

$$B_e = \frac{\sum\limits_{j,k\in V, j\neq k} n_{jk}(e)}{\sum\limits_{j,k\in V, j\neq k} n_{jk}} \tag{3-19}$$

式中,j,k 为节点标识;e 为路段标识;B_e 为路段 e 的介数;$n_{jk}(e)$ 为连接节点 i 和节点 k 且经过路段 e 的最短路径数;n_{jk} 为连接节点 j 和节点 k 的所有最短路径数。

2)静态属性网络模型路段评价指标

路段里程介数($b_E(L)$):路网中经过路段 e 连通的节点间最短路径的里程之和占路网中所有节点间最短路径的里程之和的比例。里程介数是对经过路段 e 的最短路径的里程规模的总测度。里程介数越大,表明通过路段 e 连通的节点间最短路径的里程规模越大,路段 e 对全网的里程枢纽作用就越强,路段 e 在路网中就越关键。计算公式为:

$$b_E(L) = \frac{\sum\limits_{j,k\in V, j\neq k}\sum\limits_{m=1}^{M_1} n_{jk}^m(e) d_{jk}^m(e)}{\sum\limits_{j,k\in V, j\neq k}\sum\limits_{m=1}^{M_2} n_{jk}^m d_{jk}^m} \tag{3-20}$$

式中,j,k 为节点标识;e 为路段标识;$b_E(L)$ 为路段 e 的里程介数,L 是里程标识;$n_{jk}^m(e)\in\{1,0\}$ 为连接节点 i 和节点 k 且经过路段 e 的第 m 条最短路径存在的标识变量,若第 m 条最短路径存在,则 $n_{jk}^m(e)$ 为 1,否则为 0;d_{jk}^m 为连接节点 j 和节点 k 且经过路段 e 的第 m 条最短路径的里程;M_1 为连接节点 j 和节点 k 且经过路段 e 的最短路径数;$n_{jk}^m(e)\in\{1,0\}$ 为连接节点 j 和节点 k 的第 m 条最短路径存在的标识变量,若第 m 条最短路径存在,则 n_{jk}^m 为 1,否则为 0;d_{jk}^m 为连接节点 j 和节点 k 的第 m 条最短路径的里程;M_2 为连接节点 j 和节点 k 的最短路径数。

路段里程介数离差($b_E(\text{SD}_L)$):路网中路段 e 的里程介数与路网平均里程介数的偏差测度,反映了路网中路段里程介数的离散程度。路段的里程介数离散程度越大,路网中各路段连通的最短路径里程规模越不均衡。如果偏差过大,且仅有少量里程介数值较高的路段,表明这些路段对路网连通里程的重要枢纽作用,如果被破坏,将严重影响路网的连通里程。计算公式为:

$$b_E(SD_L) = \sqrt{\frac{\sum_{e=1}^{N_e}[b_e(L) - \overline{B_E(L)}]^2}{N_e}} \quad (3-21)$$

式中,e为路段标识;$b_E(SD_L)$为路段里程介数标准差,SD_L是里程标准差标识;$b_e(L)$为路段e的里程介数,L是里程标识;$\overline{B_E(L)}$为路网平均路段里程介数,L是里程标识;N_e为路网中路段总数。

路段能力介数($b_e(C)$):路网中经过路段e连通的节点间最短路径的通行能力之和与路网中所有节点间最短路径的通行能力之和的比值。能力介数越大,表明经过路段e连通的节点间最短路径的通行能力就越大,路段e对全网的能力传输就越重要,路段e在路网中就越关键。计算公式为:

$$b_e(C) = \frac{\sum_{j,k \in V, j \neq k} \sum_{m=1}^{M_1} n_{jk}^m(e) c_{jk}^m(e)}{\sum_{j,k \in V, j \neq k} \sum_{m=1}^{M_2} n_{jk}^m c_{jk}^m} \quad (3-22)$$

式中,j,k为节点标识;e为路段标识;$b_e(C)$为路段e的能力介数,C是通行能力标识;$n_{jk}^m(e) \in \{1,0\}$为连接节点j和节点k且经过路段e的第m条最短路径存在的标识变量,若第m条最短路径存在,则$n_{jk}^m(e)$为1,否则为0;$c_{jk}^m(e)$为连接节点j和节点k且经过路段e的第m条最短路径的通行能力;M_1为连接节点j和节点k且经过路段e的最短路径数;$n_{jk}^m(e) \in \{1,0\}$为连接节点j和节点k的第m条最短路径存在的标识变量,若第m条最短路径存在,则$n_{jk}^m(e)$为1,否则为0;c_{jk}^m为连接节点j和节点k的第m条最短路径的通行能力;M_2为连接节点j和节点k的最短路径数。

路段能力介数离差:路网中路段e的能力介数与路网平均能力介数的偏差测度,反映了路网中路段能力介数的离散程度。路段的能力介数离散程度越大,路网中各路段连通的最短路径通行能力强度越不均衡。如果偏差过大,且仅有少量的能力介数值较高的路段,表明这些路段对路网连通能力的重要枢纽作用,如果被破坏,将严重影响路网的连通能力。计算公式为:

$$b_E(SD_C) = \sqrt{\frac{\sum_{e=1}^{N_e}[b_e(C) - \overline{b_E(C)}]^2}{N_e}} \quad (3-23)$$

式中,e为路段标识;$b_E(SD_C)$为路网中路段能力介数标准差,SD_C是能力标准差标识;$\overline{b_E(C)}$为路网平均路段能力介数,C是通行能力标识;$b_e(C)$为路段e的能力介数,C是通行能力标识;N_e为路网中路段总数。

路段能效介数:路网中经过路段e连通的节点间最短路径的能效之和与路网中所有节点间最短路径的能效之和的比值。能效介数越大,表明经过路段e连通的节点间最短路径

能效就越大,路段 e 对全网的能效发挥就越重要。计算公式为:

$$b_e(E) = \frac{\sum_{j,k \in V, j \neq k} \sum_{m=1}^{M_1} n_{jk}^m(e) E_{jk}^m(e)}{\sum_{j,k \in V, j \neq k} \sum_{m=1}^{M_2} n_{jk}^m E_{jk}^m} \tag{3-24}$$

式中,j,k 为节点标识;e 为路段标识;$b_e(E)$ 为路段 e 的能效介数,E 是能效标识;$n_{jk}^m(e) \in \{1,0\}$ 为连接节点 j 和节点 k 且经过路段 e 的第 m 条最短路径存在的标识变量,若第 m 条最短路径存在,则 $n_{jk}^m(e)$ 为1,否则为0;$E_{jk}^m(e)$ 为连接节点 j 和节点 k 且经过路段 e 的第 m 条最短路径的能效;M_1 为连接节点 j 和节点 k 且经过路段 e 的最短路径数;$n_{jk}^m(e) \in \{1,0\}$ 为连接节点 j 和节点 k 的第 m 条最短路径存在的标识变量,若第 m 条最短路径存在,则 n_{jk}^m 为1,否则为0;E_{jk}^m 为连接节点 j 和节点 k 的第 m 条最短路径的能效;M_2 为连接节点 j 和节点 k 的最短路径数。

归一化的路段里程介数($b_{\text{enor}}(L)$):归一化的路段 e 的里程介数是路段 e 的里程介数与归一化因子 $1/\max\limits_{1 \leq i \leq N} b_e(L)$ 的乘积,反映了路段 e 的里程介数与路网中路段最大里程介数的接近程度。计算公式为:

$$b_{\text{enor}}(L) = \frac{b_e(L)}{\max\limits_{1 \leq i \leq N_E} b_e(L)} \tag{3-25}$$

式中,e 为路段标识;$b_{\text{enor}}(L)$ 为归一化的路段 e 的里程介数,L 是里程标识;$b_e(L)$ 为路段 e 的里程介数,L 是里程标识;$\max\limits_{1 \leq i \leq N_E} b_e(L)$ 为路网中路段里程介数的最大值,L 是里程标识;N_E 为路网中路段总数。

归一化的路段能力介数 $b_{\text{enor}}(C)$:归一化的路段 e 的能力介数是路段 e 的能力介数与归一化因子 $1/\max\limits_{1 \leq i \leq N_e} b_e(C)$ 的乘积,反映了路段 e 的能力介数与路网中路段最大能力介数的接近程度。计算公式为:

$$b_{\text{enor}}(C) = \frac{b_e(C)}{\max\limits_{1 \leq i \leq N_E} b_e(C)} \tag{3-26}$$

式中,e 为路段标识;b_{enor} 为归一化的路段 e 的能力介数,C 是通行能力标识;$b_e(C)$ 为路段 e 的能力介数,C 是通行能力标识;$\max\limits_{1 \leq i \leq N_E} b_e(C)$ 为路网中所有路段能力介数的最大值,C 是通行能力标识;N_E 为路网中路段总数。

归一化的路段能效介数($b_{\text{enor}}(E)$):归一化的路段 e 的能效介数是路段 e 的能效介数与归一化因子 $1/\max\limits_{1 \leq i \leq N_E} b_e(E)$ 的乘积,反映了路段 e 的能效介数与路网中路段最大能效介数的接近程度。计算公式为:

$$b_{\text{enor}}(E) = \frac{b_e(E)}{\max\limits_{1 \leq i \leq N_E} b_e(E)} \tag{3-27}$$

式中,e 为路段标识;$b_{\text{enor}}(E)$ 为归一化的路段 e 的能效介数,E 是能效标识;路段 e 的能效介数,E 是能效标识;$\max\limits_{1 \leq i \leq N_E} b_e(E)$ 为路网中路段能效介数的最大值;N_E 为路网中路段总数。

3.2.1.4 路网评价指标

路网平均节点度($\overline{K_V}$):路网平均节点度是路网中所有节点度的平均值。平均节点度是衡量路网连通情况的全局指标,可用于不同路网间的连通性能比较。路网平均节点度越高,路网内各个节点间直接连通的路段数就越多,表明路网越稠密,反之则路网稀疏,计算公式为:

$$\overline{K_V} = \frac{1}{N}\sum_{i=1}^{N} k_i \tag{3-28}$$

式中,i 为节点标识;k_i 为路网平均节点度;N 为路网中总节点数;k_i 为节点 i 的度。

路网平均节点介数 $\overline{B_V}$:路网中所有节点的介数平均值。路网平均节点介数是衡量路网连通可靠性的全局测度指标,可用于不同路网间的连通可靠性比较。平均节点介数越高,路网内各节点对路网整体连通可靠性的贡献就越大,节点的整体枢纽能力就越强。计算公式为:

$$\overline{B_V} = \frac{1}{N}\sum_{i=1}^{N} B_i = \frac{1}{N}\sum_{i=1}^{N} \frac{\sum_{j,k \in V, j \neq k} n_{jk}(i)}{\sum_{j,k \in V, j \neq k} n_{jk}} \tag{3-29}$$

式中,i,j,k 为节点标识;$\overline{B_V}$ 为路网平均节点介数;N 为路网中总节点数;B_i 为节点 i 的介数;$n_{jk}(i)$ 为连接节点 j 和节点 k 且经过节点 i 的最短路径数;n_{jk} 为连接节点 j 和节点 k 的所有最短路径数。

路网平均节点里程度($\overline{D_V(L)}$):路网中所有节点里程度的平均值,反映了公路网连通里程规模大小的全局性指标,其值越大,路网中各节点平均直接覆盖的里程范围就越大,路网的整体连通里程规模就大。计算公式为:

$$\overline{D_V(L)} = \frac{1}{N}\sum_{i=1}^{N} d_i(L) \tag{3-30}$$

式中,i 为节点标识;$\overline{D_V(L)}$ 为路网平均节点里程度,L 是里程标识;N 为路网中总节点数;$d_i(L)$ 为节点 i 的里程度,L 是里程标识。

路网平均节点能力度($\overline{D_V(C)}$):路网中所有节点能力度的平均值,反映了公路网连通路段传输能力大小的全局性指标,其值越大,路网中各节点直接连通路段的交通容量就越大,路网的整体承载能力就越强,路网的容量也就越大。计算公式为:

$$\overline{D_V(C)} = \frac{1}{N}\sum_{i=1}^{N} d_i(C) \tag{3-31}$$

式中,i 为节点标识;$\overline{D_V(C)}$ 为路网平均节点能力度,C 是通行能力标识;N 为路网中总节点数;$d_i(C)$ 为节点 i 的能力度,C 是通行能力标识。

路网平均节点里程介数($\overline{B_V(L)}$):路网中所有节点的里程介数平均值,反映了路网中所有节点连通的节点间最短路径里程规模的平均大小,是路网的全局性指标,用于不同路网之间节点连通最短路径的里程规模比较。计算公式为:

$$\overline{B_V(L)} = \frac{1}{N}\sum_{i=1}^{N} b_i(L) \tag{3-32}$$

式中，i 为节点标识；$\overline{B_V(L)}$ 为路网平均节点里程介数，L 是里程标识；N 为路网中总节点数。$b_i(L)$ 为节点 i 的里程介数，L 是里程标识。

路网平均节点能力介数（$\overline{B_V(C)}$）：路网中所有节点 i 的能力介数平均值，反映了路网内经过所有节点连通的节点间最短路径通行能力的平均大小，是路网的全局性指标，用于不同路网之间节点连通节点间最短路径的通行能力大小比较。计算公式为：

$$\overline{B_V(C)} = \frac{1}{N}\sum_{i=1}^{N} b_i(C) \tag{3-33}$$

式中，i 为节点标识；$\overline{B_V(C)}$ 为路网平均节点能力介数，C 是通行能力标识；$b_i(C)$ 为节点 i 的能力介数，C 是通行能力标识；N 为路网中总节点数。

路网平均路段介数（$\overline{B_E}$）：路网中所有路段的介数平均值。路网平均路段介数是衡量路网连通均衡性的重要全局性指标。可用于不同路网间的连通均衡性比较。

$$\overline{B_E} = \frac{1}{N_E}\sum_{e=1}^{N_E} B_e = \frac{1}{N_E}\sum_{e=1}^{N_E} \frac{\sum_{j,k\in V, j\neq k} n_{jk}(e)}{\sum_{j,k\in V, j\neq k} n_{jk}} \tag{3-34}$$

式中，j,k 为节点标识；e 为路段标识；$\overline{B_E}$ 为路网平均路段介数；B_e 为路段 e 的介数；$n_{jk}(e)$ 为连接节点 j 和节点 k 且经过路段 e 的最短路径数；n_{jk} 为连接节点 j 和节点 k 的所有最短路径数；N_E 为路网内总路段数。

路网平均路段里程介数 $\overline{B_E(L)}$：路网中所有路段的里程介数平均值，反映了路网中所有路段连通的节点间最短路径里程规模的平均大小，是路网的全局性指标，用于不同路网之间路段连通最短路径的里程规模比较。计算公式为：

$$\overline{B_E(L)} = \frac{1}{N_E}\sum_{e=1}^{N_E} b_e(L) \tag{3-35}$$

式中，e 为路段标识；$\overline{B_E(L)}$ 为路网平均路段里程介数，L 是里程标识；$b_e(L)$ 为路段 e 的里程介数，L 是里程标识；N_E 为路网中路段总数。

路网平均路段能力介数（$\overline{B_E(C)}$）：路网中所有路段的能力介数平均值。反映了路网中所有路段连通的节点间最短路径通行能力的平均大小，是路网的全局性指标，用于不同路网之间路段连通最短路径的通行能力大小比较。计算公式为：

$$\overline{B_E(C)} = \frac{1}{N_E}\sum_{e=1}^{N_E} b_e(C) \tag{3-36}$$

式中，e 为路段标识；$\overline{B_E(C)}$ 为路网平均路段能力介数，C 是通行能力标识；$b_e(C)$ 为路段 e 的能力介数，C 是通行能力标识；N_E 为路网中路段总数。

3.2.1.5 综合评价指标

以上给出了路网中节点和路段单一属性维度的评价指标，如对节点与其他节点相连通的里程度和能力度评价，以及路段的里程介数或能力介数的评价等。这些均属于基本指标。在实际应用中，由于里程和通行能力是路网中最基本也是最核心的功能属性，所以，从结构方面评价节点或路段的重要作用或关键程度时，还经常需要综合考虑节点或路段两个或两个以上属性维度的重要程度或关键程度。这时，该问题就转化成了对节点、路段或整体公路结构的多维属性综合评估。

综合评估指标主要评估以下两方面内容：一是在评估节点或路段的自身重要程度或在路网中的关键程度的任一前提下，对节点或路段的里程、能力等两个维度以上的功能属性进行综合评估。二是考虑节点或路段的里程、能力单一维度功能属性情况下，评估节点或路段在路网结构中的自身重要程度和全局关键程度的综合作用程度评估。

总体来说，综合评估指标的物理意义在于综合权衡节点或路段不同维度属性指标共同作用时的综合性能高低。

对于节点和路段的不同维度属性的评价指标测度值选择，也就转变为多属性决策内容，而且参与决策和评价的人员主要是管理者和专家，他们在决策时会根据既定的评估目标进行决策，并根据重要程度给予相应属性指标值以不同的权值。对于如何决策，以及决策时采用何种方法，留待进一步研究。本书对于所提出指标的综合应用，提供了一种广义聚合的思路，以解决上述问题。

建立在多属性分析基础之上的聚合操作(也称为多属性聚合操作)是多属性决策的基本手段，也是理论和研究的支撑点。聚合是多属性决策的一种基本手段。可一般描述为：

对指标 $a_1, a_2, \cdots, a_n$，其综合指标可一般地表示为 $A = f_{(w_1, w_2, \cdots, w_n)}(a_1, a_2, \cdots, a_n)$，其中 A 是综合评价度量。$f_{(w_1, w_2, \cdots, w_n)}$ 为广义聚合算子。该算子具备下列条件：①单调性。a_i 增加，则 A 也增加，反之则相反；②算子是可计算的；③权重的选择可以是参数化的。即 $w_1 a_1 + w_2 a_2 (+/- , w_1, w_2)$。

广义聚合算子的类型很多，可以是线性加权算子，也可是线性乘积算子等。但其本质意义是反映决策者或其他路网使用者对 $a_1, a_2, \cdots, a_n$ 的理解，形成对象的总体制定思维过程。

专家决策法的可能权重获得可采用主观赋权法，通过定性的调查获得：一种通过确定关系辨识获得；另外一种是对 A 的过程用优化办法。本书中节点和路段的属性特征综合评估，采用此方法，可以将节点和路段的两种或多种属性进行组合优化评估，如评估节点的综合重要度时，可以将节点能力度和节点里程度用广义聚合的方式进行综合评估，也可以在评估节点在路网中的里程连通重要性时，将节点的里程度和节点的里程介数通过广义聚合算子求得。总之利用该算子，给出了节点和路段综合评估的一般模型。

3.2.1.6 实例分析

1）实例路网的基本情况

我国公路网具有东密西疏的布局特点。东部沿海长三角地区经济发达，公路建设速度快，路网密度大，客货运量也大，路网的整体利用率非常高。该地区受气候影响，恶劣天气较其他地区发生的频率也高。近几年国家路网中心道路阻断信息统计显示：华东5省市因恶劣天气、施工养护、地质灾害等影响，道路阻断情况经常发生，具体统计情况见图3-3。另外，处于该地区的江苏省又是危险品生产、运输相对集中

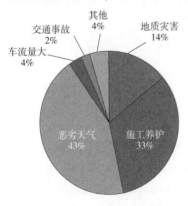

图3-3　华东5省市公路阻断情况分析

的省份,全省化工企业位居全国之首,危险化学品储存、运输、生产、使用均居全国前列,近年来几起因危险品运输引发的重特大交通事故,均发生在此地区,直接影响公路网的运行安全。

因此,本书选择数据充分、特征明显的华东地区路网作为实证研究的主要路网,通过将该地区实际路网转化为相似路网网络拓扑模型,附加其物理功能属性后,利用计算机仿真进行实例验证,实现对该地区路网结构及其结构风险的评估以及关键节点和关键路段的辨识。

实例路网以县、市作为主要路网节点,以国家高速公路和全国干线公路作为路网中主要路段并进行了相关处理,路网中包含63个节点,146条路段。为符合验证要求,对实例路网进行了以下简化处理和约定:

(1)因路网中路段具有双向通行的特点,将路网简化为无向网络。
(2)路网近似处理成连通图,剔除了悬孤点。
(3)出行者在节点处没有转向,适用最优路径选择原则。
(4)路网数据以链表形式给出(表3-1),便于Java编程实现仿真实验。
(5)路网中部分节点用编码表示(表3-2),路段名称用数字标明。

实例路网数据链表   表3-1

节点名称1	节点名称2	通行能力(pcu/h)	里程(km)	网络ID
宜春	南昌	4400.00	188.69	1
宜春	新余	5600.00	35.63	2
新余	南昌	5600.00	141.56	3
新余	吉安	5600.00	114.18	4
……	……	……	……	……

实例路网中主要节点编码对照表   表3-2

节点编码	名称	节点编码	名称
V1	南昌	V12	温州
V2	杭州	V26	安庆
V3	武汉	V32	苏州
V4	上海	V38	常州
V5	合肥	V56	潜山
V6	南京	V20	黄山

2)实例路网结构特性分析

(1)节点指标分析。

节点度是描述网络基本结构特性的重要参数,网络分类主要依据节点度分布特征来确定。因此,对公路网抽象网络的节点度及物理网络的节点里程度、节点能力度进行计算、结果输出及分析。

通过对实验路网的度分布数据分析表明,公路网物理网络的节点里程度分布(图3-4)和节点能力度分布(图3-5)与公路网抽象网络的节点度分布(图3-6)不同,图3-6显示抽象网络的节点度在3~4之间的分布较多,但是将里程和通行能力功能属性叠加后,实际公路网物理网络的节点里程度和节点能力度的分布曲线则没有这种分布特征,无论是节点里程度和节点能力度分布均表现出较大的离散性,其中节点里程度的离散性更大于节点能力度的离散性。这种离散性体现以下两种含义:①从公路网里程的功能属性分析,节点之间因为实际距离的远近不同,而表现出节点里程度值分布离散程度大,这与节点的地理位置有关,反映了实际情况。②从公路网通行能力的功能属性分析,节点能力度之间的离散程度虽然很大,但离散程度好于节点里程度,原因是交通网络是人工技术网络,道路的基本通行能力在建设时已根据需求情况按《公路路线设计规范》(JTG D20—2017)设计,因此等级差距不会特别明显,具有一定的均衡性。

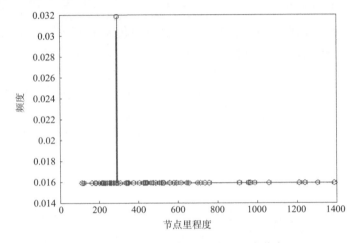

图 3-4　公路网物理网络节点里程度分布

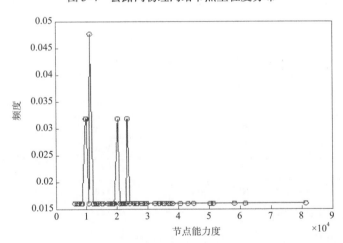

图 3-5　公路网物理网络节点能力度分布

从抽象网络的度分布可以看出,节点的度值为 3 的概率要高于其他节点度,这个规律在节点里程度和节点能力度的分布情况中未显现,可见公路网抽象网络不能够反映公路网物理网络的实际结构特性。

从图 3-7 中可以看出,南京、杭州、上海、苏州、合肥等城市的节点能力度值较高,反映了以上城市(节点)与其他城市(节点)相连的路段交通容量大。以上节点承载的通行能力对路网容量具有重要影响,计算结果与实际情况相符。

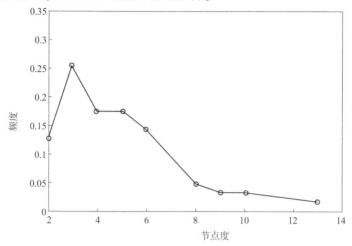

图 3-6　公路网抽象网络节点度分布

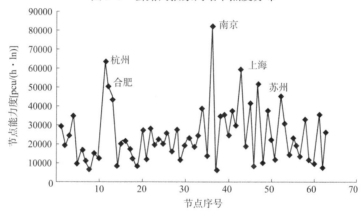

图 3-7　节点能力度分布

图 3-8 显示,合肥、黄山、南昌、南京等城市的里程度值较大,反映了以上城市在路网中直接覆盖的里程范围较广,对路网的连通性起重要支持作用,计算结果与实际情况相符。

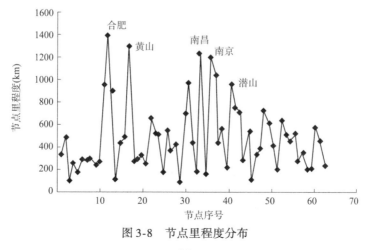

图 3-8　节点里程度分布

介数反映了节点或边在整个网络中的作用和影响力,路网中各种与介数有关的评价指标直接反映了节点或路段在路网中里程、能力、效率或能效方面的承载能力,为使数据具有可比性,采用了归一化后的指标数据作为标准数据进行分析。

从节点里程介数和节点能力介数散点图可以看出,绝大部分节点的介数值较低,仅有少量介数值高的点。南京、杭州等城市仍具有较高的介数值,说明路网内经过南京、杭州等城市连通的节点间的最短路径里程值和能力值都较高,呈现出重要枢纽城市的特点。同时从图中也可发现,里程度和能力度较低的城镇,其节点的介数值却很高。根据指标定义,说明路网中经过该城市连通的节点对间最短路径的里程值和能力值也较高,该城市在路网中与南京、杭州等重要城市一样起着重要的枢纽作用。

图 3-9、图 3-10 中还有类似情况,即这些节点的度指标值虽然不高,但却有很高的介数指标值。由此可以看出,利用介数相关指标能够有效地识别出路网中具有高连通性但规模较小的节点,这些节点对路网的连通性和功能完整性发挥起着重要的枢纽作用。

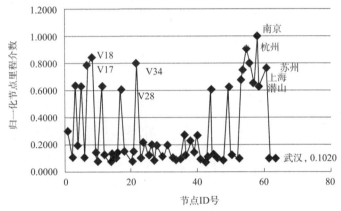

图 3-9 归一化节点里程介数分布

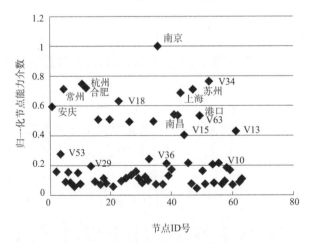

图 3-10 归一化节点能力介数分布图

表 3-3 给出了节点里程介数和节点里程度排名前 20 位的城镇,该数据仅反映对本路网显示的连通图计算结果。图中武汉等城镇处于实验路网连通图的边缘,且只包括其与路网

内节点连通的情况,不能完全反映类似武汉这种边缘点的实际里程和能力连通情况。为保证计算完整性,结果不予剔除。具体分析时,可根据实际情况进行相应处理。

节点里程介数和节点里程度排名前 20 位城镇　　　　　　　　　　　　表 3-3

序号	节点编码	节点里程介数	节点编码	节点里程度
1	南京	0.4285	合肥	1385.36
2	杭州	0.3863	V20	1301.31
3	V18	0.3675	南昌	1236.22
4	合肥	0.3418	南京	1209.35
5	V34	0.3375	V7	1055.05
6	V17	0.3303	V37	985.63
7	苏州	0.3209	杭州	963.75
8	常州	0.3199	潜山	951.50
9	上海	0.3147	V29	906.98
10	安庆	0.2910	V17	756.33
11	V13	0.2731	上海	734.61
12	南昌	0.2726	V63	709.89
13	V15	0.2712	V16	697.1
14	V21	0.2700	V18	651.72
15	潜山	0.2626	V33	644.63
16	V63	0.2622	V30	616.35
17	V28	0.2612	V22	593.09
18	V58	0.2597	V13	578.14
19	V10	0.1217	V21	560.71
20	V49	0.1186	V51	555.77

表 3-4 给出了节点能力介数和节点能力度排名前 20 位的城镇,该数据仅反映对本路网显示的连通图计算结果。图中武汉等城镇处于实验路网连通图的边缘,且只包括其与路网内节点连通的情况,不能完全反映类似武汉这种边缘点的实际里程和能力连通情况,为保证计算完整性,结果不予剔除。具体分析时,可根据实际情况进行相应处理。

节点能力介数和节点能力度排名前 20 位城镇　　　　　　　　　　　　表 3-4

序号	节点编码	节点能力介数	节点编码	节点能力度
1	南京	0.3896	南京	81500
2	杭州	0.2975	杭州	61900
3	V18	0.2921	上海	58350

续上表

序号	节点编码	节点能力介数	节点编码	节点能力度
4	合肥	0.2830	苏州	51600
5	V34	0.2779	合肥	50550
6	V17	0.2776	V34	45000
7	苏州	0.2676	V29	43200
8	常州	0.2484	V51	40800
9	上海	0.2315	南昌	38200
10	安庆	0.2132	潜山	37350
11	V13	0.2088	V63	36800
12	南昌	0.2068	V22	35600
13	V15	0.1988	常州	35200
14	V21	0.1985	V13	34150
15	潜山	0.1944	V39	33600
16	V63	0.1924	V42	32400
17	V28	0.1672	V33	29750
18	V58	0.1593	V17	29600
19	V10	0.1091	安庆	29100
20	V49	0.0977	V18	28000

图3-11反映了路网中节点能效介数分布情况，路网中各节点承载传输的能效不均衡，少量节点具有高承载性，大部分节点具有低承载性。路网在其功能发挥方面具有一定的脆弱性，高承载性的节点失效后，会对路网整体能效有很大影响。

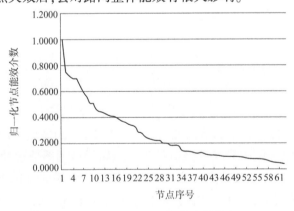

图3-11 归一化节点能效介数分布

(2)路段指标分析。

连接节点之间的路段全部失效后，才导致节点失效。路网中突发事件的影响也是直接作用在路段上的。地震、洪水、泥石流等自然灾害造成的道路中断，重特大交通事故造成的交通拥堵，以及恶劣天气下交通封路都是以路段为载体。因此，路段失效在公路网中是主要的失效形式。以下实验环节分别给出了实验路网中路段的系列评价指标值，见表3-5。

节点能效介数排名前 20 位城镇　　　　　　　　　　表 3-5

序号	节点编码	节点能效介数
1	南京	0.2755
2	V34	0.2069
3	杭州	0.1972
4	苏州	0.1917
5	上海	0.1916
6	常州	0.1773
7	安庆	0.1619
8	合肥	0.1527
9	V18	0.1397
10	潜山	0.1371
11	V28	0.1253
12	V63	0.1214
13	V17	0.1194
14	南昌	0.1150
15	V13	0.1124
16	V21	0.1113
17	V58	0.1059
18	V53	0.0996
19	V36	0.0976
20	V15	0.0951

图 3-12、图 3-13 说明,路网内多数路段能力介数和路段里程介数的指标值较小,仅有少数介数指标值高的点。这些路段在路网中承载着重要的枢纽功能,发挥着关键路段作用。

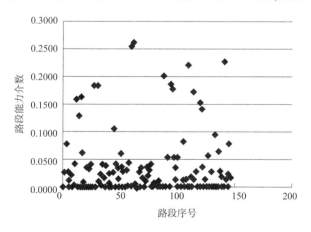

图 3-12　路段能力介数分布

从图中也可以看出,路网中路段的传输能力分布很不均衡,这是路网内存在关键节点和关键路段的原因,显示了路网具有一定的脆弱性。

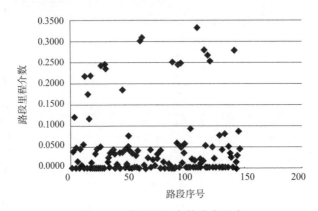

图 3-13　路段里程介数分布示意

图 3-14 为路段能效介数直方图,说明路网内存在着少量能效介数值较高的路段,这些路段是承载高能效传输的路段,其承载路网传输功能的任务比较重,在路网中起主要干线和枢纽路段的作用。

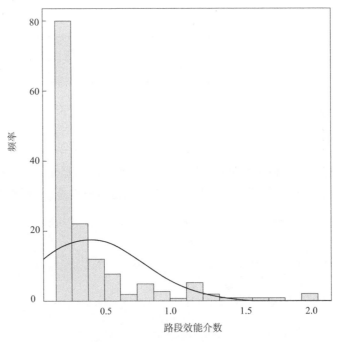

图 3-14　路段能效介数直方图

比例最高的介数为 0 的路段,不参与最短路分配。其余能效介数高的节点在路网中所占的比例较小,且介数值绝大多数是能力较低的点,说明网络中承载重要能力传输的关键路段很少,关键路段失效后,必将对路网的整体性能产生严重负面影响。表 3-6 为归一化处理后的路段能效介数排名前 24 位的路段。

路段能效介数排名前 24 位的路段　　　　　　　　　表 3-6

边 ID	路段能效介数	归一化路段能效介数
62	0.19699648	1
61	0.18974210	0.963175105
60	0.17137909	0.869960191
88	0.15087348	0.765868922
109	0.14336413	0.727749702
94	0.13303554	0.675319375
95	0.12415398	0.630234516
141	0.12275882	0.62315237
115	0.11072089	0.562045017
31	0.10906162	0.55362218
119	0.10852001	0.550872865
30	0.10732673	0.544815488
121	0.10543629	0.535219164
133	0.09431503	0.478765075
27	0.08722524	0.442775657
104	0.08236188	0.418088101
12	0.08162881	0.414366837
45	0.07335289	0.372356347
17	0.07301320	0.370632032
145	0.07114528	0.361149993
14	0.06942152	0.352399792
51	0.06682205	0.33920428
136	0.05884400	0.298705848
92	0.05050165	0.256358145

3.2.2 以交叉口为节点的道路交通网络

选择以城市道路交叉口作为节点来处理。面向不同层次的路网，如城市快速路网到城市支干路网，则需将节点根据实际情况作进一步细化。对于城市道路交通网络，将丁字口、十字口、五岔口和边界点(包含断头路边界点)作为同一级别的节点考虑。因为城市道路网络存在单行路，且上下游的道路可能存在较大差别的功能属性，所以城市道路网络考虑为有向加权网络。

3.2.2.1 节点评价指标

1) 抽象网络模型节点评价指标

节点连通度：描述了道路交通网络中交叉口直接相邻的交叉口的个数，节点 k 的连通入度 $d^{in}(k)$ 描述了进入交叉口 k 的车辆可以来自几个相邻的交叉口，节点 k 的连通出度 d^{out}

(k)描述了驶出交叉口 k 的车辆可以到达几个相邻的交叉口。节点 k 的连通度、连通入度和连通出度可通过下面的公式计算得到。

$$d(k) = \frac{1}{2}\sum_{i=1}^{N}(e_{ki} + e_{ik}) \tag{3-37}$$

$$d^{\text{in}}(k) = \sum_{i=1}^{N} e_{ik} \tag{3-38}$$

$$d^{\text{out}}(k) = \sum_{i=1}^{N} e_{ki} \tag{3-39}$$

节点连通度分布:描述了道路交通网络中所有交叉口的连通度的概率统计情况,即连通度为 q 的交叉口的个数占交叉口总数的比例,包括节点连通入度分布和节点连通出度分布,通过节点连通度分布可以清晰地展现道路交通网络的连通特性。节点连通度分布、连通入度分布和连通出度分布可以用下面的分布函数来描述。

$$P\{Q_0 = q\} = \frac{1}{n}\sum_{i=1}^{N} dd_q(i) \tag{3-40}$$

$$P^{\text{in}}\{Q_0 = q\} = \frac{1}{n}\sum_{i=1}^{N} dd_q^{\text{in}}(i) \tag{3-41}$$

$$P^{\text{out}}\{Q_0 = q\} = \frac{1}{n}\sum_{i=1}^{N} dd_q^{\text{out}}(i) \tag{3-42}$$

式中,Q_0 为交叉口连通度的集合,$Q_0 = \{d(i), d^{\text{in}}(i), d^{\text{out}}(i) \mid i \in N\}$,$q \in Q_0$,$dd_q(i)$、$dd_q^{\text{in}}(i)$ 和 $dd_q^{\text{out}}(i)$ 的取值如下:

$$dd_q(i) = \begin{cases} 1, d(i) = q \\ 0, \text{其他} \end{cases} \tag{3-43}$$

$$dd_q^{\text{in}}(i) = \begin{cases} 1, d(\text{in}) = q \\ 0, \text{其他} \end{cases} \tag{3-44}$$

$$dd_q^{\text{out}}(i) = \begin{cases} 1, d(\text{out}) = q \\ 0, \text{其他} \end{cases} \tag{3-45}$$

节点平均最短路径距离:描述了道路交通网络中的交叉口到达路网中任意一个其他的交叉口平均最少需要经过的路段数。节点最大最短路径距离:描述了道路交通网络中交叉口到其他任意一个交叉口的最短路径距离的最大值,即表示经过最大最短路径距离可到达任意一个其他的交叉口。节点最小最短路径距离:描述了道路交通网络中交叉口到其他任意一个交叉口的最短路径距离的最小值,即表示经过最小最短路径距离可至少到达一个其他的交叉口。节点 k 的平均最短路径距离 $\text{asp}(k)$ 描述了从交叉口 k 出发平均经过几条路段就能到达其他所有的交叉口,节点 k 的最大最短路径距离 $\text{sp}^{\max}(k)$ 描述了从交叉口 k 出发经过几条路段就可到达其他任意一个交叉口,节点 k 的最小最短路径距离 $\text{sp}^{\min}(k)$ 描述了从交叉口 k 出发经过几条路段就能达到一个其他的交叉口。节点 k 的平均最短路径距离、最大最短路径距离和最小最短路径距离可通过下面的式子计算得到。

$$\text{ask}(k) = \frac{1}{n-1}\sum_{i=1, i \neq k} \text{sp}_{k\text{-}i} \tag{3-46}$$

第3章 道路交通网络结构分析

$$\text{sp}^{\max}(k) = \max\{\text{sp}_{k\text{-}i} \mid i \in N, i \neq k\} \tag{3-47}$$

$$\text{sp}^{\min}(k) = \min\{\text{sp}_{k\text{-}i} \mid i \in N, i \neq k\} \tag{3-48}$$

式中,$\text{sp}_{k\text{-}i}$为节点 k 到节点 i 的最短路径所经过的边数,最短路径可通过 Dijkstra 算法得到。

节点平均最短路径距离分布:描述了道路交通网络中所有交叉口的平均最短路径距离的概率统计情况,将交叉口的平均最短路径距离的集合按数值等分为 h 个子集合,计算各个子集合的交叉口个数占总交叉口个数的比例。通过节点平均最短路径距离分布可以容易看出,道路交通网络中的所有交叉口的平均最短路径距离整体位于怎样的区间值,不同取值区间的交叉口数量有什么不同。节点平均最短路径距离分布可以用下面的分布函数来描述。

$$P\left\{\text{np}^{\min} + \frac{q-1}{h}\Delta\text{np} \leq L_0 \leq \text{np}^{\min} + \frac{q}{h}\Delta\text{np}\right\} = \frac{1}{n}\sum_{i=1}^{n}\text{np}d_q(i) \tag{3-49}$$

式中,L_0 为路网中所有交叉口平均最短路径距离集合,$L_0 = \{\text{asp}(i) \mid i \in N\}$,$q \in \{1, 2, \cdots, h\}$,$\Delta\text{np}$ 为所有交叉口的平均最短路径距离的最大值和最小值之差,取值为 $\Delta\text{np} = \text{np}^{\max} - \text{np}^{\min}$,平均最短路径距离的最大值为 $\text{np}^{\max} = \max\{L_0\}$,平均最短路径距离的最小值为 $\text{np}^{\min} = \min\{L_0\}$,$\text{np}d_q(i)$ 的取值如下:

$$\text{np}d_q(i) = \begin{cases} 1, \text{np}^{\min} + \frac{q-1}{h}\Delta\text{np} \leq \text{asp}(i) \leq \text{np}^{\min} + \frac{q}{h}\Delta\text{np} \\ 0, \text{其他} \end{cases} \tag{3-50}$$

2) 静态属性网络模型节点评价指标

节点里程度:描述了道路交通网络中交叉口到其他相邻交叉口的总里程长度,反映了交叉口相连的所有路段能够覆盖路网总里程长度的程度。节点 k 的里程入度 $d_l^{\text{in}}(k)$ 描述了交叉口 k 的相邻交叉口到交叉口 k 的所有路段的里程长度之和,节点 k 的里程出度 $d_l^{\text{out}}(k)$ 描述了交叉口 k 到交叉口 k 的相邻交叉口的所有路段的里程长度之和。节点 k 的里程度、里程入度和里程出度可通过下面的公式计算得到。

$$d_l(k) = \frac{1}{2}\sum_{i \in \text{vn}(k)}(W_l(e_{ik}) + w_l(e_{kl})) \tag{3-51}$$

$$d_l^{\text{in}}(k) = \sum_{i \in \text{vn}(k)} w_l(e_{ik}) \tag{3-52}$$

$$d_l^{\text{out}}(k) = \sum_{i \in \text{vn}(k)} w_l(e_{ik}) \tag{3-53}$$

式中,$\text{vn}(k)$ 为节点 k 的相邻节点集,$\text{vn}(k) = \{i \mid e_{ik} = 1 \vee e_{ki} = 1, i \in N\}$。

节点里程度分布:描述了道路交通网络中所有节点里程度的概率统计情况,将节点里程度的集合按长度值等分为 h 个子集合,计算各个子集合的节点个数占总节点个数的比例。节点里程度分布大体可以得到道路交通网络中所有节点直接相连的路段的里程覆盖情况。节点里程度分布可以用下面的分布函数来描述。

$$P\left\{\text{nl}^{\min} + \frac{q-1}{h}\Delta\text{nl} \leq \text{nl} \leq \text{nl}^{\min} + \frac{q}{h}\Delta\text{nl}\right\} = \frac{1}{n}\sum_{i=1}^{n}\text{nl}d_q(i) \tag{3-54}$$

式中,nl 为路网中所有节点里程度的集合,$\text{nl} = \{d_l(i) \mid i \in N\}$,这里不对里程入度和里程出度的分布情况作详细的分析,$q \in \{1, 2, \cdots, h\}$,$\Delta\text{nl}$ 为所有节点里程度的最大值和最小值之差,取值为 $\Delta \mathrm{nl} = \mathrm{nl}^{\max} - \mathrm{nl}^{\min}$,所有节点里程度的最大值为 $\mathrm{nl}^{\max} - \max\{\mathrm{nl}\}$,最小值为 $\mathrm{nl}^{\min} = \min\{\mathrm{nl}\}$,$\mathrm{nld}_q(i)$ 的取值如下:

$$\mathrm{nld}_q(i) = \begin{cases} 1, \mathrm{nl}^{\min} + \dfrac{q-1}{h}\Delta \mathrm{nl} \leqslant d_i(i) \leqslant \mathrm{nl}^{\min} + \dfrac{q}{h}\Delta \mathrm{nl} \\ 0, \text{其他} \end{cases} \quad (3\text{-}55)$$

节点平均最短里程路径长度距离:描述了道路交通网络中的交叉口到达路网中任意一个其他的交叉口平均最少需要经过的里程数。节点最大最短里程路径长度距离:描述了道路交通网络中交叉口到其他任意一个交叉口的最短里程路径长度距离的最大值,即表示经过最大最短里程路径的长度距离可到达任意一个其他的交叉口。节点最小最短里程长度路径长度距离:描述了道路交通网络中交叉口到其他任意一个交叉口的最短里程路径长度距离的最小值,即表示经过最小最短里程路径长度距离可至少到达一个其他的交叉口。节点 k 的平均最短里程路径长度距离 $\mathrm{asp}_l(k)$ 描述了从交叉口 k 出发平均经过多少里程就能到达其他所有的交叉口,节点 k 的最大最短里程路径长度距离 $\mathrm{sp}_l^{\max}(k)$ 描述了从交叉口 k 出发经过多少里程就可到达其他任意一个交叉口,节点 k 的最小最短里程路径长度距离 $\mathrm{sp}_l^{\min}(k)$ 描述了从交叉口 k 出发经过多少公里就能达到一个其他的交叉口。节点 k 的平均最短里程路径长度距离、最大最短里程路径长度距离和最小最短里程路径长度距离可通过下面的式子计算得到。

$$\mathrm{asp}_l(k) = \frac{1}{n-1}\sum_{i=1, i\neq k}^{n}\mathrm{sp}_{k\text{-}i}^{l} \quad (3\text{-}56)$$

$$\mathrm{sp}_l^{\max}(k) = \max\{\mathrm{sp}_{k\text{-}l}^{l} \mid i \in N, i \neq k\} \quad (3\text{-}57)$$

$$\mathrm{sp}_l^{\min}(k) = \min\{\mathrm{sp}_{k\text{-}l}^{l} \mid i \in N, i \neq k\} \quad (3\text{-}58)$$

其中,$\mathrm{sp}_{k\text{-}l}^{l}$ 为节点 k 到节点 i 的最短里程路径的长度距离,最短里程路径可通过 Dijkstra 算法得到。

节点平均最短里程路径长度距离分布:描述了道路交通网络中所有交叉口的平均里程路径长度距离的概率统计情况,将所有交叉口的平均最短里程路径长度距离的集合按数值大小等分为 h 个子集合,计算各个子集合的交叉口个数占总交叉口个数的比例。通过节点平均最短里程路径长度距离分布,可以看出道路交通网络中的交叉口到达其他交叉口平均需要经过的里程长度值大概位于什么区间,不同的区间内大约有多少个交叉口也容易得到。节点平均最短里程路径长度距离分布可以用下面的分布函数来描述。

$$P\{\mathrm{npl}^{\min} + \frac{q-1}{h}\Delta \mathrm{npl} \leqslant \mathrm{npl} \leqslant \mathrm{npl}^{\min} + \frac{q}{h}\Delta \mathrm{npl}\} = \frac{1}{n}\sum_{i=1}^{n}\mathrm{npld}_q(i) \quad (3\text{-}59)$$

式中,npl 为路网中所有交叉口平均最短里程路径长度距离的集合,于是有 $\mathrm{npl} = \{\mathrm{asp}_l(i) \mid i \in N\}$,$q \in \{1,2,\cdots,h\}$,$\Delta \mathrm{npl}$ 为所有交叉口平均最短里程路径长度距离的最大值和最小值之差,取值为 $\Delta \mathrm{npl} = \mathrm{npl}^{\max} - \mathrm{npl}^{\min}$,平均最短里程路径长度距离的最大值为 $\mathrm{npl}^{\max} = \max\{\mathrm{npl}\}$,平均最短里程路径长度距离的最小值为 $\mathrm{npl}^{\min} = \min\{\mathrm{npl}\}$,$\mathrm{npld}_q(i)$ 的取值如下:

$$\mathrm{npld}_q(i) = \begin{cases} 1, \mathrm{npl}^{\min} + \dfrac{q-1}{h}\Delta \mathrm{npl} \leqslant \mathrm{asp}_i(i) \leqslant \mathrm{npl}^{\min} + \dfrac{q}{h}\Delta \mathrm{npl} \\ 0, \text{其他} \end{cases} \quad (3\text{-}60)$$

节点能力度:描述了道路交通网络中交叉口到其他相邻交叉口的总通行能力,节点 k 的能力入度 $d_c^{in}(k)$ 描述了交叉口 k 的相邻交叉口到交叉口 k 的所有路段通行能力之和,节点 k 的能力出度 $d_c^{out}(k)$ 描述了交叉口 k 到交叉口 k 的相邻交叉口的所有路段通行能力之和。节点 k 的能力度、能力入度和能力出度可通过下面的公式计算得到。

$$d_c(k) = \frac{1}{2} \sum_{i \in vn(k)} (w_c(e_{ik}) + w_c(e_{ki})) \tag{3-61}$$

$$d_c^{in}(k) = \sum_{i \in vn(k)} w_c(e_{ik}) \tag{3-62}$$

$$d_c^{out}(k) = \sum_{i \in vn(k)} w_c(e_{ik}) \tag{3-63}$$

节点能力度分布:描述了道路交通网络中所有节点能力度的概率统计情况,将节点能力度的集合按数值大小等分为 h 个子集合,计算各个子集合的节点个数占总节点个数的比例。从节点能力度分布可以得到道路交通网络中所有节点直接相连的路段通行能力之和的大体取值情况。节点能力度分布可用下面的分布函数来描述。

$$P\left\{nc^{min} + \frac{q-1}{h}\Delta nc \leq nc \leq nc^{min} + \frac{q}{h}\Delta nc\right\} = \frac{1}{n} \sum_{i=1}^{n} ncd_q(i) \tag{3-64}$$

式中,nc 为路网中所有节点能力度的集合,nc = $\{d_c(i) | i \in N\}$,这里不对通行能力入度和通行能力出度的分布情况做详细的分析,$q \in \{1,2,\cdots,h\}$,Δnc 为所有节点能力度的最大值和最小值之差,取值为 $\Delta nc = nc^{max} - nc^{min}$,节点能力度的最大值为 $nc^{max} = \max\{nc\}$,最小值为 $nc^{min} = \min\{nc\}$,$ncd_q(i)$ 的取值如下:

$$ncd_q(i) = \begin{cases} 1, nc^{min} + \frac{q-1}{h}\Delta nc \leq d_c(i) \leq nc^{min} + \frac{q}{h}\Delta nc \\ 0, 其他 \end{cases} \tag{3-65}$$

节点能力度均衡性:是指道路交通网络中交叉口直接相连的所有路段通行能力的差异性,节点 k 能力度的均衡性 $bl_c(k)$ 描述了交叉口 k 直接相连的所有路段 $\{e_{ik}, e_{ki} | i \in vn(k)\}$ 的通行能力的差别,$bl_c(k) \geq 1$。$bl_c(k) = 1$ 说明交叉口 k 直接相连的所有路段的通行能力相等。$bl_c(k)$ 越大,说明交叉口 k 直接相连的所有路段的通行能力之间的差别就越大。节点 k 能力度的均衡性可通过下面的公式计算得到。

$$bl_c(k) = 2d(k) \sum_{i \in vn(k)} \left[\left(\frac{w_c(e_{ik})}{2d_c(k)}\right)^2 + \left(\frac{w_c(e_{ki})}{2d_c(k)}\right)^2 \right] \tag{3-66}$$

节点能力度相似性:是指道路交通网络中交叉口能力度与直接相邻的所有交叉口的平均能力度的关系,节点 k 能力度的相似性 $sm_c(k)$ 描述为交叉口 k 的能力度与直接相邻的交叉口 $vn(k)$ 的平均能力度的比值,$sm_c(k)$ 的取值在 1 周围波动。$sm_c(k) = 1$ 说明交叉口 k 的能力度与直接相邻的交叉口 $vn(k)$ 的平均能力度相等,$sm_c(k) > 1$ 说明交叉口 k 的能力度大于直接相邻的交叉口 $vn(k)$ 的平均能力度,即说明交叉口 k 在通行能力方面整体上要优于相邻的交叉口,$sm_c(k) < 1$ 说明交叉口 k 的能力度小于直接相邻的交叉口 $vn(k)$ 的平均能力度,即说明交叉口 k 在通行能力方面整体上要劣于相邻的交叉口。节点 k 能力度的相似性可通过下面的公式计算得到:

$$sm_c(k) = \frac{d_c(k)d(k)}{\sum_{i \in vn(k)} d_c(i)} \quad (3-67)$$

节点能效度:描述了道路交通网络中交叉口到其他相邻交叉口的总通行能效,节点 k 的能效入度 $d_e^{in}(k)$ 描述了交叉口 k 的相邻交叉口到交叉口 k 的所有路段的通行能效之和,节点 k 的能效出度 $d_e^{out}(k)$ 描述了交叉口 k 到交叉口 k 的相邻交叉口的所有路段的通行能效之和。节点 k 的能效度、能效入度和能效出度可通过下面的公式计算得到。

$$d_e(k) = \frac{1}{2} \sum_{i \in vn(k)} (w_e(e_{ik}) + w_e(e_{ki})) \quad (3-68)$$

$$d_e^{in}(k) = \sum_{i \in vn(k)} w_e(e_{ik}) \quad (3-69)$$

$$d_e^{out}(k) = \sum_{i \in vn(k)} w_e(e_{ki}) \quad (3-70)$$

节点能效度分布:描述了道路交通网络中所有节点能效度的概率统计情况,将节点能效度的集合按数值大小等分为 h 个子集合,计算各个子集合的节点个数占总节点个数的比例。

从节点能效度分布可以得到道路交通网络中所有节点与之直接相连的路段通行能效之和的大体取值情况。节点能效度分布可以用下面的分布函数来描述。

$$P\{ne^{min} + \frac{q-1}{h}\Delta ne \leqslant ne \leqslant ne^{min} + \frac{q}{h}\Delta ne\} = \frac{1}{n}\sum_{i=1}^{n} ned_q(i) \quad (3-71)$$

式中,ne 为路网中所有节点能效度的集合,ne = $\{d_e(i) \mid i \in N\}$,这里不对通行能效入度和通行能效出度的分布情况做详细的分析,$q \in \{1,2,\cdots,h\}$,Δne 为所有节点能效度的最大值和最小值之差,取值为 $\Delta ne = ne^{max} - ne^{min}$,节点能效度最大值为 $ne^{max} - max\{ne\}$,最小值为 $ne^{min} = min\{ne\}$,$ned_q(i)$ 的取值如下:

$$ned_q(i) = \begin{cases} 1, ne^{min} + \frac{q-1}{h}\Delta ne \leqslant d_e(i) \leqslant ne^{min} + \frac{q}{h}\Delta ne \\ 0, 其他 \end{cases} \quad (3-72)$$

节点能效度均衡性:是指道路交通网络中交叉口直接相连的所有路段通行能效的差异性,节点 k 能效度的均衡性 $bl_e(k)$ 描述了交叉口 k 直接相连的所有路段 $\{e_{ik},e_{ki} \mid i \in vn(k)\}$ 的通行能效的差别,$bl_e(k) \geqslant 1$。$bl_e(k) = 1$ 说明交叉口 k 直接相连的所有路段的通行能效相等。$bl_e(k)$ 越大,说明交叉口 k 直接相连的所有路段的通行能效之间的差别就越大。节点 k 能效度的均衡性可通过下面的公式计算得到。

$$bl_e(k) = 2d(k) \sum_{i \in vn(k)} \left[\left(\frac{w_e(e_{ik})}{2d_e(k)}\right)^2 + \left(\frac{w_e(e_{ki})}{2d_e(k)}\right)^2 \right] \quad (3-73)$$

节点能效度相似性:是指道路交通网络中交叉口能效度与直接相邻的所有交叉口的平均能效度的关系,节点 k 能效度的相似性 $sm_e(k)$ 描述为交叉口 k 的能效度与直接相邻的交叉口 vn(k) 的平均能效度的比值,$sm_e(k)$ 的取值在 1 周围波动。$sm_e(k) = 1$ 说明交叉口 k 的能效度与直接相邻的交叉口 vn(k) 的平均能效度相等,$sm_e(k) > 1$ 说明交叉口 k 的能效度大于直接相邻的交叉口 vn(k) 的平均能效度,即交叉口 k 在通行能效方面整体上要优于相邻的交叉口,$sm_e(k) < 1$ 说明交叉口 k 的能效度小于直接相邻的交叉口 vn(k) 的平均能效度,即说明交叉口 k 在通行能效方面整体上要劣于相邻的交叉口。节点 k 能效度的相似性可通过

下面的公式计算得到。

$$\mathrm{sm}_e(k) = \frac{d_e(k)d(k)}{\sum_{i \in \mathrm{vn}(k)} d_e(i)} \quad (3\text{-}74)$$

节点平均最优路径能效距离：描述了道路交通网络中的交叉口到达路网中任意一个其他的交叉口平均最少需要经过的能效距离，能效距离为一个修正里程长度，路段的修正里程长度定义在之后有详细说明。节点最大最优路径能效距离：描述了道路交通网络中交叉口到其他任意一个交叉口的最优路径能效距离的最大值，即表示经过最大最优路径能效距离可到达任意一个其他的交叉口。节点最小最优路径能效距离：描述了道路交通网络中交叉口到其他任意一个交叉口的最优路径能效距离的最小值，即表示经过最小最优路径能效距离可至少到达一个其他的交叉口。节点 k 的平均最优路径能效距离 $\mathrm{asp}_{\mathrm{el}}(k)$ 描述了从交叉口 k 出发平均经过多大的修正里程数就能到达其他所有的交叉口，节点 k 的最大最优路径能效距离 $\mathrm{asp}_{\mathrm{el}}(k)$ 描述了从交叉口 k 出发经过多大的修正里程数就可到达其他任意一个交叉口，节点 k 的最小最优路径能效距离 $\mathrm{sp}_{\mathrm{el}}^{\min}(k)$ 描述了从交叉口 k 出发经过多大的修正里程数就能达到一个其他的交叉口。节点 k 的平均最优路径能效距离、最大最优路径能效距离和最小最优路径能效距离可通过下面的公式计算得到。

$$\mathrm{asp}_{\mathrm{el}}(k) = \frac{1}{n-1} \sum_{i=1, i \neq k}^{n} \mathrm{sp}_{k\text{-}i}^{\mathrm{el}} \quad (3\text{-}75)$$

$$\mathrm{sp}_{\mathrm{el}}^{\max}(k) = \max\{\mathrm{sp}_{k\text{-}l}^{\mathrm{el}} \mid i \in N, i \neq k\} \quad (3\text{-}76)$$

$$\mathrm{sp}_{\mathrm{el}}^{\min}(k) = \min\{\mathrm{sp}_{k\text{-}l}^{\mathrm{el}} \mid i \in N, i \neq k\} \quad (3\text{-}77)$$

式中，$\mathrm{sp}_{k\text{-}i}^{\mathrm{el}}$ 为节点 k 到节点 i 的最优路径的修正长度距离，最优路径可通过 Dijkstra 算法得到。边 e_{ij} 的修正长度定义为如下的公式：

$$w_{\mathrm{el}}(e_{ij}) = \frac{\overline{w}_c}{w_e(e_{ij})} \quad (3\text{-}78)$$

式中，$\overline{w}_c$ 为道路交通网络中所有路段通行能力的平均值，可通过下面的公式计算得到。

$$\overline{w}_c = \frac{1}{n} \sum_{i=1}^{n} \sum_{j=1}^{n} w_c(e_{ij}) \quad (3\text{-}79)$$

节点平均最优路径能效距离分布：描述了道路交通网络中所有交叉口的平均最优路径修正里程长度的概率统计情况，将所有交叉口的平均最优路径能效距离的集合按数值大小等分为 h 个子集合，计算各个子集合的交叉口个数占总交叉口个数的比例。通过节点平均最优路径能效距离分布可以看出，道路交通网络中的交叉口到达其他交叉口平均需要经过的修正里程长度值整体上大概的取值范围，不用的取值范围包含的交叉口个数也容易得到。节点平均最优路径能效距离分布可以用下面的分布函数来描述。

$$P\{\mathrm{npel}^{\min} + \frac{q-1}{h}\Delta\mathrm{npel} \leq \mathrm{npel} \leq \mathrm{npel}^{\min} + \frac{q}{h}\Delta\mathrm{npel}\} = \frac{1}{n}\sum_{i=1}^{n}\mathrm{npel}d_q(i) \quad (3\text{-}80)$$

式中，npel 为路网中所有交叉口平均最优路径的修正里程长度距离的集合，于是有 $\mathrm{npel} = \{\mathrm{asp}_{\mathrm{el}}(i) \mid i \in N\}$，$q \in \{1, 2, \cdots, h\}$，$\Delta\mathrm{npel}$ 为所有交叉口平均最优路径能效距离的最大值和最小值之差，取值为 $\Delta\mathrm{npel} = \mathrm{npel}^{\max} - \mathrm{npel}^{\min}$，平均最优路径能效距离的最大值为

$\text{npel}^{\max} = \max\{\text{npel}\}$，平均最优路径能效距离的最小值为 $\text{npel}^{\min} = \min\{\text{npel}\}$，$\text{npel}d_q(i)$ 的取值如下：

$$\text{npel}d_q(i) = \begin{cases} 1, \text{npel}^{\min} + \dfrac{q-1}{h}\Delta\text{npel} \leq \text{asp}_{el}(i) \leq \text{npel}^{\min} + \dfrac{q}{h}\Delta\text{npel} \\ 0, \text{其他} \end{cases} \quad (3-81)$$

3.2.2.2 路段评价指标

长度边权：描述了道路交通网络中交叉口之间路段的长度，边 e_{ij} 的长度权重 $w_l(e_{ij})$ 描述了从交叉口 i 到交叉口 j 的路段长度。边 e_{ij} 的权重可通过下面的公式计算得到。

$$w_l(e_{ij}) = wl_{ij} \quad (3-82)$$

长度边权分布：描述了道路交通网络中所有路段长度的概率统计情况，将路段长度的集合按长度值等分为 h 个子集合，计算各个子集合的路段个数占总路段个数的比例。长度边权分布能够统计出道路交通网络中所有路段的长度有怎样的规律，如长路段和短路段在整个网络中分别所占的比例情况等，长度边权分布可以用下面的分布函数来描述。

$$P\{\text{el}^{\min} + \dfrac{q-1}{h}\Delta\text{el} \leq \text{el}' \leq \text{el}^{\min} + \dfrac{q}{h}\Delta\text{el}\} = \dfrac{1}{m}\sum_{i=1}^{n}\sum_{j=1}^{n}\text{el}d_q(e_{ij}) \quad (3-83)$$

式中，el' 为路网中所有真实存在的路段的长度边权的集合，即不包含长度为无穷大的路段，$\text{el}' = \{w_l(e_{ij}) \mid w_l(e_{ij}) \neq \infty, i,j \in N\}$，$q \in \{1,2,\cdots,h\}$，$\Delta\text{el}$ 为所有路段里程长度的最大值和最小值之差，取值为 $\Delta\text{el} = \text{el}^{\max} - \text{el}^{\min}$，所有路段里程长度的最大值为 $\text{el}^{\max} = \max\{\text{el}'\}$，而最小值为 $\text{el}^{\min} = \min\{\text{el}'\}$，$\text{el}d_q(e_{ij})$ 的取值如下：

$$\text{el}d_q(e_{ij}) = \begin{cases} 1, \text{el}^{\min} + \dfrac{q-1}{h}\Delta\text{el} \leq w_l(e_{ij}) \leq \text{el}^{\min} + \dfrac{q}{h}\Delta\text{el}, e_{ij} \neq 0 \\ 0, \text{其他} \end{cases} \quad (3-84)$$

通行能力边权：描述了道路交通网络中交叉口之间路段的通行能力，边 e_{ij} 的通行能力权重 $w_c(e_{ij})$ 描述了从交叉口 i 到交叉口 j 的路段通行能力。边 e_{ij} 的通行能力权重可通过下面的公式计算得到。

$$w_c(e_{ij}) = wc_{ij} \quad (3-85)$$

通行能力边权分布：描述了道路交通网络中所有路段的通行能力的概率统计情况，将路段通行能力的集合按数值大小等分为 h 个子集合，计算各个子集合的路段个数占总路段个数的比例。通行能力边权分布能够统计出道路交通网络中所有路段的通行能力整体处于怎样的水平，如大多数的路段拥有多大的通行能力等，通行能力边权分布可以用下面的分布函数来描述。

$$P\{\text{ec}^{\min} + \dfrac{q-1}{h}\Delta\text{ec} \leq \text{ec}' \leq \text{ec}^{\min} + \dfrac{q}{h}\Delta\text{ec}\} = \dfrac{1}{m}\sum_{i=1}^{n}\sum_{j=1}^{n}\text{ec}d_q(e_{ij}) \quad (3-86)$$

式中，ec' 为路网中所有真实存在的路段通行能力边权的集合，即不包含通行能力为零的路段，$\text{ec}' = \{w_c(e_{ij}) \mid w_c(e_{ij}) \neq 0, i,j \in N\}$，$q \in \{1,2,\cdots,h\}$，$\Delta\text{ec}$ 为所有路段通行能力的最大值和最小值之差，取值为 $\Delta\text{ec} = \text{ec}^{\max} - \text{ec}^{\min}$，所有路段通行能力的最大值为 $\text{ec}^{\max} = \max\{\text{ec}'\}$，而最小值为 $\text{ec}^{\min} = \min\{\text{ec}'\}$，$\text{ec}d_q(e_{ij})$ 的取值如下：

$$\mathrm{ec}d_q(e_{ij}) = \begin{cases} 1, \mathrm{ec}^{\min} + \dfrac{q-1}{h}\Delta\mathrm{ec} \leqslant w_c(e_{ij}) \leqslant \mathrm{ec}^{\min} + \dfrac{q}{h}\Delta\mathrm{ec}, e_{ij} \neq 0 \\ 0, 其他 \end{cases} \quad (3\text{-}87)$$

通行能效边权:描述了道路交通网络中交叉口之间路段完成车辆到达的效率,边 e_{ij} 的通行能效权重 $w_e(e_{ij})$ 描述了从交叉口 i 到交叉口 j 的路段通行能效。边 e_{ij} 的通行能效权重可通过下面的公式计算得到。

$$w_e(e_{ij}) = we_{ij} \quad (3\text{-}88)$$

通行能效边权分布:描述了道路交通网络中所有路段的通行能效的概率统计情况,将路段通行能效的集合按数值大小等分为 h 个子集合,计算各个子集合的路段个数占总路段个数的比例。通行能效边权分布能够统计出道路交通网络中所有路段的通行能效的整体情况,如大多数的路段拥有怎样的通行能效等。通行能效边权分布可以用下面的分布函数来描述。

$$P\{\mathrm{ee}^{\min} + \dfrac{q-1}{h}\Delta\mathrm{ee} \leqslant \mathrm{ee}' \leqslant \mathrm{ee}^{\min} + \dfrac{q}{h}\Delta\mathrm{ee}\} = \dfrac{1}{m}\sum_{i=1}^{n}\sum_{j=1}^{n}\mathrm{ee}d_q(e_{ij}) \quad (3\text{-}89)$$

式中,ee' 为路网中所有真实存在的路段通行能效边权的集合,即不包含通行能效为零的路段,$\mathrm{ee}' = \{w_l(e_{ij}) \mid w_l(e_{ij}) \neq 0, i,j \in N\}$, $q \in \{1,2,\cdots,h\}$, $\Delta\mathrm{ee}$ 为所有路段通行能效的最大值和最小值之差,取值为 $\Delta\mathrm{ee} = \mathrm{ee}^{\max} - \mathrm{ee}^{\min}$,所有路段通行能力的最大值为 $\mathrm{ee}^{\max} = \max\{el'\}$,而最小值为 $\mathrm{ee}^{\min} = \min\{\mathrm{ee}'\}$,$\mathrm{ee}d_q(e_{ij})$ 的取值如下:

$$\mathrm{ee}d_q(e_{ij}) = \begin{cases} 1, \mathrm{ee}^{\min} + \dfrac{q-1}{h}\Delta\mathrm{ee} \leqslant w_e(e_{ij}) \leqslant \mathrm{ee}^{\min} + \dfrac{q}{h}\Delta\mathrm{ee}, e_{ij} \neq 0 \\ 0, 其他 \end{cases} \quad (3\text{-}90)$$

3.2.2.3 路网评价指标

网络连通度:描述了道路交通网络的便捷性,是评价道路交通网络布局性能的指标之一,体现了道路交通网络的成熟程度。连通度越大,说明道路交叉口连接的路段越多,道路交通网络成环成网程度越高,断头路越少,使得道路交通网络的便捷性越高;反之则表明其成环成网率低,便捷性也较低。网络 RTN_0 的连通度可通过下面的公式计算得到。

$$D(\mathrm{RTN}_0) = \dfrac{m}{n} \quad (3\text{-}91)$$

式中,m 为道路交通网络中存在的有向路段的个数,计算公式如下。

$$m = \sum_{i=1}^{n}\sum_{j=1}^{n} e_{ij} \quad (3\text{-}92)$$

网络平均最短路径距离:描述了道路交通网络中从任一个交叉口出发达到任意一个其他交叉口平均最少需要经过的路段数,网络平均最短路径距离为城市道路道路交通拓扑连接网络模型中所有交叉口平均最短路径距离的平均值。网络 RTN_0 的平均最短路径距离可通过下面的公式计算得到。

$$\mathrm{asp}^*(\mathrm{RTN}_0) = \dfrac{1}{n}\sum_{i=1}^{n}\mathrm{asp}(i) \quad (3\text{-}93)$$

网络平均最短里程路径长度距离:描述了道路交通网络中从任一个交叉口出发达到任

意一个其他的交叉口平均最少需要经过的里程数,可以作为一种评价道路交通网络规模的指标。RTN_1 的平均最短里程路径长度距离描述了道路交通网络 RTN_1 中所有交叉口的平均最短里程路径长度距离的平均值。网络 RTN_1 的平均最短里程路径长度距离可通过下面的公式计算得到。

$$\mathrm{asp}_1^*(RTN_1) = \frac{1}{n}\sum_{i=1}^{n}\mathrm{asp}_1(i) \tag{3-94}$$

网络平均最优路径能效距离:描述了道路交通网络中从任一个交叉口出发达到任意一个其他的交叉口平均最少需要经过的修正里程数。RTN_1 的平均最优路径能效距离描述了道路交通网络 RTN_e 中所有交叉口的平均最优路径能效距离的平均值。网络 RTN_1 的平均最优路径能效距离可通过下面的公式计算得到。

$$\mathrm{asp}_{el}^*(RTN_1) = \frac{1}{n}\sum_{i=1}^{n}\mathrm{asp}_{el}(i) \tag{3-95}$$

3.2.2.4 实例分析

1) 实验路网的基本情况

北京市许多道路上都布设了固定传感器,比如线圈、微波和视频等,本书基于能够获取道路交通流信息的部分城市道路来构建北京市部分道路交通网络模型。图 3-15 为北京市布设传感器的道路交通网络。该道路交通网络上布设了 2058 个道路传感器,实时的动态交通状态信息数据就来源于这 2058 个传感器。城市道路的路段,根据其上布设的传感器数量划分为相同数量的小路段,称为传感器路段,每个传感器路段的交通流状态信息由该小路段上的唯一传感器获取,交通流状态信息包括流量、速度和占有率。每个传感器路段的长度可通过传感器的位置转化计算得到,而最大通行能力可通过历史数据获取。该网络主要包括了北京市的环线和联络线,还包括了一些高速公路、快速路和二环内的街道。图 3-16 是图 3-15 的局部图,可以看到两个交叉口之间的路段包含了许多传感器路段,比如路段蓟门桥—西直门含有四个传感器路段,分别为 HI9063a、HI9062a、HI9061a 和 HI7032a。基于北京市布设传感器的道路交通网络构建的北京市部分道路交通网络模型如图 3-17 所示,道路交通网络中的交叉口和边界点为网络模型的节点,共有 167 个节点,节点编号从 1 到 167 的交叉口所在的位置从六环外到二环内,节点编号对应的交叉口名称见表 3-7。节点之间的路段形成了网络模型的边,共有 582 条有向边。图 3-18 为北京市部分道路交通网络模型的局部图。

本书的数据来源为北京市公安交通管理局,原始数据包括了 2058 个传感器路段在 2012 年 10 月 1—31 日期间每 2min 的流量、速度和时间占有率,同时还包括这 2058 个传感器路段的长度。针对构建的北京市部分道路交通网络模型,首先要对原始数据做预处理,转化为模型中边的数据。

边的长度由路段上的传感器路段的长度求和所得,计算公式如下。

$$\mathrm{rl}_{ij} = \sum_{ss_z \in E_{ij}^S \mathrm{ssl}_z} \tag{3-96}$$

式中,rl_{ij} 为路段 e_{ij} 的长度,ss_z 为第 z 个传感器路段,ssl_z 为第 z 个传感器路段的长度,$z \in \{1,2,\cdots,2058\}$,$E_{ij}^S$ 为组成路段 e_{ij} 的传感器路段集合。

第3章 道路交通网络结构分析

图 3-15 北京市布设传感器的道路交通网络

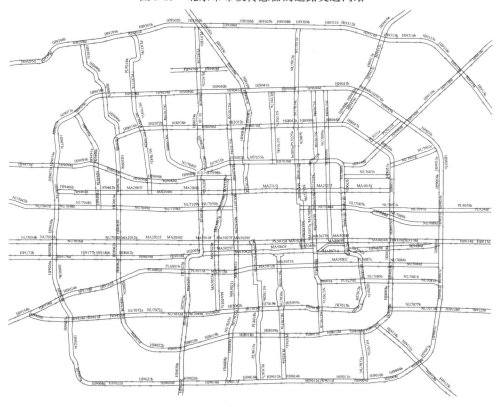

图 3-16 北京市布设传感器的道路交通网络局部图

图 3-17　北京市部分道路交通网络模型

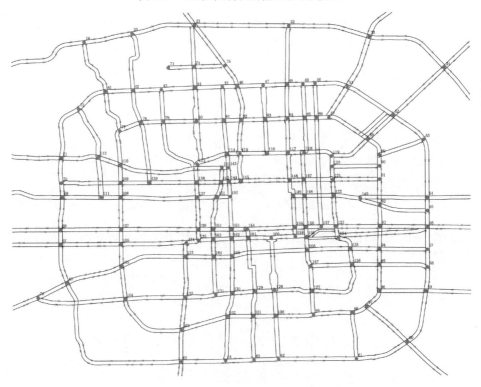

图 3-18　北京市部分道路交通网络模型局部图

第3章 道路交通网络结构分析

北京市部分道路交通网络模型的节点名称　　　　表 3-7

节点编号	交叉口名称	节点编号	交叉口名称	节点编号	交叉口名称
1	东榆林村	36	大郊亭桥	71	西直门桥
2	北庄二桥	37	窑洼湖桥	72	积水潭桥
3	市界3	38	四方桥	73	德胜门桥
4	市界	39	十八里店桥	74	钟楼北桥
5	市界1	40	肖村桥	75	安定门桥
6	临沟屯	41	大红门桥	76	雍和宫桥
7	市界2	42	公益东桥	77	小街桥东
8	南洛河村	43	公益西桥	78	东直门桥
9	西六环与京原路交叉口	44	马家楼桥	79	东四十条桥
10	百葛桥	45	岳各庄桥	80	朝阳门桥
11	酸枣岭立交桥	46	沙窝桥	81	建国门桥
12	李天桥	47	五棵松桥	82	东便门桥
13	三惠桥	48	定慧桥	83	广渠门桥
14	施园桥	49	五路桥	84	光明桥
15	徐庄桥	50	四季青桥	85	玉蜓桥
16	马驹桥	51	火器营桥	86	永定门桥
17	双源桥	52	双清路	87	陶然亭
18	六环桥	53	林业大学	88	开阳桥
19	肖家河桥	54	北沙滩桥	89	右安门
20	厢白旗桥	55	丰体南路	90	菜户营桥
21	上清桥	56	苏州桥	91	广安门
22	仰山桥	57	四通桥	92	天宁寺桥
23	来广营桥	58	联想桥	93	西便门
24	五元桥	59	蓟门桥	94	复兴门桥
25	平房桥	60	北太平桥	95	阜成门桥
26	白家楼桥	61	马甸桥	96	车公庄桥
27	远通桥	62	安华桥	97	南四道口
28	五方桥	63	安贞桥	98	东大桥
29	化工桥	64	和平西街	99	赵登禹路北口
30	大羊坊桥	65	和平东街	100	赵登禹路
31	西红门南桥	66	太阳宫桥	101	新街口
32	京石立交桥	67	三元桥	102	平安里
33	衙门口桥	68	燕莎桥	103	厂桥
34	八角桥	69	农展桥	104	交道口
35	晋元桥	70	长虹桥	105	张自忠路

续上表

节点编号	交叉口名称	节点编号	交叉口名称	节点编号	交叉口名称
106	杏石口桥	127	京广桥	148	东四
107	北七家桥	128	大北窑桥	149	美术馆
108	黄港桥	129	双井桥	150	西四
109	花马沟桥	130	劲松桥	151	白塔寺
110	管头桥	131	华威桥	152	闹市口
111	万泉河桥	132	分钟寺桥	153	西单
112	中关村环岛	133	周家庄路西口	154	府右街南口
113	展春桥	134	刘家窑桥	155	王府井南口
114	学院桥	135	木樨园桥	156	东单
115	志新桥	136	洋桥	157	方巾巷
116	健翔桥	137	草桥	158	崇文门
117	北辰桥	138	玉泉营桥	159	台基厂
118	安慧桥	139	丽泽桥	160	前门
119	惠新西桥	140	六里桥	161	和平门
120	惠新东桥	141	莲花桥	162	宣武门
121	望和桥	142	新兴桥	163	长椿街
122	四元桥	143	航天桥	164	牛街
123	东风桥	144	花园桥	165	菜市口
124	红领巾桥	145	紫竹桥	166	磁器口
125	慈云寺桥	146	八里庄桥	167	天坛东门
126	四惠桥	147	车道沟桥		

边的实时流量、实时速度和实时占有率由路段上的传感器路段求均值所得,计算公式如下。

$$\mathrm{rf}_{ij}^t = \frac{1}{\mathrm{sen}_{ij}} \sum_{\mathrm{ss}_z \in E_{ij}^S} \mathrm{ssf}_z^t \qquad (3\text{-}97)$$

$$\mathrm{rv}_{ij}^t = \frac{1}{\mathrm{sen}_{ij}} \sum_{\mathrm{ss}_z \in E_{ij}^S} \mathrm{ssv}_z^t \qquad (3\text{-}98)$$

$$\mathrm{ro}_{ij}^t = \frac{1}{\mathrm{sen}_{ij}} \sum_{\mathrm{ss}_z \in E_{ij}^S} \mathrm{sso}_z^t \qquad (3\text{-}99)$$

式中,rf_{ij}^t 为路段 e_{ij} 在时刻 t 的流量;sen_{ij} 为集合 E_{ij}^S 的元素个数;ssf_z^t 为传感器路段 ss_z 在时刻 t 的流量;rv_{ij}^t 为路段 e_{ij} 在时刻 t 的速度;ssv_z^t 为传感器路段 ss_z 在时刻 t 的速度;ro_{ij}^t 为路段 e_{ij} 在时刻 t 的时间占有率;sso_z^t 为传感器路段 ss_z 在时刻 t 的时间占有率。

2)实例路网结构特性分析

北京市部分道路交通网络抽象网络模型(BRTN_0)中节点的连通入度和连通出度分别如图 3-19、图 3-20 所示,可以看出节点的连通入度和连通出度都相等,说明该网络模型中不存在单行的路段,因为该模型的道路多数为高级别的道路,如快速路和联络线等,对于低级别的单行街道在这个网络中没有体现。

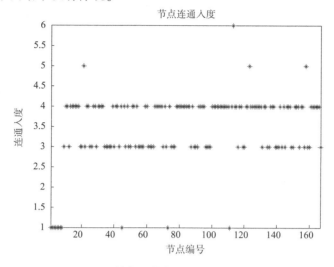

图 3-19　抽象网络模型节点的连通入度

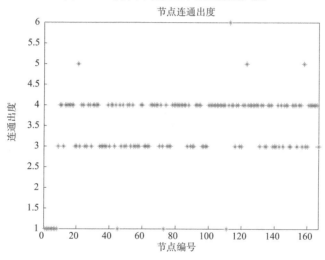

图 3-20　抽象网络模型节点的连通出度

北京市部分道路交通网络抽象网络模型中节点的连通度(连通入度和连通出度)的分布如图 3-21 所示,可以看出,北京市的交叉口大部分都有 4 个或者 3 个相邻的交叉口,即多数交叉口的连通度为 4 或者 3,即有 $P\{Q_0=4\}=94/167$ 和 $P\{Q_0=3\}=58/167$;较少的交叉口具有 5 个或者 6 个相邻的交叉口,交叉口连通度为 5 的节点个数为 $P\{Q_0=5\}\times 167=3$,分别为节点 21、节点 123 和节点 158,对应的交叉口为上清桥、建国门桥和崇文门;交叉口的连通度为 6 的个数为 $P\{Q_0=6\}\times 167=1$,该节点为节点 113,对应的交叉口为西直门桥;边界点都只有一个相邻的交叉口,共有 11 个,其中节点 1~8 为六环外的节点,这 8 个节点是路网模型的边界点,节点 45、节点 73 和节点 111 分别为志新桥、双清路和八里庄桥这 3 个交叉口,因为数据源的问题,这 3 个交叉口在路网模型中为断头路的终点。路网中所有节点的平均连通度为 3.485,即每个交叉口平均相邻 3.485 个交叉口。

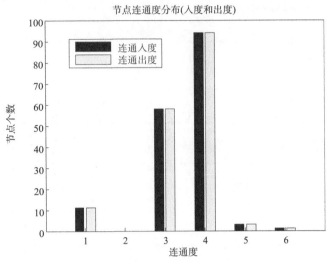

图 3-21　抽象网络模型节点连通度分布(入度和出度)

北京市部分道路交通网络抽象网络模型的连通度为 $D(\text{BRTN}_0) = 3.485$,与节点的平均连通度相同,于是道路交通网络的连通度即为网络所有节点的平均连通度,如果每个交叉口同时能够连接其他交叉口的数量较多,则说明道路交通网络越成熟,即便捷性越高。

北京市部分道路交通网络抽象网络模型中任意两个节点之间的最短路径的距离如图 3-22 所示,最短路径的距离即城市居民从一个交叉口到另一个交叉口至少要经过的路段个数,可以看出六环及六环外节点之间的距离普遍较小,二环内的节点之间的距离也普遍较小。图 3-23 给出了每个节点到其他节点的最小、最大和平均最短路径距离,最小最短路径距离都为 1,说明城市居民从一个交叉口出发经过 1 个路段都可以到达另一个交叉口,路网中不存在孤立点;最大最短路径距离介于 9 和 13 之间,说明城市居民从一个交叉口出发,在不绕路的情况下经过 9~13 个路段可以到达其他任何一个交叉口;平均最短路径距离介于 5.5 和 8.2 之间,说明城市居民从一个交叉口出发平均经过 5.5~8.2 个路段可以到达其他任何一个交叉口。平均最短路径距离的分布情况如图 3-24 所示,近似为一个正态分布,其中 80% 的节点的平均最短路径距离都介于 5.8 和 6.9 之间。所有交叉口平均最短路径距离的平均值为 6.4776,该值即为网络的平均最短路径距离。

北京市部分道路交通网络长度边权网络模型(BRTN_1)中边的长度权重如图 3-25 所示,可以看出,远离市中心的路段一般有较长的里程,比如五环外的道路,而五环内路段的长度都很小且基本相等。图 3-26 为北京市部分道路交通网络长度边权网络模型中长度边权的分布情况,其中里程低于 10km 的路段有 500 多条,占所有路段总数的 90% 左右,说明北京市部分道路交通网络中的存在极少的长边和极多的短边。

北京市部分道路交通网络长度边权网络模型中节点的里程度如图 3-27 所示,容易看出五环上及五环外的交叉口有较大的里程度,而五环内交叉口的里程度都较小。图 3-28 为北京市部分道路交通网络长度边权网络模型中节点里程度的分布情况,其中里程度低于 20km 的交叉口有 130 多个,占所有交叉口总数的 80% 左右,说明北京市部分道路交通网络中的大部分交叉口相邻的路段都较短,个别交叉口相邻较长的路段。

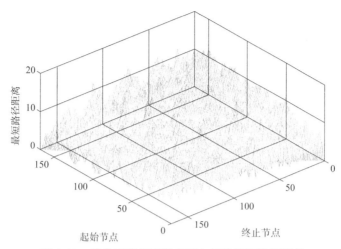

图 3-22　抽象网络模型任意两点间的最短路径距离

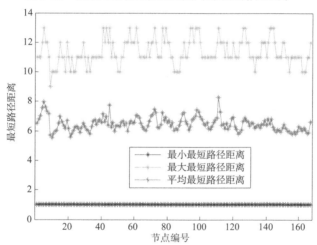

图 3-23　抽象网络模型中节点的最小、最大和平均最短路径距离

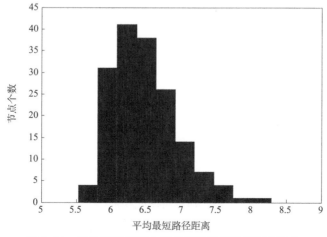

图 3-24　抽象网络模型中节点平均最短路径距离分布

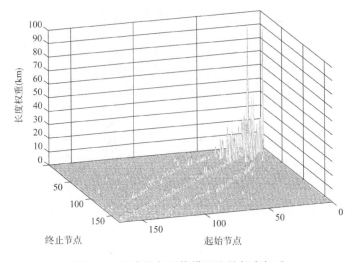

图 3-25　长度边权网络模型边的长度权重

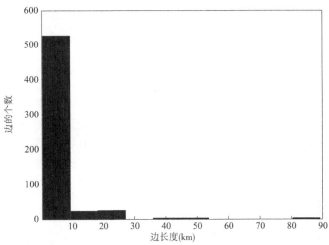

图 3-26　长度边权网络模型长度边权的分布

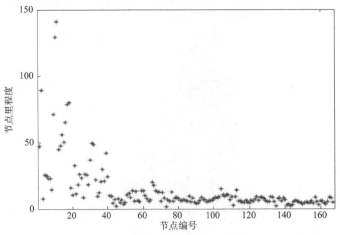

图 3-27　长度边权网络模型节点里程度

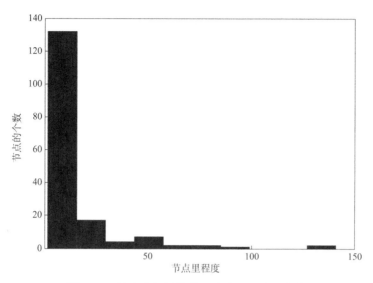

图 3-28　长度边权网络模型节点里程度的分布

北京市部分道路交通网络长度边权网络模型中任意两个节点之间的最短里程路径长度距离如图 3-29 所示。最短里程路径长度距离即城市居民从一个交叉口到另一个交叉口最少要经过的里程数，可以看出，六环上及六环外的交叉口和六环内的交叉口之间的最短里程路径的长度距离都很大，六环内的交叉口之间的最短里程路径的长度距离普遍较小。图 3-30 给出了每个交叉口到其他交叉口的最短里程路径的最小、最大和平均里程数，六环上及六环外的交叉口有相同的规律，最小值都在 10km 以上，平均值也在 30km 以上；六环内的节点表现出另一个规律，最小值都在 10km 以下，平均值也在 30km 以下；而所有交叉口的最短里程路径的最大里程数都有较大的值，可以很容易地想到最大最短里程路径长度距离应该是六环外几个较长里程的路段造成的结果。所有交叉口的最短里程路径的平均里程数的分布情况如图 3-31 所示，可以看出，80% 左右的交叉口到达其他交叉口的最短里程路径的平均里程数都在 20km 左右。

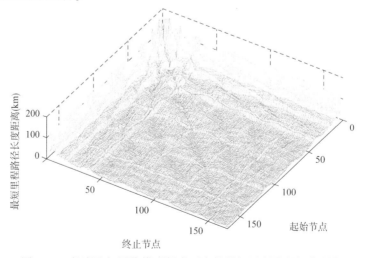

图 3-29　长度边权网络模型任意两点的最短里程路径长度距离

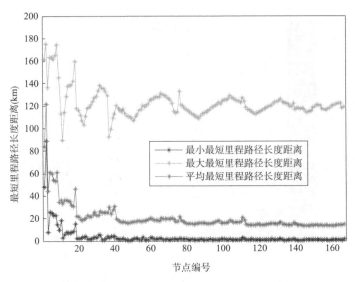

图 3-30　长度边权网络模型节点的最小、最大和平均最短里程路径长度距离

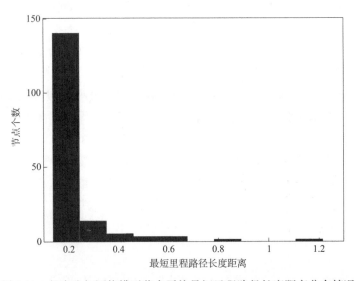

图 3-31　长度边权网络模型节点平均最短里程路径长度距离分布情况

北京市部分道路交通网络长度边权网络模型的平均最短里程路径长度距离通过以上的分析及计算公式可得 $asp_1^*(BRTN_1)=20.5$，即说明北京市的居民从一个交叉口到另一个交叉口平均需要经过 20.5km 的路程，也可作为评价北京市部分道路交通网络所占地理区域的范围，该值约为北京市部分道路交通网络所占地理区域的近似半径长度。

北京市部分道路交通网络通行能力边权网络模型（$BRTN_c$）中边的通行能力权重如图 3-32 所示，可以看出二环内的路段有较小的通行能力，六环外的路段有比二环内的路段较大的通行能力，其余路段的通行能力相对更大。图 3-33 为北京市部分道路交通网络通行能力边权网络模型中通行能力边权的分布情况，通行能力介于 4000~6000pcu/h 的路段就有 350 条左右，主要位于五环和二环之间，包括五环和二环；而通行能力小于 1000pcu/h 的路段有 80 条左右,大部分位于二环内,即老城区的老路,极少几条位于六环外,即郊区的部分高速公路,这两种路段的宽度都较窄,即车道数相对较少,于是有较低的通行能力。

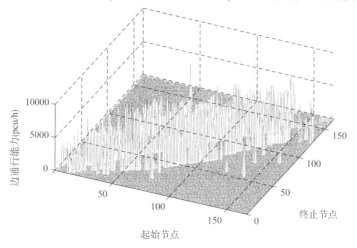

图 3-32 通行能力边权网络模型边的通行能力权重

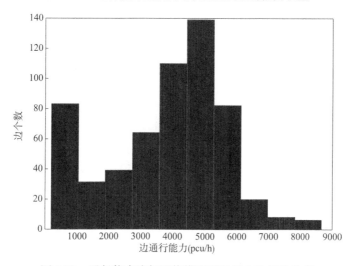

图 3-33 通行能力边权网络模型通行能力边权的分布

北京市部分道路交通网络通行能力边权网络模型中节点的能力度如图 3-34 所示,看出六环和二环之间的交叉口普遍有较大的能力度,包括六环和二环上的交叉口,而这些交叉口中有三个交叉口的能力度较低,这三个交叉口正好为连通度为 1 的节点。图 3-35 为北京市部分道路交通网络通行能力边权网络模型中节点能力度的分布情况,其中能力度介于 10000~20000pcu/h 之间的节点有 110 个左右,占 65% 左右,这些节点主要位于五环和二环之间,包含五环和二环上的节点;而能力度低于 10000pcu/h 的节点有 40 个左右,占 23%,这些节点主要位于二环内和六环外。

北京市部分道路交通网络通行能力网络模型中节点能力度的均衡性如图 3-36 所示。可以看出,所有节点能力度的均衡性表现为三种规律,可分为三类节点。第一类:二环内的节点,这些节点的能力均衡性值波动比较大,且大多数节点有较大的值,说明这些节点直接相连的路段的最大通行能力差别较大；第二类：六环外和二环与六环之间的节点，这些节点的能力均衡性值基本都接近1，说明与其直接相连的路段的最大通行能力相差不大；第三类：二环上和六环上的节点，这些节点比第二类节点的能力均衡性值要大一些，是因为它们相连的二环内的路段或者六环外的路段的最大通行能力较其他路段普遍要小。

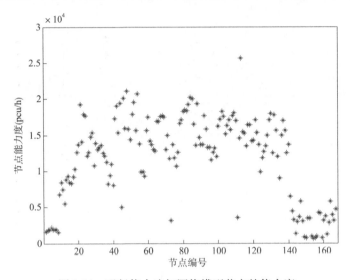

图 3-34　通行能力边权网络模型节点的能力度

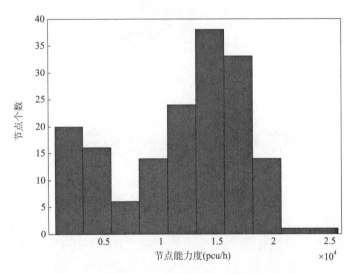

图 3-35　通行能力边权网络模型节点能力度的分布

图 3-37 描述了北京市部分道路交通网络通行能力网络模型中节点能力度的相似性，可以看出，六环外和二环内的节点普遍小于1，说明这些节点比其相邻的节点有较低的能力度，二环与五环之间存在三个相似度小于0.5的节点，原因是这三个节点是断头路的终点，即连通度为1的节点，其能力度一定远小于其相邻的节点，同样地，二环和五环之间存在三个相似度大于1.5的节点，这三个节点分别为上清桥、红领巾桥和西直门桥，其中上清桥和西直门桥的连通度较大，与之相连的路段较多，故能力度比其相连的其他节点较大，而红领巾桥

在模型中与之相连的4个交叉口中有两个交叉口为白家楼桥和东大桥,这两个交叉口在模型中连通度为3,能力度较小,所以红领巾桥的能力度相似性较大。

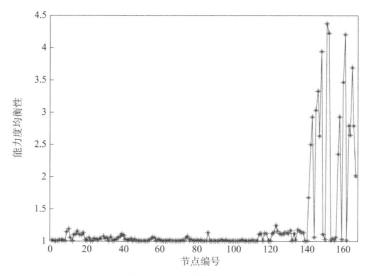

图3-36 通行能力边权网络模型节点能力度均衡性

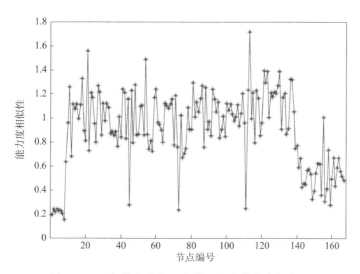

图3-37 通行能力边权网络模型节点能力度相似性

北京市部分道路交通网络通行能效边权网络模型($BRTN_e$)中边的通行能效权重如图3-38所示,可以看出,四环外和二环内的路段的通行能效都较小,无较大差别,说明这些路段有较长的里程或较小的通行能力;而四环和二环之间的路段的通行能效整体上较大,差别较大,也存在许多通行能效较小的路段,二环、三环和四环上路段的通行能效普遍较大,说明这些路段的里程较短或者通行能力较大。图3-39为北京市部分道路交通网络通行能效边权网络模型中通行能效边权的分布情况,路段通行能效的分布近似于幂规律分布,随着通行能效的增加,路段的个数迅速减少,说明北京市存在里程短且通行能力大的路段较少。

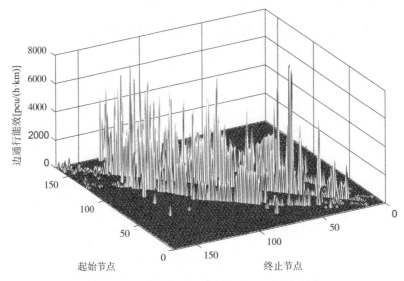

图 3-38 通行能效边权网络模型边的通行能效权重

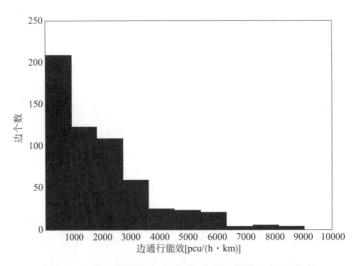

图 3-39 通行能效边权网络模型通行能效边权的分布

北京市部分道路交通网络通行能效边权网络模型中节点的能效度如图 3-40 所示。可以看出,五环外的交叉口的能效度都很小,主要是因为其相连的路段里程过大造成的,二环内的交叉口的能效度也比较小,其主要原因是相连的路段的通行能力较小,二环、三环和四环上的交叉口的能效度较大,与这些交叉口直接相连的路段的通行能力一般较大而路段里程不大。图 3-41 为北京市部分道路交通网络通行能效边权网络模型中节点的能效度的分布情况,可以看出,存在一个较大能效度的交叉口,该交叉口为安慧桥,在模型中其相连的 4 个路段有两个的里程很小,使得这个交叉口的能效度很大;二环、三环和四环上存在 30 个左右能效度大于 10000pcu/(h·km) 的节点,五环外和二环内的节点中有 65 个左右的节点的能效度都小于 5000pcu/(h·km)。

北京市部分道路交通网络通行能效网络模型中节点能效度的均衡性如图 3-42 所示。

可以看出,所有节点能效度的均衡性表现为三种规律,可分为三类节点。第一类:二环内的节点,这些节点的能效均衡性值波动比较大,且多数节点有较大的值,说明这些节点直接相连的路段的通行能效差别较大;第二类:六环外的节点,这些节点的能效度均衡性都为1,其原因为该交叉口都是连通度为1的边界点;第三类:六环和二环之间的节点(含六环上和二环上的节点),这些节点的能效均衡性值波动不大,除了节点11(酸枣岭立交桥)和节点33(衙门口桥),其他交叉口的通行能效均衡性值都在1和2之间。酸枣岭立交桥相邻的4个路段中存在一个里程特别长的路段和一个里程相对很短的路段,使得这4个路段的通行能效差别较大;衙门口桥相邻的4个路段中存在一个里程相对特别短的路段,故4个路段的通行能效差别也较大。

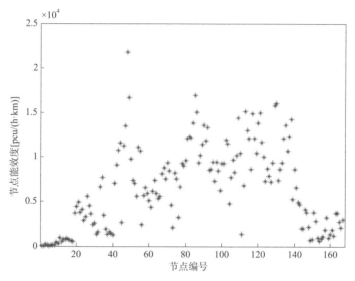

图3-40 通行能效边权网络模型节点的能效度

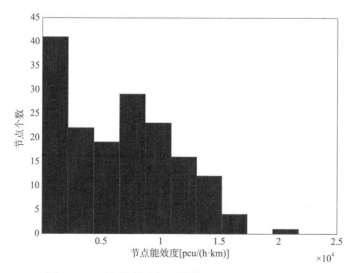

图3-41 通行能效边权网络模型节点能效度的分布

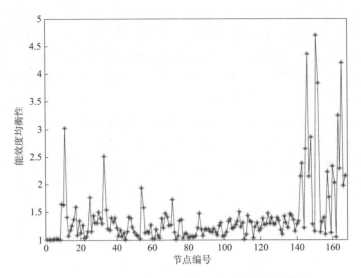

图 3-42 通行能效边权网络模型节点能效度均衡性

图 3-43 描述了北京市部分道路交通网络通行能效网络模型中节点能效度的相似性,可以看出,五环外和二环内的节点能效度相似性值普遍小于 1,除了酸枣岭立交桥,所有节点的能效度比其相邻的节点的平均能效度较小,原因是这些节点各自的能效度较小却连接着五环和二环上具有较大能效度的节点。二环与五环之间的节点中大多数节点的能效度相似度值在 1 附近波动。

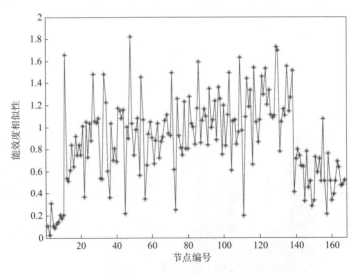

图 3-43 通行能效边权网络模型节点能效度相似性

北京市部分道路交通网络通行能效边权网络模型中任意两个节点之间的最优路径能效距离如图 3-44 所示,最优路径能效距离即从一个交叉口到另一个交叉口沿着最优路径要经过的修正里程数,可以看出,六环外节点之间的最优路径能效距离最大,六环外与六环内节点之间的最优路径能效距离次大,五环与六环之间的节点(含六环上)与五环内的节点之间的最优路径能效距离较大,四环与五环之间的节点(含五环上)及二环内的节点与二环与四环之间的节点(含二环和四环上)之间的最优路径能效距离较小,二环与四环之间的节点(含二环和四环上)之间的最优路径能效距离最小。图 3-45 给出了每个交叉口到其他交叉口的最优路径的最小、最大和平均修正里程数,五环外的节点有较大的平均能效距离值,基本在 40km 以上,四环和五环之间的节点(含五环上)及二环内的节点的平均能效距离值基本都在 20km 和 50km 之间,其余节点的平均能效距离值基本稳定在 20km 左右;所有交叉口的最优路径的最大修正里程数都有较大的值,可以很容易地想到最大最优路径修正长度距离应该是五环外较长里程的路段造成的。所有交叉口的最优路径的平均修正里程数的分布情况如图 3-46 所示,可以看出,80% 左右的交叉口到达其他交叉口的最优路径的平均修正里程数都在 20km 左右,六环上及六环外的交叉口具有较大的最优路径的平均修正里程数。

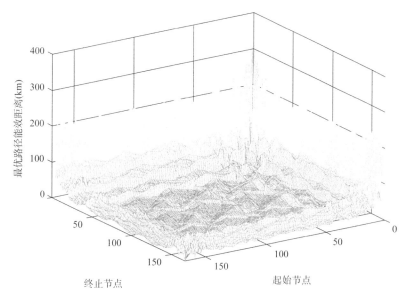

图 3-44 通行能效边权网络模型任意两点的最优路径能效距离

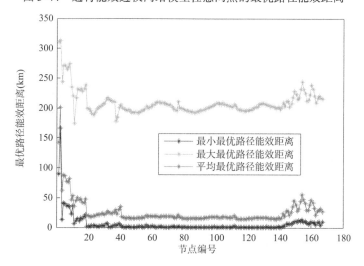

图 3-45 通行能效边权网络模型节点的最小、最大和平均最优路径能效距离

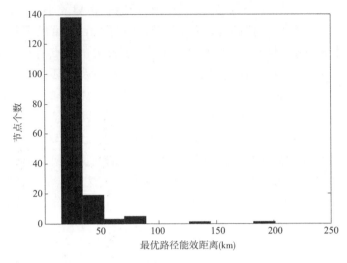

图3-46 通行能效边权网络模型节点平均最优路径能效距离分布情况

3.3 道路交通网络结构风险分析方法

路网的结构风险分析主要是基于抽象网络和静态属性网络的分析。针对不同的网络规模和节点粒度,分别考虑以城镇和匝道口为节点的路网。

3.3.1 以城镇为节点的道路交通网络

在公路网运行管理中,科学、合理地评估公路网结构特性风险,监测、掌控其安全发展态势,对公路网管理者来说,是提高其路网管理水平、增强路网安全保障的重要前提条件。

风险管理学将风险分析的内容分为风险辨识、风险估计、风险评价、风险决策和风险监控。公路网结构风险分析与评估的核心是对其结构潜在的风险及其风险程度的辨识和估计。从路网结构角度分析,路网的脆弱性是对路网结构风险的度量,路网结构风险程度高,路网的脆弱性就大,路网结构风险程度就低,路网的鲁棒性就好。

3.3.1.1 公路网结构风险界定及分类

1) 公路网结构风险界定

公路网结构风险与公路网节点和路段的布局、关键节点和关键路段分布及其失效后对公路网网络效率或能效的影响程度密切相关。其核心是指路网的拓扑结构和其全局的功能属性,因为节点或路段的局部失效,可能导致路网结构完整性破坏和全局功能的损失程度。

对路网结构易损性的评估,国内外学者常以路网的脆弱性来表征。日本神户大地震以后,国外学者开始从不同角度关注和研究路网的脆弱性。道路交通脆弱性的定义由Berdica最早提出,他认为道路运输系统的脆弱性是一个易受事件影响而导致路网服务水平极大下降的敏感系数,路网的服务性是描述在给定时期道路连接或道路可以使用的可能性。Erik从社会效率视角和机会平等视角,研究了重要路段失效后对道路网络的影响,并给出计算指标,指出识别那些重要路段对道路管理部门的作用。Alan从基础设施的脆弱性角度出发,以美国的防灾和防恐应急事件说明救灾管理中只有从关键基础设施的关键部位预防才更有效。2007年7月,在海牙国际交通网络可靠性研讨会上,对运输网络脆弱性研究已然成了新的研究发展方向,研究主题不断增多,网络脆弱性是研究的主要环节和切入点。世界各地的许多国家政府已经把最近的监控焦点放在对公路网络的实际可靠性评估上,并开发了建模方法来预测及潜在的脆弱性以及对路网中关键路段脆弱性的研究等。

2)公路网结构风险分类

从路网结构风险的内涵可以看出,路网的结构风险直接决定于路网中关键节点和关键路段的分布以及构成路网的节点和路段关键程度的分布均衡性。而路网中关键节点和关键路段分布均衡与否又决定着路网结构的均衡与否。均衡性越差,路网的结构风险就越高,路网就越脆弱。

(1)公路网结构布局的均衡性。

公路网结构布局的均衡性是指节点和路段在路网中的作用是否均衡。通过前几章的分析,节点和路段在路网中的作用主要表现为以下两个方面:

一是直接连通作用强弱。对于节点来说,是指其在路网中与其他节点的连通能力强弱,常用节点的度系列指标进行测度。

二是节点和路段的枢纽作用强弱。对于节点和路段来说,主要是评估经过这些节点和路段连通其他节点对的能力,常用节点或路段的介数系列指标进行测度。

因此,路网结构布局的均衡性从其节点和路段重要程度和关键程度的分布是否均衡就可判断出。如果分布均衡,意味着路网的鲁棒性强;如果分布不均衡,意味着路网结构非常脆弱,而且结构不均衡的路网中一定存在关键节点和关键路段。

(2)关键节点和关键路段的承载能力均衡性。

路网结构布局不均衡,说明路网中存在关键节点和关键路段。关键节点和关键路段的数目以及关键节点和关键路段承载保障路网结构连通性和功能完整性的能力差异越大,路网结构就越脆弱。换言之,少量的关键节点和关键路段承载了路网重要的连通任务和支持路网使用功能的任务。节点和路段承载的以上任务可称为负荷。如果关键节点和关键路段承载的负荷小,且分布均匀,路网的脆弱性相对较小,但如果关键节点和关键路段承载的负荷大,且分布又不均匀,则路网的脆弱性就更大。对比两个不同路网的脆弱性,可以通过判定承载相同负荷的路网中关键节点和关键路段的数目来比较其脆弱程度。一定负荷情况下,承载负荷的关键节点和关键路段的数目越少,路网就越脆弱。

(3)关键节点和关键路段失效后网络性能的损失程度。

突发事件常造成路网中节点和路段失效,这些失效的节点和路段,直接导致路网结构的不完整,从而影响路网性能的发挥。其中关键节点和关键路段失效决定路网性能的最大损失程度,从路网使用功能角度决定了路网的脆弱程度,并且这种脆弱程度通过一定的模型计算,还可换算出相应的经济损失。Michael从网络的脆弱性性能考虑对偏远地区的结构易损性分析,并将结果聚焦在关键路段对路网脆弱性的影响表现是其网络性能的退化或损失。

路网中一旦关键节点或关键路段失效,如果有可替代的节点或路段,就意味着以上节点和路段承载的负荷必须被重新分配;如果没有可替代的路段,就意味着这些负荷要等待失效的节点和路段恢复其功能。失效的关键节点或路段一定是具有承载时间、费用、效率或能效方面的优势,所以其一旦失效,路网不仅在时间、费用、效率或能效等方面发生严重损失,更严重者会因此产生连锁反应,即级联失效,从而导致整个路网的拥塞,由路网结构的失效蔓延至整个路网功能的失效,最终导致路网瘫痪。

3.3.1.2 公路网结构风险评估指标及方法

上一小节分析了路网结构特性,其中公路网基础设施层的结构脆弱与否,很大程度上取决于路网内节点和路段规划布局情况以及关键节点和关键路段的分布均衡与否。公路网基础设施规划建设阶段即已确定了路网中节点和路段的分布、布局及其相互之间的耦合作用关系。但由于路网规划中的公路建设周期不一致、建设主体不一致,公路形成网络后,就会使规划目标和现实路网之间存在一定差距。因此,整体路网结构就会出现不均衡,从而呈现出一定程度的脆弱性。如何评估路网结构风险及其脆弱性程度,研究建立科学、合理的评估指标和方法,对公路网日常运营、应急管理、路网结构优化及路网规划是至关重要的。

1)公路网结构均衡性风险评估指标及方法

公路网既有抽象网络的拓扑性质,又具有独特的物理功能属性(里程和通行能力),其结构的均衡与否,采用何种方式表征,是本书重点研究的内容。对于网络的非均匀性,有些学者用结构熵来研究,通过对熵模型的分析和建立进行网络中度序列的分布情况研究或时间演化分析,从而判定其网络拓扑结构的稳定性和可靠性。模型计算较复杂,依托于抽象网络进行,但不适合公路网的结构均衡性评估。

统计学中常用方差或标准差来描述一组数据的离散程度,用离差来描述最大值与最小值之差。该方法易于理解和操作,适合于对公路网多维度的结构属性分布均衡性进行测度,标准差提取了全部指标中的离差信息,因此,在反映路网中节点和路段分布的离散程度方面更为全面。对于不同路网之间的节点和路段分布均衡性,采用与其具有相同属性的标准差来进行比较,其中标准差值较小的路网,其均衡性较优。对于同一路网,可以进行不同维度属性标准差的测度,以分析其多维度属性分布的均衡性。该方法既可用于基础设施网络的均衡性测度,也可用于评估所构建不同专属路网的网络结构特性。

对于未分组的路网节点或路段某一属性指标离散程度测度,结合本章所构建的节点和路段离差指标形式,其一般表达式为:

$$F(\mathrm{SD}_{hy}) = \sqrt{\frac{\sum_{h,y=1}^{N}(X_{hy}-\overline{X_{hy}})^2}{N}} \tag{3-100}$$

式中,$F(\mathrm{SD}_{hy})$ 为路网 h 的第 y 个属性评价指标标准差;SD_{hy} 是路网 h 的第 y 个属性评价指标标准差标识;X_{hy} 为路网 h 的第 y 个属性的某一具体评价指标测度值;$\overline{X_{hy}}$ 为路网 h 的第 y 个属性评价指标均值;N 为路网 h 的节点或路段的数目。

主要计算步骤为:

步骤1:获取路网内节点和路段某一属性测度值 X_{hy};

步骤2:计算节点和路段某一属性测度值的平均值 $\overline{X_{hy}}$;

步骤3:确定路网总的节点数或总的路段数 N;

步骤4:将上式各值代入公式即可求出 $F(\mathrm{SD}_{hy})$;

步骤5:比较属性标准差 $F(\mathrm{SD}_{h-1y-1})$,$F(\mathrm{SD}_{hy})$,值小者为均衡性较好的路网。

对于 X_{hy} 的取值,为便于准确比较,可采用归一化后属性测度值进行计算。

上一节已经对节点的里程度标准差、能力度标准差和路段能力介数标准差等多个属性的离散程度进行了定义,分析了路网结构中不同物理功能属性的分布情况。一般来说,可以初步判定离差大、标准差大的路网结构均衡性较差,比较脆弱;而离差小、标准差也小的路网结构均衡性较好,鲁棒性也好。非均衡性的路网结构中存在关键节点和关键路段,这些节点和路段对构成路网结构的完整性和支撑路网功能的完备性发挥了重要作用,一旦失效,将会对路网造成一定程度的损失。

2)关键节点和关键路段承载能力均衡性评估指标及方法

在对路网结构风险评估及分析过程中,通过对所有节点和路段的相关属性测度指标值的离散程度测度,可以判定路网在此属性方面的节点和路段分布是否均衡。分布不均衡的路网结构,其属性测度指标值中较高的节点或路段,属于路网中的关键节点和关键路段。但是,关键节点和关键路段在路网中占多大的比例,在实际应用中如何确定路网应急资源配置或路网运行过程中对上述节点和路段监测的重点范围,需要进一步评估,才能给出准确结果。

对于从路网中关键节点和关键路段的数目及承载路网功能的比例方面判定路网结构的脆弱程度,本书提出了重要阈值法进行测度。该方法的核心是由决策者根据所需决策或比较的对象路网的某一属性乐观期望来确定其阈值设定的范围,通过计算符合阈值范围内的关键节点和关键路段的数目多少,进一步判定路网在测定属性范围内的脆弱程度。

在确定路网的拓扑结构和功能属性后,该路网的关键节点和关键路段即可确定。根据路网中关键节点和关键路段的辨识结果,可以对路网中承载一定比例功能属性的关键节点和关键路段进行分析,并由路网管理者或决策者对路网的某一属性阈值进行事先标定,根据大于所标定阈值的关键节点和关键路段的数目规模评估路网结构的脆弱性。如果标定阈值之内的关键节点和关键路段数目较少,则路网的结构风险就高,其脆弱性就大;反之标定阈值之内的关键节点和关键路段数目较多,则路网的结构风险就低,其鲁棒性能就好。阈值法给出了判定路网结构风险的准则,它的精度由决策者根据决策需求给出,该方法操作简单,既适合评估同一路网不同维度属性的脆弱性,又可评估不同路网相同维度属性的脆弱性,具有广泛的适用性。

该方法可描述为:路网中节点或路段的集合为 $A=\{A_i\}$,$i=1,2,\cdots,m$,n 维属性为 $X=\{X_i\}$,$j=1,2,\cdots,n$,属性测度指标值为 x_{ij},表示第 i 个节点或路段的第 j 个属性测度指标值。

对于不同属性的测度指标值,进行归一化处理,公式表示为:

$$y_{ij} = \frac{x_{ij}}{\max\{x_{ij}\}} \quad (3\text{-}101)$$

式中,y_{ij} 为归一化后 x_{ij} 的属性测度指标值;x_{ij} 为第 i 个关键节点或关键路段的第 j 个属性测度指标值;$\max\{x_{ij}\}$ 为关键节点或关键路段的第 j 个属性测度指标值中的最大值。标定阈值为 r,判定所有符合阈值的属性测度指标数目,即为关键节点或关键路段的集合 $a=\{a_i|$

$a_i \in A\}, i=1,2,\cdots,k, a_i$ 的属性测度指标值大于 r。

路网中关键节点和关键路段的脆弱性分析是路网局部结构特征对全局结构特征影响的有效测度。路网管理者对路网结构进行正确评估后,可以在日常的运营管理中加强对以上关键节点和关键路段的监测和管理,保证其结构完好,发挥其正常功能。

3) 关键节点和关键路段失效后网络性能损失程度评估指标及方法

公路网的结构是公路网保持整体性及具有一切路网功能的内在根据,当路网结构发生变化时会影响其功能,反之,从路网功能变化也可判断其结构的脆弱程度。因突发事件引起的道路损毁、中断或拥堵,相当于网络中的边失效。节点的失效是指连接节点的路段全部失效后,节点才失去其作用,可以说节点失效也可归结于连接节点的路段失效。节点或路段失效意味着路网的局部结构发生变化,这种变化在路网中就意味着出行者或应急管理者需要重新选择走行路线。新的走行路线是失效路段的替代路段,失效路段是路网中被选中具有高效率或高能效的路段。这样就会因替代路段与失效路段的效率或能效的不同,而导致路网整体性能的变化。从单个用户的角度可能会导致其走行时间和走行成本的增加,而对于路网管理者来说,是体现整个公路基础设施网络的性能损失。通过性能损失程度的大小,可以反推失效路段在路网中的关键程度。

选择何种指标来表征路网的性能,是本书重点研究的问题。网络中常采用网络效率来表征其网络性能,效率采用网络中任意两节点间最短距离的倒数之和的平均值来衡量,以反映网络平均交通的容易程度,计算公式为:

$$E = \frac{1}{N(N-1)} \sum_{i,j \in v, i \neq j} \frac{1}{d_{ij}} \quad (3\text{-}102)$$

式中,i,j 为节点标识;E 为网络效率;d_{ij} 为任意两节点间的最短距离;N 为网络中的节点数。

此概念最早由研究通信网效率的学者提出,但该公式适用于评价时间功能不敏感的信息网、电力网、通信网等网络效率测度。公路网与上述网络不同,具有明显的时空旅行时间和费用成本。对于公路网的效率评估,需要体现公路网的里程和通行能力功能属性,才具有实际意义。因此,路网性能是判断路网中节点和路段失效后对路网性能影响程度的主要性能指标。在上一节中已经定义了路径能效,根据网络运用统计物理的思想,将路网能效指标作为路网性能的测度指标。

(1) 路网能效:路网中所有节点间最短路径的能效之和除以路网中所有节点间最短路径的条数,即整个路网最短路径能效之和的平均值,反映了路网整体运输能效。计算公式为:

$$E_{ne} = \frac{2}{N(N-1)} \sum_{i,j \in v, i \neq j} \frac{\min\{c_{ij}\}}{d_{ij}} \quad (3\text{-}103)$$

式中,i,j 为节点标识;E_{ne} 为路网能效;N 为路网中节点总数;$\min\{c_{ij}\}$ 为节点 i 和节点 j 间的一条路径中所有路段通行能力中的最小通行能力;d_{ij} 为节点 i 和节点 j 间的一条路径总里程。

(2) 路网的能效变化率:路网内节点或路段失效后的路网网络能效相对于失效前的路网网络能效的变化率,称为路网的能效变化率。计算公式为:

$$\Delta E = \frac{E - E'}{E} \times 100\% \tag{3-104}$$

式中，ΔE 为因节点或路段失效导致的路网能效变化率；E 为节点或路段失效前的路网能效；E' 为节点或路段失效后的路网能效。

通过路网能效的变化率虽然可以判断网络结构变化后的网络性能损失，但也存在网络中大部分节点或路段都失效后，只要路网成为一个连通子网，不管该子网有多小，都会有一个确定的网络能效或效率与其对应的情况，如果绝大多数路网的节点或路段均已失效，仅凭网络能效或效率指标就不能够准确判断网络脆弱性和连通性。因此，在采用路网能效或效率的指标同时，应将路网连通性指标也纳入进来，一并考虑，才可以准确判断路网的结构状态。

（3）路网的连通度：失效路网所有节点对之间连通的最短路径的条数与公路网失效前路网中的所有节点对之间连通最短路径条数的比值，为路网的连通度。计算公式为：

$$C_{\text{connect}} = \frac{G'}{G} \tag{3-105}$$

式中，C_{connect} 为路网连通度；G' 为节点或路段失效后的路网中所有节点对间的最短路径数目；G 为节点或路段失效前的路网中所有节点对间的最短路径数目。C_{connect} 表征了路网连通性对节点或路段失效的容忍能力，C_{connect} 越大，则节点或路段失效对路网整体连通性的影响就越小，反之则越大。

3.3.1.3 公路网结构综合风险

1）公路网主要失效方式

公路网失效的方式有很多种，对于节点和路段而言，公路网中的节点主要是城镇，不容易失效，而路段失效却是经常发生。根据我国公路阻断信息统计数据，与路网结构相关的路网可能失效方式主要有以下3种类型。

第一种类型：在公路网物理网络完整状态下，只有一条路段失效，此种失效方式可以判断出失效路段对路网整体能效的影响，是辨识路网中关键节点和关键路段的主要方法。

第二种类型：路网中多处路段因各种突发事件，相继出现阻断失效的情况，即在已中断的路段尚未恢复其正常结构与功能时，另有多条路段发生阻断失效，这是目前最常见的失效方式。

第三种类型：在遭受重大灾害时，多条路段同时发生阻断失效，均需要应急救援，像汶川和玉树地震灾害发生时，就属于此种失效情况。

无论是哪种失效方式，无疑都会给公路网造成严重的结构损坏和功能损失。评估以上失效方式、关键路段和一般路段对路网的影响，以及辨识路网中起最重要连通性和支撑路网功能的关键路段集，是应急管理工作中应急资源配置和应急响应、指挥调度涉及的重要问题。

路网究竟在何种失效方式下，对路网运营及应急管理造成严重影响，可以通过路网失效仿真的形式给予判定。

2）公路网结构综合风险评估

公路网结构综合风险评估指标描述了路网结构的整体脆弱性，可以采用表征公路网结构均衡与否的节点度系列指标、节点或路段介数系列指标以及节点和路段功能系列指标，通过广义聚合的方式，将两个或两个以上的属性指标测度值进行聚合。可根据属性特征选择线性加权算子或其他算子，以最终实现综合风险评估目的。其数学表达式为：令路网结构综合风险水平表征值为：$A = (a_1, a_2, \cdots, a_n) f_{(w_1, w_2, \cdots, w_n)}$，其中，$a_1, a_2, \cdots, a_n$ 为里程离差系列、能力离差系列、能效离差系列或效率离差系列的相关属性指标测度值；$f_{(w_1, w_2, \cdots, w_n)}$ 为广义聚合算子；$w_1, w_2, \cdots, w_n$ 为各属性权重。权重可通过多种方式确定，线性加权算子是常用的算子。当采用线性加权算子时，且当 $\sum_{i=1}^{N} w_i = 1$ 时，路网结构综合风险水平可表示为：$A = \sum_{i=1}^{N} w_i \cdot a_i$。

3.3.1.4 实例分析

本书中对路网结构脆弱性评估主要从路网的均衡性、关键路段和关键节点的数目以及路网失效后对网络能效的影响等方面给予综合判定。

运用SPSS统计分析软件，分析了节点度系列、节点介数系列和路段介数系列指标测度值的最大值和最小值、标准差，如表3-8～表3-10所示。由于采用的分析数据是标准化数据，所以各指标值具有可比性。

节点度相关指标离散程度测度 表3-8

指标	N	极小值	极大值	均值	标准差
归一化节点里程度	63	0.081379570	1.000000000	0.35321633133	0.223260182888
归一化节点能力度	63	0.076073620	1.000000000	0.29923069240	0.182698251659
有效的N(列表状态)	63				

节点介数相关指标离散程度测度 表3-9

指标	N	极小值	极大值	均值	标准差
归一化节点里程介数	63	0.065291600	1.000000000	0.29683614394	0.281782104365
归一化节点能力介数	63	0.046161253	1.000000000	0.26381005505	0.241020590384
归一化节点能效介数	63	0.038404720	1.000000000	0.26011544454	0.218561426799
有效的N(列表状态)	63				

路段介数相关指标离散程度测度 表3-10

指标	N	极小值	极大值	均值	标准差
归一化能力介数	146	0.0000000000	1.0000000000	0.143676521218	0.2351762429258
归一化里程介数	146	0.0000000000	1.0000000000	0.144178663601	0.2478258380709
归一化路段能效介数	146	0.0000000000	1.0000000000	0.13559833686	0.209148090852
有效的N(列表状态)	146				

从表中数据可以看出，与里程相关的指标都具有较高的离散性，说明由于路网中两节点间的实际距离不同，对出行者的路径选择具有较大影响。路段能力在前面已分析，由于实验路网是国家干线公路和高速公路组成的干线公路网，因此在通行能力方面相差不大，这也是人工技术网络的特点。

结合前面对节点和路段的评估指标分析图可以看出，节点和路段在路网中分布是不均衡的，承载路网主要功能的关键节点和关键路段在路网中仅占少数，虽然阈值可以由决策者根据决策需求给出，但是从图中可以看出，上述节点和路段在路网中所占比例较小，大部分节点和路段是一般节点和路段。

实验路网具有一定的脆弱性,在随后的分析中,可知路网性能下降是路网脆弱性的主要体现。

路网功能脆弱性分析主要是进行实验路网中节点和路段失效仿真实验,通过观察分析节点和路段不同失效情况下的路网能效变化,对其功能脆弱性进行评估。仿真实验主要是通过模拟路网中节点和路段的主要失效模式进行,并输出相应结果和图例。仿真实验按以下3种情况进行。

第1种:在公路网物理网络完整状态下,模拟一条路段失效后,网络能效的变化情况。该方法可由评估指标排序找出对路网脆弱性影响最大的节点和路段,即路网中的弱点。

对路段的模拟实验可表示现实路网中一条路段中断或拥堵造成路段失效后的路网能效影响情况。通过路段失效对路网的能效影响以及对具体路段的分析,发现路网中最关键的部位应该是那些对路网连通起重要作用的路段,但是这样路段往往其自身地理位置并不明显。路段中对路网能效影响最大的是31号路段,该路段连通两个规模较小的城镇——潜山县和安庆市,从其地理位置及自身重要性分析,均不明显。但是从网络整体观察,该路段连通实验路网西部地区重要的两个模块化网络,而且具有里程短、通行能力高的特点,是出行者出行路线的优选路线。该路段中断后,全网总里程增加约5万km。可见,其对网络能效影响的重要性。图3-47所示为路段失效后网络能效下降趋势图。从图中可以看出,部分关键路段失效后对网络能效影响非常大。

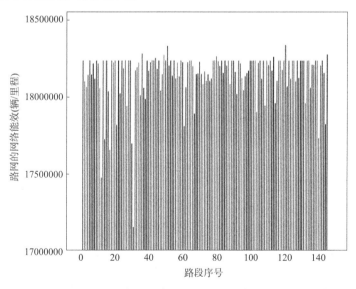

图3-47 路段失效后网络能效下降趋势图

从图3-48中可以看出,对路网能效影响大的关键路段多是连通两个关键节点的路段,可见路段的重要性与其所连接的节点对的重要性直接相关。由图3-48可见,关键路段失效后对路网的能效影响最大,而一般路段对路网能效影响变化不大,说明关键路段对路网功能实现具有重要的支撑作用,这样的路段越少,路网就越脆弱。实验路网中每个节点的连边数都不少于2条,所以一条路段失效后,主要对路网网络能效产生影响,而对于路网的整体连通性影响不大,因为替代路线较多。当路段大量失效后,可以从连通度上辨识其路网连通的实际情况。表3-11所示为路段失效后网络能效下降超过1%的路段。实验数据显示,31号路段是路网中最重要的路段,该路段失效后,整个路网的网络能效下降率达到了 5.97%,通过对该段的调查情况发现,过境车辆很多,道路拥挤度非常高。

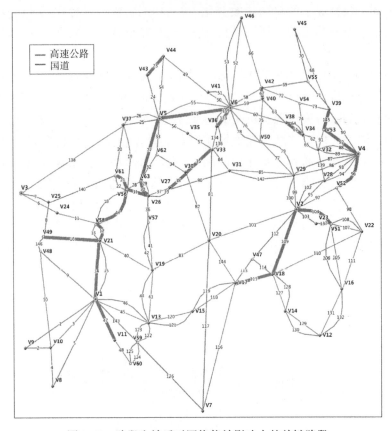

图 3-48 路段失效后对网络能效影响大的关键路段

路段失效后网络能效下降率超过 1% 的路段　　　　　　　　　　　　表 3-11

边 ID	网络能效下降率	边 ID	网络能效下降率
31	5.97%	27	1.64%
12	4.19%	109	1.61%
17	3.20%	133	1.52%
30	2.96%	115	1.52%
14	2.82%	38	1.38%
141	2.78%	35	1.25%
61	2.35%	92	1.20%
21	2.31%	23	1.18%
145	2.27%	16	1.10%
67	1.91%	47	1.08%
104	1.85%	96	1.06%

节点失效模拟采取使节点与其他节点相连通路段全部中断情况下,节点失去与路网中

相邻节点的连接,节点失效。图 3-49、表 3-12 所示为节点失效后对网络能效影响较大的前 20 个节点。节点规模对节点失效的影响比较大,南京节点失效后对路网的能效影响最大。

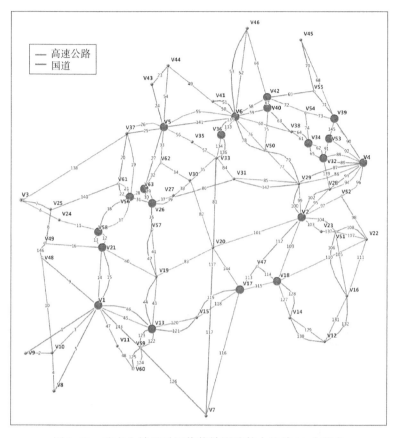

图 3-49　节点失效后对网络能效影响较大的前 20 个节点

节点失效后对网络能效损失影响前 **20** 位的节点　　　　　表 3-12

失效节点名称	节点失效后网络能效下降率	失效节点名称	节点失效后网络能效下降率
南京	12.96%	合肥	3.38%
潜山	7.40%	V42	3.35%
安庆	6.57%	V17	3.21%
杭州	5.19%	V53	3.13%
V21	3.96%	上海	3.08%
苏州	3.64%	V63	2.76%
V58	3.55%	V40	2.37%
V34	3.55%	V39	2.15%
V36	3.53%	V18	1.72%
南昌	3.52%	V13	1.69%

第 2 种:实际路网运行中,经常会出现不同地区多路段受养护施工或天气状况影响。依

次出现原有路段阻断或封路情况下,其他路段相继被阻断的情况。表 3-13 给出了关键路段和一般路段相继失效时,实验路网的网络能效的下降情况,可以看出,关键路段失效对实验路网的网络能效影响最大。

关键路段和一般路段相继失效后网络能效的变化　　　　表 3-13

关键路段依次失效	网络能效累积下降率	一般路段依次失效	网络能效累积下降率
31	5.97%	142	0.18%
12	8.89%	136	1.25%
17	9.24%	130	1.25%
30	9.46%	116	1.98%
14	10.19%	113	2.34%
141	12.57%	105	2.43%
		27	4.26%
		93	4.26%

第 3 种:实际路网运行中,因突发事件影响出现多条路段同时中断的情况。分别从关键路段中断和非关键路段中断的角度对路网进行了仿真实验,实验结果表明,多条关键路段同时中断,对网络能效的影响程度远大于非关键路段的影响程度。从表 3-14 中可以看出,路网中使非关键路段 113、115、118、123、127、131、134、136、137 共 9 条路段同时失效,其网络能效仅下降了 6% 左右,但是关键路段 31、12、17、30 只有 4 条路段同时失效后,网络能效下降率大于 10%,如果多条关键路段发生拥堵或因养护施工、恶劣天气造成路段阻断,会因时间的持续而直接影响运输网的性能,这对运输能效的发挥是非常不利的。因此,管理者应提前协调好各路段的养护施工计划安排,不能同时关闭重要路段。

关键路段和一般路段多条路段同时失效网络能效变化　　　　表 3-14

路段同时失效	网络能效下降率
关键路段 31,12,17,30	10.66%
一般路段 113,115,118,123,127,131,134,136,137	6.14%

3.3.2　以匝道口为节点的道路交通网络

以匝道口为节点的路网结构风险由路网的拓扑结构性质决定,因此,为了测度路网结构风险,提出相应的结构风险测度,需要以基础路网的拓扑结构特性参数为基础,从以下几个层面分析基础路网的结构风险测度指标(表 3-15)。

定义测度指标如下:

路网非均匀性(Heterogeneity of Physical Networks):路网构件属性分布的不均衡程度。

第3章　道路交通网络结构分析

路网连通性(Connectivity of Physical Networks):路网中任意节点间存在路径的程度。

路网抗毁性(Survivability of Physical Networks):路网在随机失效或蓄意失效情况下,路网拓扑结构保持连通的能力。

以匝道口为节点的路网风险测度指标分析　　　　表3-15

研究层面	测度指标
路网构件属性的分布情况	路网非均匀性
路网构件间的相互作用关系	路网连通性
破坏路网结构的难易程度	路网抗毁性

3.3.2.1 路网非均匀性分析方法

1)熵的本质含义

德国物理学家克劳修斯(Clausius)于1865年首次提出用熵来衡量系统能量在空间分布的均匀程度。系统能量在空间分布越均匀,熵就越大;当能量分布完全均匀时,系统熵值达到最大。

玻尔兹曼(L. Boltzmann)提出熵的概念以后,从熵的热力学定义出发,给出了某可逆过程各热力学量的统计物理学表达式 $S = K_a \ln W$,其中 K_a 为玻尔兹曼常数,W 为确定的宏观状态下粒子分布的微观状态数。这表明,系统熵值的大小与系统宏观状态对应的微观状态数相关。公式 $S = K_a \ln W$ 反映了熵函数的统计学意义,作为桥梁将系统的宏观和微观物理量联系起来。

一般来说,有序是指事物或过程在时空中有组织有纪律的排列;相反,无序指事物或过程在时空中无组织无纪律的聚积。根据玻尔兹曼的研究,可以采用熵来表示系统某一状态下的有序或均匀的程度:熵值越小,其所处状态越是有序,越不均匀;熵值越大,其所处状态越是无序,越均匀。

根据前文的定义,高速公路基础路网是一个由若干相互作用和相互依赖的节点和路段构成的系统,而非均匀性是表征该系统拓扑结构特征的一个宏观量,由上述熵的定义可知,如果要得到该宏观量,必须要明确与该宏观量相关的系统微观量的分布情况。在高速公路基础路网中,与非均匀性相关的"微观量"就是路网节点和路段的相关属性,因此,需要在这些"微观量"的基础上,分析"微观量"的分布情况,从而利用熵来刻画该分布的均匀程度,即描述路网的非均匀性。

2)路网非均匀性测度分析

(1)基于节点结构同质的路网非均匀性测度。

节点结构同质(Structural Homegeneous of Nodes):设 $\forall v_1, v_j \in V(i,j=1,\cdots,n)$,若 $k_{v_i}^+ = k_{v_j}^+$ 且 $k_{v_i}^- = k_{v_j}^-$,则称节点 v_i 和 v_j 结构同质。

节点类(node classes):设 $\forall v_1, v_j \in V(i,j=1,\cdots,n)$,若节点 v_i 和 v_j 结构同质,则有节点 $v_i, v_j \in F_{k_{v_l}^+, k_{v_l}^-}$,称 $F_{k_{v_l}^+, k_{v_l}^-}$ 是入度为 $k_{v_l}^+$,出度为 $k_{v_l}^-$ 的一个节点类,$|V_{k_{v_i}^+, k_{v_i}^-}|$ 为该节点类中所包含的节点的个数。

基于节点结构同质的路网非均匀性测度(Heterogeneity Measure of Physical Networks Based on Structural Homegeneous of Nodes):

$$\text{PNH-HS} = -\sum_{i=1}^{v} \frac{O_i}{n} \ln \frac{O_i}{n} \tag{3-106}$$

式中，v 为路网中节点类的总数；n 为路网中节点总数；O_i 为第 i 个节点类中所包含的节点数。

综合考虑节点结构分布的不同情况，确定 PNH-HS 的取值范围为 $[0, \ln n]$。该测度刻画了不同类的结构同质节点在路网中分布的均匀程度。结构同质节点被认为是在某种意义下具有相同重要性的节点的集合。当路网中所有节点均为结构同质节点时，路网在该测度衡量下最为均匀。该测度同时为衡量有向网络中节点的拓扑结构重要度提供了有益的参考。对于无向网络而言，节点没有入度和出度之分，如果两个节点的度相同，则认为两个节点在某种意义上是具有相同重要性的；而对于有向网络，节点之间相互作用存在方向性，度相同的两个节点的入度和出度分布可能差异很大。因此，不能简单地认为度相同的两个节点的重要性是相同的，需要综合考虑节点的入度和出度分布情况。

（2）基于介数的路网非均匀性测度。

1977 年，Freeman 首次提出了能够衡量个体在社会网络地位的测度——介数（Betweenness）。节点 v_u 的介数定义为网络中所有最短路径中经过 v_u 的路径数量，同样地，路段 e_{uv} 的介数定义为网络中所有最短路径中经过 e_{uv} 的最短路径的数量。基于节点（路段）介数的概念，利用熵来刻画路网的非均匀性。

基于节点介数的路网非均匀性测度（Heterogeneity Measure of Physical Networks Based on Node Betweenness）：

$$\text{PNH-NH} = -\sum_{i=1}^{n} \frac{w_{v_i}}{\sum_{i=1}^{n} w_{v_i}} \ln \frac{w_{v_i}}{\sum_{i=1}^{n} w_{v_i}} \tag{3-107}$$

式中，w_{v_i} 为节点 v_i 的介数；n 为路网节点总数。

基于路段介数的路网非均匀性测度（Heterogeneity Measure of Physical Networks Based on Road Segment Betweenness）：

$$\text{PNH-SB} = -\sum_{i,j=1}^{n} \frac{w_{e_{ij}}}{\sum_{i,j=1}^{n} w_{e_{ij}}} \ln \frac{w_{e_{ij}}}{\sum_{i,j=1}^{n} w_{e_{ij}}} \tag{3-108}$$

式中，$w_{e_{ij}}$ 为路段 e_{ij} 的介数；n 为路网节点总数。

基于节点和路段介数的路网非均匀性测度刻画了 $\{w_{v_i} / \sum_{i=1}^{n} w_{v_i}\}_{1 \leqslant i \leqslant n}$ 分布和 $\{w_{e_{ij}} / \sum_{i,j=1}^{n} w_{e_{ij}}\}_{1 \leqslant i \leqslant n}$ 分布的均匀程度，这两个分布具有与离散性随机变量概率分布相同的基本特征，反映了节点和路段介数对路网的影响程度。综合考虑节点和路段介数的分布情况，确定 PNH-NB 的取值范围为 $[0, \ln n]$，PNH-SB 的取值范围为 $[0, \ln m]$，m 为路网中路段总数。路网中的最短路径往往是所有车辆的优先路径选择，为此，最短路径可能比路网中其他路径负载更大，如果一个节点（路段）出现在路网中的多条最短路径中，那么这个节点（路段）是路网中重要节点（路段）的可能性就越大。该测度反映了节点（路段）介数在路网中分布的均匀程度,节点(路段)介数分布越均匀,路网中节点(路段)的重要性差异越小,路网在蓄意失效下的抗毁性越强。

(3)基于节点负载强度的路网非均匀性测度。

节点负载强度(Capacity Load Intensity of Node):

$$\mathrm{NL}_{v_i} = \begin{cases} \dfrac{\gamma_{v_i}}{\sum_{j \in A_{v_i}} \gamma_{e_{ji}}}, v_i \in V^+ \\ \dfrac{\sum_{j \in A_{v_i}} \gamma_{e_{ij}}}{\gamma_{v_i}}, v_i \in V^- \end{cases} \tag{3-109}$$

式中,γ_{v_i} 为节点 v_i 的通行能力;$\gamma_{e_{ij}}$ 为路段 e_{ij} 的通行能力;A_{v_i} 为节点 v_i 的邻接节点集合。

基于节点负载强度的路网非均匀性测度(Heterogeneity Measure of Physical Networks Based on Capacity Load Intensity of Node):

$$\mathrm{PNH\text{-}NL} = -\sum_{i=1}^{N} \frac{\mathrm{NL}_{v_i}}{\sum_{i=1}^{n} \mathrm{NL}_{v_i}} \ln \frac{\mathrm{NL}_{v_i}}{\sum_{i=1}^{n} \mathrm{NL}_{v_i}} \tag{3-110}$$

式中,NL_{v_i} 为节点 v_i 的负载强度;n 为路网节点总数。

节点负载强度刻画了节点通行能力与可能汇入或分离该节点的路段通行能力的差异程度,当 $\mathrm{NL}_{v_i} \leqslant 1$ 时,认为节点负载过重,是路网中的一个瓶颈节点,容易出现拥塞,致使节点所连接匝道和上游主线出现排队现象。基于节点负载强度的路网非均匀性测度反映了路网中设计能力存在瓶颈的节点的分布均匀程度,其取之范围为 $[0, \ln n]$。

(4)基于路段里程效率的路网非均匀性测度。

路段里程效率(Mileage Efficiency of Road Segment),即路段单位里程的通行能力:

$$\mathrm{ME}_{e_{ij}} = \frac{\gamma_{e_{ij}}}{\varphi_{e_{ij}}} \tag{3-111}$$

式中,$\gamma_{e_{ij}}$ 为路段 e_{ij} 的通行能力;$\varphi_{e_{ij}}$ 为路段 e_{ij} 的里程。

基于路段里程效率的路网非均匀性测度(Heterogeneity Measure of Physical Networks Based on Mileage Efficiency of Road Segment):

$$\mathrm{PNH\text{-}ME} = -\sum_{i,j=1}^{n} \frac{\mathrm{ME}_{e_{ij}}}{\sum_{i,j=1}^{n} \mathrm{ME}_{e_{ij}}} \ln \frac{\mathrm{ME}_{e_{ij}}}{\sum_{i,j=1}^{n} \mathrm{ME}_{e_{ij}}} \tag{3-112}$$

式中,$\mathrm{ME}_{e_{ij}}$ 为路段 e_{ij} 的里程效率;n 为路网中节点总数。

路段里程效率的定义表明路段单位里程的通行能力越大,路段的里程效率越高,路段的交通能力越强。在路段里程相当的情况下,路段里程效率越高,路段通行能力越大。基于里程效率的路网非均匀性测度反映了路段里程效率分布的均匀程度,取值范围为 $[0, \ln n]$,m 为路网中路段总数。

(5)基于路段能力效率的路网非均匀性测度。

路段能力效率(Capacity Efficiency of Road Segment),即路段单位通行能力所占用的里程:

$$\mathrm{CE}_{e_{ij}} = \frac{\varphi_{e_{ij}}}{\gamma_{e_{ij}}} \tag{3-113}$$

式中，$\varphi_{e_{ij}}$ 为路段 e_{ij} 的里程；$\gamma_{e_{ij}}$ 为路段 e_{ij} 的通行能力。

基于能力效率的路网非均匀性测度（Heterogeneity Measure of Physical Networks Based on Capacity Efficiency of Road Segment）：

$$\mathrm{PNH\text{-}CE} = -\sum_{i,j=1}^{n} \frac{\mathrm{CE}_{e_{ij}}}{\sum_{i,j=1}^{n} \mathrm{CE}_{e_{ij}}} \ln \frac{\mathrm{CE}_{e_{ij}}}{\sum_{i,j=1}^{n} \mathrm{CE}_{e_{ij}}} \tag{3-114}$$

式中，$\mathrm{CE}_{e_{ij}}$ 为路段 e_{ij} 的能力效率；n 为路网中节点总数。

路段能力效率反映的是路段空间的占用情况，路段能力效率越高，路段空间利用率越高。在路段里程一定的情况下，路段能力效率越高，路段通行能力越小。基于能力效率的路网非均匀性测度分析了路段能力效率分布的均匀程度，取值范围为 $[0, \ln n]$，m 为路网中路段总数。

（6）基于路段状态可观测性的路网非均匀性测度。

基于路段状态可观测性的路网非均匀性测度（Heterogeneity Measure of Physical Networks Based on Observability of Road Segment）：

$$\mathrm{PNH\text{-}OS} = -\sum_{i,j=1}^{n} \frac{\mathrm{MD}_{e_{ij}}}{\sum_{i,j=1}^{n} \mathrm{MD}_{e_{ij}}} \ln \frac{\mathrm{MD}_{e_{ij}}}{\sum_{i,j=1}^{n} \mathrm{MD}_{e_{ij}}} \tag{3-115}$$

式中，$\mathrm{MD}_{e_{ij}}$ 为路段 e_{ij} 沿线监控设施密度；n 为路网中节点总数。

该测度刻画了路段沿线监控设施分布的均匀程度，取值范围为 $[0, \ln n]$，m 为路网中路段的总数。采用路段沿线监控设施密度来测度路段状态可观测性的原因在于路段实时运营状态可以通过沿线监控设施采集信息获得，监控设施布设的范围、密度直接决定了路段状态的可观测程度。沿线监控设施的合理部署能够提高道路交通的管理效率，同时还能在一定程度上促进驾驶人员规范驾驶行为，规避不必要的道路交通风险。

（7）基于节点标准里程的路网非均匀性测度。

节点标准里程（Standard Mileage of Node），即节点里程度与度的比值：

$$\mathrm{SM}_{v_i} = \frac{\varphi_{v_i}}{k_{v_i}} \tag{3-116}$$

式中，φ_{v_i} 为节点 v_i 的里程度；k_{v_i} 为节点 v_i 的度。

基于节点标准里程的路网非均匀性测度（Heterogeneity Measure of Physical Networks Based on Standard Mileage of Node）：

$$\mathrm{PNH\text{-}SM} = -\sum_{i=1}^{n} \frac{\mathrm{SM}_{v_i}}{\sum_{i=1}^{n} \mathrm{SM}_{v_i}} \ln \frac{\mathrm{SM}_{v_i}}{\sum_{i=1}^{n} \mathrm{SM}_{v_i}} \tag{3-117}$$

式中，SM_{v_i} 为节点 v_i 的标准里程；n 为路网中节点总数。

节点标准里程反映了节点连接的路网规模的大小，节点标准里程越大，节点的局部重要度越大。路网中节点标准里程分布越均匀，路网空间分布就可能越均匀。该测度刻画了路网空间分布的均衡性,取值范围为$[0,\ln n]$。

3) 路网非均匀性测度相关性分析

上一小节中提出的7类测度从不同侧面刻画了路网的非均匀性,在对路网非均匀性进行综合评估时,测度之间的相关性直接影响到评估结果。这种相关性体现在测度是否包含了部分重叠信息,某些测度是否强烈地依赖于其他测度,此时需要对测度进行筛选,以确定不相关或者相关性不大的、包含最多路网非均匀信息的、测度维数尽量小的主要测度。测度的筛选过程实际上就是测度的相关性分析过程。

测度之间的相关性关系常见的有两类:一类是确定的函数关系,另一类是测度之间确实存在关系,但又不具备函数关系所要求的确定性,它们的关系是带有随机性的,此时需要在对样本数据进行统计分析的基础上找出数据之间存在的规律性,这种关系称为相关关系。

从表达形式上看,测度 PNH-HS、PNH-NB、PNH-SB 和 PNH-SM 4类测度与其他测度之间不存在明显的相关性,测度之间的关系不能够精确地表达,分析这类测度的相关性,需要依靠大量数据的统计分析结果来最终确定。

针对测度 PNH-NL、PNH-ME、PNH-CE 和 PNH-OS,首先考虑影响测度值发生变化的自变量之间的相互作用关系。

记测度 PNH-NL 的自变量 NL_{v_i} 为 $y_1 = \dfrac{x_1}{x_2}$,其中 x_1 取值范围为 $\gamma_{e_{ij}}$ 的取值范围,x_2 取值范围为 $\sum_{j \in A_{v_i}} \gamma_{e_{ji}}$ 的取值范围,$i,j = 1,2,\cdots,n$;PNH-ME 的自变量 $ME_{e_{ij}}$ 记为 $y_2 = \dfrac{x_1}{x_3}$,其中 x_1 取值范围为 $\gamma_{e_{ji}}$ 的取值范围,x_3 取值范围为 $\varphi_{e_{ij}}$ 的取值范围,$i,j = 1,2,\cdots,n$;PNH-CE 的自变量 $CE_{e_{ij}}$ 记为 $y_3 = \dfrac{x_3}{x_1}$,其中 x_3 取值范围为 $\varphi_{e_{ij}}$ 的取值范围,x_1 取值范围为 $\gamma_{e_{ij}}$ 的取值范围,$i,j = 1,2,\cdots,n$;PNH-OS 的自变量 $MD_{e_{ij}}$ 记为 $y_4 = \dfrac{x_4}{x_3}$,其中 x_4 取值范围为 $g_{e_{ij}}$ 的取值范围,x_3 取值范围为 $\varphi_{e_{ij}}$ 的取值范围,$i,j = 1,2,\cdots,n$。

由于自变量本身都有其特定的物理含义,因此,变量 x_1, x_2, x_3, x_4 的取值均是大于零的,且在定义域范围内均是有意义的。由于自变量均满足函数的基本定义,因此,自变量 y_1, y_2, y_3, y_4 均可以进行函数相关性质的分析。为此,引入函数相关定义及定理。

区域 $D \subset R^n$ 上的函数 $y_1 = f_1(x_1,\cdots,x_n), \cdots, y_m = f_m(x_1,\cdots,x_n)$ 称为函数相关的,则存在连续可微的函数 $y_i = G(y_1,\cdots y_{i-1}, y_{i+1},\cdots,y_3)$,使得 $f_i(x_1,\cdots,x_n) = G(f_1(x_1,\cdots,x_n),\cdots,f_{i-1}(x_1,\cdots,x_n), f_{i+1}(x_1,\cdots,x_n),\cdots,f_m(x_1,\cdots,x_n))$ 在 D 上恒成立。

定理:设 $\text{rank}\left(\dfrac{D(f_1,\cdots,f_m)}{D(x_1,\cdots,x_n)}\right) = r < m$ 在 D 上处处成立,则对于任意 $P_0 \in D$,存在 P_0 的邻域 U,使得在 U 上 $f_1,\cdots,f_m$ 中有 r 个是函数无关的,其余都与这 r 个函数相关。

根据上述定义及定理,综合考虑自变量函数自身特点,可以导出以下引理。

引理:若 $0 < \text{rank}\left(\dfrac{D(y_1,y_2,y_3,y_4)}{D(x_1,x_2,x_3,x_4)}\right) < 4$ 在函数定义域区域 S 内处处成立,则对于任意 X_0

$(x_1^0, x_2^0, x_3^0, x_4^0) \in S$,存在 X_0 的邻域 T,使得 T 上 y_1, y_2, y_3, y_4 函数相关。

证明: 由 y_1, y_2, y_3, y_4 在定义域的定义,有:

$$\left(\frac{D(y_1, y_2, y_3, y_4)}{D(x_1, x_2, x_3, x_4)} \right) = \begin{bmatrix} \frac{\partial y_1}{\partial x_1} & \frac{\partial y_1}{\partial x_2} & 0 & 0 \\ \frac{\partial y_2}{\partial x_1} & 0 & \frac{\partial y_2}{\partial x_3} & 0 \\ \frac{\partial y_3}{\partial x_1} & 0 & \frac{\partial y_3}{\partial x_3} & 0 \\ 0 & 0 & \frac{\partial y_4}{\partial x_3} & \frac{\partial y_4}{\partial x_4} \end{bmatrix} \quad (3\text{-}118)$$

若要计算矩阵的秩,首先需要证明矩阵的元素均存在,即 y_1, y_2, y_3, y_4 在其定义域范围内存在关于 x_1, x_2, x_3, x_4 偏导。

以 $y_1 = \frac{x_1}{x_2}$ 为例,设其在点 $(x_1^0, x_2^0, x_3^0, x_4^0)$ 及其近旁有定义,其中 $(x_1^0, x_2^0, x_3^0, x_4^0) \in S$, $S = \{(x_1^0, x_2^0, x_3^0, x_4^0) \mid x_1 > 0, x_2 > 0, x_3 > 0, x_4 > 0\}$,将 x_2 固定为 x_2^0,有:

$$\lim_{\Delta x_1 \to 0} \frac{y_1(x_1^0 + \Delta x_1, x_2^0) - y_1(x_1^0, x_2^0)}{\Delta x_1} = \frac{\frac{x_1^0 + \Delta x_1}{x_2^0} - \frac{x_1^0}{x_2^0}}{\Delta x_1} = \frac{1}{x_2^0} \quad (3\text{-}119)$$

则自变量 $y_1 = \frac{x_1}{x_2}$ 在点 $(x_1^0, x_2^0, x_3^0, x_4^0)$ 具有关于 x_1 的偏导数。同样地,$y_1 = \frac{x_1}{x_2}$ 在点 $(x_1^0, x_2^0, x_3^0, x_4^0)$,有:

$$\lim_{\Delta x_1 \to 0} \frac{y_1(x_1^0, x_2^0 + \Delta x_2) - y_1(x_1^0, x_2^0)}{\Delta x_2} = \frac{\frac{x_1^0}{x_2^0 + \Delta x_2} - \frac{x_1^0}{x_2^0}}{\Delta x_2} = -\frac{x_1^0}{(x_2^0)^2} \quad (3\text{-}120)$$

则 $y_1 = \frac{x_1}{x_2}$ 在点 $(x_1^0, x_2^0, x_3^0, x_4^0)$ 也具有关于 x_2 的偏导数,且有如下结论:

(1) $y_1 = \frac{x_1}{x_2}$ 在区域 $S = \{(x_1^0, x_2^0, x_3^0, x_4^0) \mid x_1 > 0, x_2 > 0, x_3 > 0, x_4 > 0\}$ 中每一点都具有关于 x_1 和 x_2 的偏导数;

(2) $y_1 = \frac{x_1}{x_2}$ 在区域 $S = \{(x_1^0, x_2^0, x_3^0, x_4^0) \mid x_1 > 0, x_2 > 0, x_3 > 0, x_4 > 0\}$ 中每一点关于 x_1 和 x_2 的偏导数均不等于零。

以同样的方法可以证明 y_2, y_3, y_4 在定义域范围内也具有上述两条结论,因此,在定义域范围内矩阵 $\left(\frac{D(y_1, y_2, y_3, y_4)}{D(x_1, x_2, x_3, x_4)} \right)$ 存在且有意义。

根据矩阵秩的定义,可以计算矩阵 $\left(\frac{D(y_1, y_2, y_3, y_4)}{D(x_1, x_2, x_3, x_4)} \right)$ 的四阶子式:

$$\parallel \; = \; = \; (-1)^{1+2} \cdot \frac{\partial y_1}{\partial x_2} \cdot \begin{vmatrix} \frac{\partial y_2}{\partial x_1} & \frac{\partial y_2}{\partial x_3} & 0 \\ \frac{\partial y_3}{\partial x_1} & \frac{\partial y_3}{\partial x_3} & 0 \\ 0 & \frac{\partial y_4}{\partial x_3} & \frac{\partial y_4}{\partial x_4} \end{vmatrix} \xrightarrow{\text{按} c_2 \text{展开}} = \; = \; -\frac{\partial y_1}{\partial x_2} \cdot (-1)^{3+3} \cdot \frac{\partial y_4}{\partial x_4} \cdot \begin{vmatrix} \frac{\partial y_2}{\partial x_1} & \frac{\partial y_2}{\partial x_3} \\ \frac{\partial y_3}{\partial x_1} & \frac{\partial y_3}{\partial x_3} \end{vmatrix} =$$

$$\frac{1}{x_3 x_1} - \frac{x_1}{(x_3)^2} \cdot \frac{x_2}{(x_1)^2} = 0 \tag{3-121}$$

但有一个三阶子式：

$$\begin{vmatrix} \frac{\partial y_1}{\partial x_1} & \frac{\partial y_1}{\partial x_2} & 0 \\ \frac{\partial y_3}{\partial x_1} & 0 & \frac{\partial y_3}{\partial x_3} \\ 0 & 0 & \frac{\partial y_4}{\partial x_3} \end{vmatrix} \xrightarrow{\text{按} c_2 \text{展开}} = \; = \; (-1)^{1+2} \cdot \frac{\partial y_1}{\partial x_2} \cdot \begin{vmatrix} \frac{\partial y_3}{\partial x_1} & \frac{\partial y_3}{\partial x_3} \\ 0 & \frac{\partial y_4}{\partial x_3} \end{vmatrix} = -\frac{x_4}{(x_2)^2 x_3} \neq 0 \tag{3-122}$$

因此，$\text{rank}\left(\frac{D(y_1,y_2,y_3,y_4)}{D(x_1,x_2,x_3,x_4)}\right) = 3 < 4$，根据定理，有对于任意 $X_0 \in S$，存在 X_0 的邻域 T，使得在 T 上 y_1,y_2,y_3,y_4 中有 3 个是函数无关的，其余都与这 3 个函数相关，因此 y_1,y_2,y_3,y_4 函数相关。

根据定理可知，只有 y_2,y_3 函数相关，又因为 y_1,y_2,y_3,y_4 中有 3 个是函数无关的，因此，有 y_1,y_2,y_4 函数独立和 y_1,y_3,y_4 函数独立两种情况，在实际的应用中根据实际情况选择其一即可。

3.3.2.2 路网连通性分析方法

1) 基于抽象网络模型的连通性测度

本书所涉及的连通包含两层含义：一是物理连通，即从路网拓扑结构性质角度出发，研究节点间的连通以及路网的连通性；二是运营连通，即从路网功能属性和运营状态出发，研究节点间的连通以及路网的连通性。物理连通和运营连通的关系可以理解为：物理连通是运营连通的必要非充分条件，即物理连通不一定运营连通，运营连通则物理连通。本部分的研究重点为路网的物理连通性。

物理连通（Structural Connected）：在路网 B 中，有节点 v_i 和 v_j，满足下列两个条件之一：①v_i 和 v_j 单向连通；②v_i 和 v_j 双向连通，则称 v_i 与 v_j 物理连通。

（1）基于连通度的路网连通性测度。

连通度（Connectivity between Nodes）：对 $\forall v_i, v_j \in V(i,j = 1,2,\cdots,n)$，有 $CD = |L_{ij}|/\sum_{v_i,v_j \in V}|L_{ij}|$ 为节点 v_i 和 v_j 间的连通度，$|L_{ij}|$ 为节点 v_i 和 v_j 间路径集的长度。

基于连通度的路网连通性测度（Connectivity Measure of Physical Networks Based on Connectivity between Nodes）：

$$\text{PNC-CD} = -\sum_{i,j=1}^{n} \text{CD}_{ij} \ln \text{CD}_{ij} \tag{3-123}$$

式中，n 为路网中的节点总数；CD_{ij} 为节点 v_i 和 v_j 的连通度。

连通度反映了节点间存在连通路径的程度，连通度越大，节点间连通路段的数量越多，连通性越强。综合考虑节点间连通度分布的不同情况，确定 PNC-CD 的取值范围为 $[0, \ln \sum_{v_i, v_j \in V} |L_{ij}|]$。节点间连通路径数量分布越均匀，节点间连通程度越均衡，路网在面对蓄意失效时保持路网功能的可能性越大；反之，节点间连通程度越不均衡，说明存在少数节点间连通度与剩余节点间连通度差异较大，路网在面对蓄意失效时保持路网功能的可能性越小。

(2) 基于连通重要度的路网连通性测度。

连通重要度(Node Importance for Connectivity)：对 $\forall v_i \in V$，有 $\text{NI}_i = (k_{v_i} + u_{v_i})/2$ 为节点 v_i 的连通重要度，其中 k_{v_i} 节点 v_i 的度，u_{v_i} 为节点 v_i 的紧密中心度。

基于节点连通重要度的路网连通性测度(Connectivity Measure of Physical Networks Based on Node Importance for Connectivity)：

$$\text{PNC-NI} = \frac{1}{n(n-1)} \sum_{\substack{v_i, v_j \in V \\ i \neq j}} \pi_{ij} \overline{\omega}_{ij} \tag{3-124}$$

式中，n 为路网中节点数量；π_{ij} 为路网 G 中节点对 (v_i, v_j) 独立路径（互不相交路径）的数量；$\overline{\omega}_{ij}$ 为节点对 (v_i, v_j) 间可达路径节点连通重要度均值的最小值，称为路径连通重要度。

路网中，如果某一节点与重要节点联系较紧密，则该节点的连通能力明显也较大。因为路网中的重要节点通常充当"枢纽站"的角色，路网中任意节点间的连通路径都有很大可能通过该节点。鉴于此，节点连通重要度的定义一方面考虑了节点与其周围节点的连通程度，另一方面考虑了节点在整个路网中所处的位置。基于节点连通重要度的连通性测度综合考虑了节点的连通性和路段的连通性对路网连通性的影响，较已有的连通性测度更能真实地反映路网的连通性。

2) 基于静态属性网络模型的连通性测度

路段贡献(Contribution of Road Segment)：对 $\forall e_{ij} \in E$，有 $\text{RC}_{e_{ij}} = \phi_{e_{ij}}/\phi$ 为路段 e_{ij} 的贡献，其中 $\phi_{e_{ij}}$ 为路段 e_{ij} 失效后路网的平均路径长度，ϕ 为路段 e_{ij} 失效前路网的平均路径长度。

基于路段贡献的路网连通性测度(Connectivity Measure of Physical Networks Based on Contribution of Road Segment)：

$$\text{PNN-RC} = -\sum_{i,j=1}^{n} \frac{\text{RC}_{e_{ij}}}{\sum_{i,j=1}^{n} \text{RC}_{e_{ij}}} \ln \frac{\text{RC}_{e_{ij}}}{\sum_{i,j=1}^{n} \text{RC}_{e_{ij}}} \tag{3-125}$$

式中，$\text{RC}_{e_{ij}}$ 路段 e_{ij} 对路网的贡献；n 为路网节点总数。

节点贡献(Contribution of Node)：对 $\forall v_i \in V$，有 $\text{NC}_{v_i} = \phi_{v_i}/\phi$ 为节点 v_i 的贡献，其中 ϕ_{v_i} 为节点 v_i 失效后路网的平均路径长度，ϕ 为节点 v_i 失效前路网的平均路径长度。

基于节点贡献的路网连通性测度(Connectivity Measure of Physical Networks Based on Contribution of Node)：

$$\text{PNC-NC} = -\sum_{i=1}^{n} \frac{\text{NC}_{v_i}}{\sum_{i=1}^{n} \text{NC}_{v_i}} \ln \frac{\text{NC}_{v_i}}{\sum_{i=1}^{n} \text{NC}_{v_i}} \tag{3-126}$$

式中，NC_{v_i} 为节点 v_i 对路网的贡献；n 为路网节点总数。

定义中路段和节点的失效有两种情况：①拓扑分析中的"删除操作"；②服务水平过低。值得注意的是，如果路段或节点为路网的割边或割点，那么其失效后，路网将变得不连通，路网平均路径长度趋近于无穷大，这里暂不考虑这类节点对路网的贡献。

与一般网络不同，高速公路网有其特定的功能属性，相应地，路网的连通性在功能属性的定义下也与拓扑结构层面的连通性有所差异。在功能属性定义下，任意节点间的连通不仅是指有连通路径存在，路径的长度也对路径的连通性构成影响，当节点间路径长度超出了出行者的预期时，拓扑结构层连通的路径也被默认是不连通的。路段（节点）贡献定义反映了路段（节点）对路网连通性的影响程度，基于路段（节点）贡献的路网连通性测度刻画了路网中所有路段（节点）贡献分布的均匀程度，路段（节点）贡献分布越均匀，路网连通性越好。

3）路网连通性测度相关性分析

考虑影响测度值 PNC-CD、PNC-NI、PNC-RC 和 PCN-NC 发生变化的自变量之间的相关性，从表达形式上看，自变量 CD_{ij}、NI_i、RC_{ij} 和 NC_i 之间不存在明显的相关性，因此，测度之间的关系不能够精确地表达，分析这类测度的相关性，需要依靠大量数据的统计分析结果来最终确定。

3.3.2.3 路网抗毁性分析方法

1）基于路网构件重要度的抗毁性测度

(1) 节点重要度指标。

节点度（Degree）：由于高速公路网是一个有向网络，因此，节点 v_i 的度被分为入度 $k_{v_i}^+$ 和出度 $k_{v_i}^-$ 两种。入度是指终点为节点 v_i 的路段的数量；出度是指起点为节点 v_i 的路段的数量。

$$k_{v_i}^+ = \sum_{v_j \in V} \theta^{v_i v_j} \tag{3-127}$$

$$k_{v_i}^- = \sum_{v_j \in V} \theta^{v_j v_i} \tag{3-128}$$

其中，$\theta^{v_i v_j} = \begin{cases} 1, (v_i, v_j) \in E \\ 0, \text{其他} \end{cases}$，$\theta^{v_j v_i} = \begin{cases} 1, (v_j, v_i) \in E \\ 0, \text{其他} \end{cases}$。

一般来说，节点度越大，与该节点联系的节点越多，在路网中的重要性就越大。节点度是一个局部性指标，反映了路网拓扑结构的局部特性。

节点紧密中心度（Closeness centralty）：路网的中心节点，即路网拓扑结构的核心，在路网结构中起着至关重要的作用。但是需要说明的是，中心节点并不一定具有较大的度，为此，考虑采用紧密中心度来衡量路网节点的重要度。

$$u_{v_i} = \frac{n-1}{\sum_{j=1}^{N} r_{ij}^+} \tag{3-129}$$

式中，n 为路网节点总数；$n-1$ 为最大可能的邻接点数；r_{ij}^+ 为节点 v_i 到节点 v_j 的最短路径长度。

节点拓扑载荷强度(Load Intensity of Node Oriented Topology Structure)：节点 v_i 的拓扑载荷强度是指路网中所有经过 v_i 的最短路径的数量。经过节点 v_i 的最短路径的数量能够反映节点在路网中的拓扑载荷情况。节点 v_i 的拓扑载荷强度定义为：

$$\vartheta_{v_u} = \sum_{\substack{i,j=1 \\ i \neq j}}^{n} t_{ij}^*(v_u) \tag{3-130}$$

式中，$t_{ij}^*(v_u)$ 为经过节点 v_u 的从节点 v_i 到 v_j 的最短路径的数目。

节点介数(Node Betweenness)：介数指标在某种意义上可以看作是相对拓扑载荷强度。定义 w_{v_u} 为节点 v_i 和 v_j 之间的最短路径中包含节点 v_u 的最短路径所占的比例。

$$w_{v_u} = \frac{\sum_{\substack{i,j=1 \\ i \neq j}}^{n} t_{ij}^*(v_u)}{t_{ij}^*} \tag{3-131}$$

式中，t_{ij}^* 表示节点 v_i 到节点 v_j 之间的最短路径数目；$t_{ij}^*(v_u)$ 表示经过节点 v_u 的从节点 v_i 到节点 v_j 的最短路径数目。

节点介数越大，表明该节点越重要。介数指标隐含地设定了所有的出行都是选择最短路径进行的。介数指标与拓扑载荷强度指标的不同之处在于：介数指标计算最短路径的相对数量，而拓扑载荷强度指标计算最短路径的绝对数量。

(2)路段重要度指标。

路段拓扑载荷强度(Load Intensity of Road Segment Oriented Topology Structure)：

$$\vartheta_{e_{uv}} = \sum_{\substack{i,j=1 \\ i \neq j}}^{n} t_{ij}^*(e_{uv}) \tag{3-132}$$

式中，$t_{ij}^*(e_{uv})$ 为经过路段 e_{uv} 的从节点 v_i 到 v_j 的最短路径的数目。

路段介数(Road segment betweenness)定义为：

$$w_{e_{uv}} = \frac{\sum_{\substack{i,j=1 \\ i \neq j}}^{n} t_{ij}^*(e_{uv})}{t_{ij}^*} \tag{3-133}$$

式中，t_{ij}^* 表示节点 v_i 到节点 v_j 之间的最短路径数目；$t_{ij}^*(e_{uv})$ 表示经过路段 e_{uv} 的从节点 v_i 到节点 v_j 的最短路径数目。

路段通行条件指数(Prevailing Conditions Index of Road Segment)：路段线形条件、线形组合情况以及路段性能等都是路段的重要功能属性，都会在一定程度上影响路网的实际运营情况。根据前文中的定义，可以得知，路段线形指数、线形组合指数和路段性能指数越大，道路运营条件越差，出现安全隐患的概率越大。为此，定义路段通行条件指数来测度路段的重要性。

$$\rho_{e_{ij}} = \frac{\sigma_1 \eta_{e_{ij}} + \sigma_2 \mathrm{LI}_{e_{ij}} + \sigma_3 \mathrm{PI}_{e_{ij}}}{3} \tag{3-134}$$

式中,$\rho_{e_{ij}}$为路段e_{ij}的通行条件指数;$\eta_{e_{ij}}$为路段线形指数;$\mathrm{LI}_{e_{ij}}$为路段线形组合指数;$\mathrm{PI}_{e_{ij}}$为路段性能指数;$\sigma_1,\sigma_2,\sigma_3$为权重指数,$\sigma_1+\sigma_2+\sigma_3=1$,可通过统计调查方法给出(如Delphi法)。

(3)基于方差的路网构件重要度分析。

基础路网中节点和路段的重要度分布特征,从一个侧面反映了基础路网的抗毁性。如果基础路网中各节点(路段)的重要度都相同,那么路网是均质网络,任一节点(路段)的失效对网络的损失都相同,网络中不存在关键节点(路段),此时,网络的抗毁性最强。反之,如果路网节点(路段)的重要度差异很大,网络中存在关键节点(路段),那么,这些关键节点(路段)的失效会给网络造成致命的打击,此时,网络的抗毁性较差。基于此,通过建立一些能够反映路网节点(路段)重要性分布特征的指标来评价网络的抗毁性。

为了刻画节点(路段)重要度度量值的分散程度,以及度量值在其均值范围内变化的情况,采用方差来描述度量值的波动情况。波动较小的网络中节点(路段)的重要度差别较小,结构比较稳定,关键节点(路段)较少。

节点抗毁度方差:

$$\text{PNS-H}(\zeta_k) = \frac{1}{n}\sum_{i=1}^{n}(\zeta_k^i - \hat{\zeta}_k)^2 \tag{3-135}$$

式中,ζ_k为第k个节点重要度指标;ζ_k^i为节点v_i的第k个重要度指标;$\hat{\zeta}_k$为第k个节点重要度均值;n为节点数量。

将ζ_k用前文定义的节点重要度指标代替,就可得到基于该重要度指标的抗毁性测度。

路段抗毁度方差:

$$\text{PNS-H}'(\zeta'_q) = \frac{1}{m}\sum_{i,j=1}^{n}(\zeta_q^{ij'} - \hat{\zeta}'_q)^2 \tag{3-136}$$

式中,ζ'_q为第q个路段重要度指标;$\zeta_q^{ij'}$为路段e_{ij}的第q个重要度指标;$\hat{\zeta}'_q$为第q个路段重要度指标的均值;m为路网中路段数量。

将ζ'_q用前文定义的路段重要度指标代替,就可得到基于该重要度指标的抗毁性测度。

2)基于路网连通差异性的抗毁性测度

节点间的最短路径往往是出行的首要选择,出行者往往只有在最短路径不可用的情况下才会选择次短路或其他更长的路径。在路网可能遭受破坏的条件下,节点间的最短路径数目越多,则在部分最短路径遭到破坏后仍能选择其他最短路径出行的可能性就越大。因此,节点间最短路径数量对于路网的抗毁性具有重要意义。全连通网络无疑是抗毁能力最强的一种网络,其他网络的抗毁能力将由该网络拓扑结构和相应的全连通网络的差异决定。

对于一个节点数为n的网络G,设其任意节点v_i和v_j间最短路径共有t_{ij}^*条,其中最短路径长度为q_{ij}^*,对于相应的全连通网络$\overline{G}$,设其节点v_i和v_j间长度不大于q_{ij}^*的路径共有$\overline{t}_{ij}^*$条,则如果网络G中节点v_i和v_j间有边直接相连时,有$t_{ij}^*/\overline{t}_{ij}^*=1$,否则$t_{ij}^*/\overline{t}_{ij}^*<1$。$t_{ij}^*/\overline{t}_{ij}^*$的值表征了间接相连的节点对于直接相连的节点对之间的差异,从而体现了非全连通网络与全连通网络之间的差异。图中只要存在一对节点的$t_{ij}^*/\overline{t}_{ij}^*<1$,则为非全连通网络。

节点间连通差异性(Difference in Connectivity between Nodes):设有节点v_i和v_j间连通差异性的表征值:

$$\text{DCN}_{ij} = \frac{t_{ij}^*}{\bar{t}_{ij}^*} \tag{3-137}$$

式中,DCN_{ij} 为节点 v_i 和 v_j 间连通差异性;t_{ij}^* /为网络 G 中节点 v_i 和 v_j 间最短路径的数量(设最短路径的长度为 q_{ij}^*);$\bar{t}_{ij}^*$ 为全连通网络 $\bar{G}$ 中节点 v_i 和 v_j 间路径长度 $q(l_{ij}^o) \leq q_{ij}^*$ 的路径数量。

基于节点间连通分支连通差异性的路网抗毁性测度(Survivability Measure of Physical Networks Based on Difference in Connectivity between Nodes):路网中所有连通分支连通差异性的均值,有 $\text{PNS-DCN} = \dfrac{2\sum_{i,j=1}^{n}\text{DCN}_{ij}}{n(n-1)}$,其中,PNS-DCN 为路网连通差异性,$\text{DCN}_{ij}$ 为节点 v_i 和 v_j 间的连通差异性,n 为路网中节点数量。

3)基础路网抗毁性测度相关性分析

从表达形式上看,测度 $\text{PNS-H}(k_{v_i})$、$\text{PNS-H}(u_{v_i})$ 和 $\text{PNS-H}(\rho_{e_{ij}})$ 三类测度与其他测度之间不存在明显的相关性,测度之间的关系不能够精确地表达,分析这类测度的相关性,需要依靠大量数据的统计分析结果来最终确定。

针对测度 $\text{PNS-H}(\vartheta_{v_{ij}})$、$\text{PNS-H}(w_{v_i})$、$\text{PNS-H}(\vartheta_{e_{uv}})$、$\text{PNS-H}(w_{e_{uv}})$ 和 PNS-CDN,首先考虑影响测度值发生变化的自变量之间的相互作用关系。

记测度 $\text{PNS-H}(\vartheta_{v_{ij}})$ 的自变量 $\vartheta_{v_{ij}}$ 为 $y_1 = x_1$,其中 x_1 取值范围为 $\vartheta_{v_{ij}}$ 的取值范围,$u = 1,2,\cdots,n$;$\text{PNS-H}(w_{v_i})$ 的自变量 v_{v_i} 记为 $y_2 = \dfrac{x_1}{x_2}$,其中 x_1 取值范围为 $\vartheta_{v_{ij}}$ 的取值范围,x_2 取值范围为 t_{ij}^* 的取值范围,$i,j = 1,2,\cdots,n$;$\text{PNS-H}(\vartheta_{v_{ij}})$ 的自变量 $\vartheta_{v_{ij}}$ 记为 $y_3 = x_3$,其中 x_3 取值范围为 $\vartheta_{e_{uv}}$ 的取值范围,$u,v = 1,2,\cdots,n$;$\text{PNS-H}(w_{e_{ij}})$ 的自变量 $w_{e_{ij}}$ 记为 $y_4 = \dfrac{x_3}{x_2}$,其中 x_3 取值范围为 $\vartheta_{e_{uv}}$ 的取值范围,x_2 取值范围为 t_{ij}^* 的取值范围,$i,j,u,v = 1,2,\cdots,n$;PNS-CDN 的自变量 CDN_{ij} 记为 $y_5 = \dfrac{x_2}{x_4}$,其中 x_2 取值范围为 t_{ij}^* 的取值范围,x_4 取值范围为 $\bar{t}_{ij}^*$ 的取值范围。

由于自变量本身都有其特定的物理含义,因此,变量 x_1,x_2,x_3,x_4 的取值均是大于 0 的,且在定义域范围内均是有意义的。由于自变量均满足函数的基本定义,因此,自变量 y_1,y_2,y_3,y_4 均可以进行函数相关性质的分析。为此,根据函数相关引理,有 $\text{rank}\left(\dfrac{D(y_1,y_2,y_3,y_4)}{D(x_1,x_2,x_3,x_4)}\right) < 4$,根据定理,有对于任意 $X_0 \in S$,存在 X_0 的邻域 T,使得在 T 上 y_1,y_2,y_3,y_4,y_5 中有 4 个是函数无关的,其余都与这 4 个函数相关,因此 y_1,y_2,y_3,y_4,y_5 函数相关。

根据定理可知,4 个函数无关的组合共有:y_1,y_2,y_3,y_5、y_1,y_2,y_4,y_5、y_2,y_3,y_4,y_5 和 y_1,y_3,y_4,y_5 4 个,在实际的应用中根据实际情况选择其一即可。

3.3.2.4 实例分析

1)实验路网的基本情况

本书依托课题组对包括京藏高速公路北京段、京港澳高速公路北京段、大广高速公路北京段、首都机场高速公路、京承高速公路北京段、通燕高速公路、首都机场北线高速公路、京平高速公路、首都机场第二高速公路、京哈高速公路北京段、京津高速公路北京段、京沪高速公路北京段和北京市六环路在内的 13 条高速公路的部分出入口和互通区域进行了调研,调研区域形成了具有一定特征的高速公路网。具体调研地点如图 3-50、表 3-16 所示。

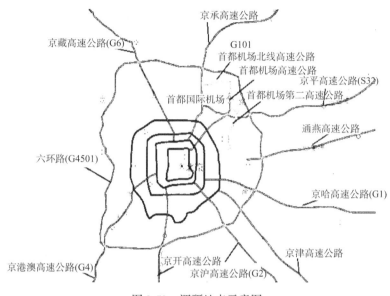

图 3-50　调研地点示意图

调研地点列表　　　　　　　　　　　　　　　　　　　表 3-16

序号	路线名称及编号	采集点位置
1	京藏高速公路北京段(G6)	清河主线收费站
		西三旗收费站
		回龙观收费站
		百葛桥进出 G6 高速公路的出入口
		居庸关收费站
		水关收费站
		营城子收费站
2	京港澳高速公路北京段(G4)	杜家坎主线收费站
		京良收费站
		阎村收费站
		琉璃河收费站
3	大广高速公路北京段	西红门收费站
		高米店收费站
		工业区收费站
		天宫院收费站
		大礼路收费站

续上表

序号	路线名称及编号	采集点位置
4	首都机场高速公路	天竺收费站
		北皋收费站
		杨林收费站
		二三匝收费站
5	京承高速公路北京段	京承路主线收费站
		黄港收费站
		沙峪收费站
6	通燕高速公路	丁各庄收费站
		白庙主线收费站
7	首都机场北线高速公路	天北路收费站
		火寺路收费站
8	京平高速公路（S32）	吴各庄收费站
		北务收费站
		薛家庄收费站
		东高村收费站
		南太务收费站
9	首都机场第二高速公路	东苇路出口
		温榆河大道出口
		机场南线出口
10	京哈高速公路北京段（G1）	白鹿主线收费站
		张家湾收费站
		朗府收费站
		香河主线主线收费站
11	京津高速公路北京段	台湖主线收费站
		于家务收费站
		德仁务收费站
		永乐店收费站
12	京沪高速公路北京段	大羊坊收费站
		马驹桥收费站
		采育收费站
		泗村店收费站
		廊坊收费站
13	北京市六环路（G4501）	百善收费站
		六元桥收费站
		常屯收费站
		马驹桥东收费站
		京石六环立交桥收费站

高速公路的交通流量往往在节假日期间的变化较为明显,特别是在旅游黄金周或者春运期间,交通流量往往在短时间内达到高峰。鉴于此,信息采集采用长期间歇式调查,其周期为1年(2012年1—12月),每月4天,尽量使全年各调查日均匀分布在一周的特定工作日和非工作日,同时涵盖各种天气情况,从而确保数据具有可比性;每次的调查观测时间为6:00—22:00,时间间隔为1h。调查日期如表3-17所示。

研究采用交通调查——人工计数法、录像法和现场调研法收集和采集系统仿真和验证所需要的数据,并进行统计分析,找出信息和数据的时间和空间分布规律,从而确保仿真的准确性。

调查日期(2012年×月)   表3-17

月份	日期	天气状况
1	3	阴有小到中雪
	8	小雪
	16	晴
	30	晴
2	4	晴
	13	晴转多云
	19	晴
	25	多云转雾
3	6	晴转多云
	13	晴转阴
	21	晴转多云
	29	阴转小雨
4	3	晴转多云
	4	晴转多云
	16	多云
	30	晴
5	1	晴转多云
	3	多云转阴
	4	阵雨转中雨
	17	小雨转阵雨
6	1	晴转阵雨
	13	雷阵雨转中雨
	16	雷阵雨
	27	雷阵雨
7	4	多云转晴
	6	晴
	17	阵雨转雷阵雨
	25	晴

续上表

月份	日期	天气状况
8	1	晴转多云
	5	多云转晴
	10	晴
	24	多云
9	4	雷阵雨转阵雨
	7	小雨转阴
	19	多云
	23	晴
10	1	阵雨转中雨
	7	晴转雾
	17	多云转阴
	26	多云转晴
11	2	晴
	14	阴转晴
	18	多云
	28	晴转阴
12	4	晴转多云
	12	阴转小雪
	18	晴转多云
	27	多云转晴

(1) 人工计数法。

组织调查人员，在指定高速公路的路段、收费站、出入口和交织区使用计时器、计数器、笔、纸等工具进行交通量、交通安全设施和交通环境的观测和记录。通过长期间歇性观测调查，搜集相关资料，为系统仿真提供必要的数据支持。该方法灵活性强，便于掌握，精度较高，适用于任何地点、任何情况的交通流量调查。交通量调查表见表3-18，车速调查表见表3-19。

(2) 录像法。

在指定的路段、收费站、出入口和交织区安装摄像机，按照一定时间间隔连续摄像，按不同单位时间和地点统计不同类型的交通量或者组合交通量，并分析交通量的时间序列分布、空间序列分布和车辆组成情况。该方法能够获取一组连续的时间序列的画面，只要摄影的时间间隔选择合理，就可以得到最完整的交通资料，如图3-51～图3-56所示。

(3) 现场调研法。

主要通过高速公路区域自行驾驶调研、实际走访公安交警部门及交通运输部门获得主要的信息。

交通量调查表 表 3-18

交通量调查表				
日期:_____ 时间:_____ 路线名称:_____ 车道数量:_____ 出入口名称:_____ 出入口类型:_____ 天气状况:_____ 行驶方向:_____				
时间段(hh:mm)	小客车	大型客车	货车	合计
合计				

车速调查表 表 3-19

车速调查表								
日期:_____ 时间:_____ 路线名称:_____ 行驶方向:_____ 观测点里程:_____ 道路线形:_____ 天气状况:_____								
车型车号时间段 (hh:mm:ss)	小客车	大型客车	货车	进入时间 (hh:mm:ss)	离开时间 (hh:mm:ss)	通过时间 (h)	距离 (km)	车速 (km/h)

图 3-51 京哈高速公路白鹿收费站出入口

图 3-52　京港澳高速公路杜家坎主站收费站出入口

图 3-53　京藏高速公路百葛桥收费站出入口

图 3-54　河北省高速公路管理局座谈会现场

图 3-55　辽宁省高速公路管理局座谈会现场

第3章 道路交通网络结构分析

图 3-56 天津市高速公路管理局座谈会现场

① 自行驾驶调研。

通过自行驾驶了解待评估高速公路网交通的整体情况,包括交通线形、交通量、车道数量、天气状况等信息。

② 走访相关部门。

在先后对京哈高速公路北京段、京藏高速公路北京段、京港澳高速公路北京段以及北京市六环路等管理部门进行走访调研,通过座谈方式获取高速公路线形、安全事故等数据。

2) 实例路网结构风险分析

依托前文中对高速公路网的定义以及相关假设,按照一定的编号规则对实际路网进行了一定程度的抽象,对路网的组成构件进行了编号和梳理,最终形成了包含 1320 个节点和 1397 个路段的高速公路网 (G)。

路网编号以京藏高速公路 (G6) 为基准点,按照顺时针方向依次对每一条高速公路进行编号,主线路段和高速互通匝道优先编号,一般匝道最后统一编号,针对每一条高速公路先对出京方向进行编号,再对进京方向编号,如表 3-20 所示。

高速公路网编号列表　　　　　　　　　　　表 3-20

序号	高速公路名称	编号范围
1	京藏高速公路 (G6)	1~86
2	京承高速公路	87~181
3	首都机场北线高速公路	182~202
4	京平高速公路 (S32)	203~257
5	首都机场高速公路	258~304
6	首都机场第二高速公路	305~329
7	通燕高速公路	330~353
8	京哈高速公路 (G1)	354~402
9	京津高速公路	403~423
10	京沪高速公路 (G2)	424~448
11	京开高速公路	449~495
12	京港澳高速公路 (G4)	496~569
13	北京市六环路 (G4501)	570~746
14	一般匝道	747~1320

从前文的定义可知,高速公路网(G)为典型的有向加权网络,因此,在分析路网节点的度和度分布时,需要从节点的入度和出度两个方面进行分析。路网中节点入度为$k+$,节点出度为$k-$。路网中节点度的分布情况可用分布函数$P(k)$来描述,$P(k)$的含义为一个随机选定的节点的度恰好为k的概率。从图3-57可以看出,路网中节点入度和出度为1的节点最多,这是由实证路网的特殊结构决定的,路网中各个高速公路独立性较强,且任意两个相邻节点间的路段是唯一的,除了在高速公路互通处有交点之外,基本上没有交互。从节点度分布情况来看,路网中度值为1和3的节点较多,这是由于实证路网中存在一类较为特殊的路段,即一般匝道,除了道路的起终点和高速公路互通处的节点外,其他节点都会与一条一般匝道相连,因此,度为1的节点实际上就是一般匝道的起终点以及道路的起终点,而度为3的节点实际上就是除了道路起终点、高速公路互通处节点以及一般匝道起终点的节点,将一般匝道考虑到实证路网研究中的目的在于更好地模拟高速公路周边道路流量对高速公路网的影响。

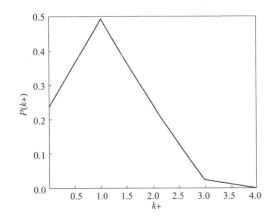 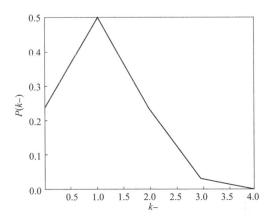

图3-57　节点出入度分布

集聚系数是用来描述路网节点之间集结成团程度的系数,表明一个节点的邻接节点之间相互连接的程度。一般地,假设网络中的一个节点v_i有k_i条边与其他节点相连,这k_i个节点就称为节点v_i的邻居。这k_i个节点之间最多可能有$k_i(k_i-1)/2$条边,实际存在的边数记为E_i,则节点v_i的集聚系数即为:

$$C_i = \frac{2E_i}{k_i(k_i-1)} \tag{3-138}$$

整个路网的集聚系数C定义为路网中所有节点集聚系数的均值。从计算结果来看,高速公路网(G)中所有节点的集聚系数均为0,这说明实证路网结构近似于树状,任意节点的邻接节点间都不存在联系。对于具有相同规模的规则网络(完全图),网络的集聚系数为1;对于具有相同规模的随机网络(ER图),网络的集聚系数为0.15;对于具有相同规模的小世界网络(WS模型),网络的集聚系数为0.41。

将路网中任意两个节点间的距离定义为连接这两个节点的最短路径的长度,路网中任意两个节点之间的距离的最大值就称为路网的直径,路网中任意两个节点间的距离的平均值就称为路网的平均路径长度,也称为路网的特征路径长度。

在抽象拓扑网络条件下,计算得到路网 G 的直径为 184,路网的特征路径长度为 12.21;在物理拓扑条件下,计算得到路网 G 的直径为 386.46km,路网的特征路径长度为 25.17km。对于同样包含 1320 个节点的规则网络(完全图),网络的直径为 1,网络的特征路径长度为 1;对于相同规模的随机网络(ER 图),网络的直径为 2,网络的特征路径长度为 1.85;对于相同规模的小世界网络(WS 模型),网络的直径为 7,网络的特征路径长度为 4.42。

综上分析可以看出,对于纯粹的规则网络,当其中连接数量接近饱和时(完全图),集聚系数很大,平均路径长度较短;而对于纯粹的随机网络(ER 随机网络模型),平均路径长度较短的同时集聚系数也很小;而小世界网络(WS 模型)具有很小的平均路径长度,但同时也有很大的集聚系数,介于规则网络和随机网络之间。与同规模的其他类型网络相比,实证路网 G 的平均路径长度较长,说明路网中任意两个节点间的最短路径是相对较长的,这实际上是由高速公路构建的成本决定的。同时,实证路网的集聚系数也很小,路网结构近似于树状分布,属于一种特殊的网络结构类型,不能直接利用经典网络的分析方法来分析高速公路网的相关特性。

(1)路网非均匀性测度计算。

根据节点结构同质的定义,将路网中结构同质的节点划分为一个节点类,共划分为 8 个节点类,见表 3-21。

节点分类表 表 3-21

序号	节点入度	节点出度	类型
1	0	1	F_{01}
2	2	1	F_{21}
3	1	2	F_{12}
4	1	3	F_{13}
5	3	1	F_{31}
6	1	0	F_{10}
7	4	1	F_{41}
8	1	4	F_{14}

在对各类节点类型所对应的节点数的统计分析中发现,F_{01} 类、F_{21} 类、F_{12} 类和 F_{10} 类所包含节点数相近,分别为 312、325、305 和 308,约占节点总数的 94.7%,其余四类节点仅占 5.3%,这四类节点实际是高速公路互通处的节点,由于实证路网中高速公路互通仅有 13 处,因此这类节点的数量相对较少。基于节点结构同质的非均匀性测度为 1.5678,与结构同质节点最多时的非均匀性测度绝对差值为 1.5678,与结构同质节点最少时测度值的绝对差值为 5.6176。因此,实证路网 G 的基于节点结构同质的非均匀性测度更接近于结构同质节点最多时的非均匀性测度。路网中结构同质节点数越多,说明路网中局部重要度相同的节点的数量越多,路网在面对蓄意失效下的抗毁能力也越强。

从拓扑路网和功能路网的节点介数分布情况来看,节点编号在 [600,700] 之间的节点介数与其余节点差异较大,这是由于该范围内的节点均为六环路上的节点,六环路是唯一一条连接其余高速公路的环形路,任意两条高速公路上节点间的最短路径都要经过六环路,因此,六环路上的节点介数较大。这部分节点可能是路网中较为关键的一部分节点,会对路网整体性能产生一定程度的影响。

用节点介数指标来测度实证路网时可以发现,是否考虑路网功能属性对最终的测度结果影响不大。从图3-58中可以看出,拓扑路网和功能路网节点介数分布具有相似的特征,只在平均值处有微小的差别。从介数指标的定义来看,介数是一个比值,在一定程度上消除了量纲的影响,体现不出差异性,因此也反映出实证路网可能存在一定的结构缺陷。

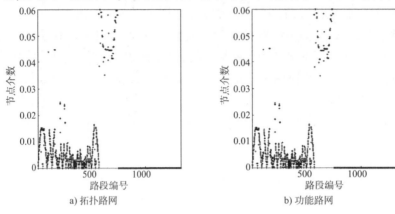

图 3-58　节点介数分布图

从拓扑路网和功能路网路段介数的分布情况来看,路段编号在[800,1100]间的路段与路网中其余路段相比介数更大,这是因为该范围内的路段均为六环路上的路段,任意两条高速公路上节点间的最短路径都要经过六环路,因此,六环路上路段的介数较大。该范围路段可能是路网中影响力较大的一部分路段,会对路网整体性能产生一定程度的影响。

用路段介数指标来测度实证路网时可以发现,是否考虑路网功能属性对最终的测度结果影响不大。从图3-59中可以看出,拓扑路网和功能路网路段介数分布具有相似的特征,只在平均值处有微小的差别,这是因为从介数指标的定义来看,介数是一个比值,在一定程度上消除了量纲的影响,体现不出差异性,也反映出实证路网可能存在一定的结构缺陷。

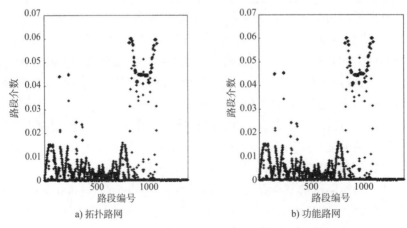

图 3-59　路段介数分布图

从路网节点负载强度分布情况来看(图3-60),除了特殊节点(即入度或出度为零的节点)以外,路网中约49%的节点负载强度值分布在[1,2.5]之间,约51%的节点负载强度小于1,即路网中超过半数的节点负载过重,成为路网中的瓶颈节点,说明路网通行能力设计不合理。

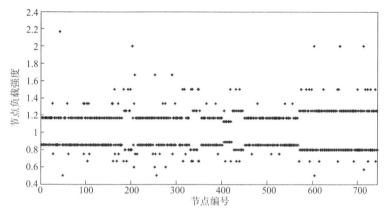

图3-60 节点负载强度分布图

基于节点负载强度的路网非均匀性测度为6.5254,与节点负载强度分布均匀时的测度值的绝对差值为0.6600,说明路网节点负载强度分布较为均匀。

路段里程效率反映了路段单位里程上的通行能力,路段里程效率越高,路段交通能力越强,在路段里程规模一定的条件下,路段里程效率越高,路段通行能力越大。从路段里程效率的分布情况来看(图3-61),约93%的路段里程效率分布在[0,20000]pcu/(h·km)区间内,约7%的路段里程效率分布在(20000,100000]pcu/(h·km)区间内,说明路网中只有少数节点里程利用率较高,路网整体的设计输运效率还有很大的提升空间。其中路段59(百葛桥出口→百葛桥入口1)里程效率最高,因为这一路段是一条高速公路互通处的路段,相对于具有相当里程规模的其他路段,该路段通行能力较大。

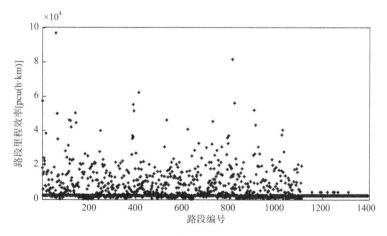

图3-61 路段里程效率分布图

基于路段里程效率的路网非均匀性测度为6.6339,与路段里程效率分布均匀时的测度值的绝对差值为0.6082,说明路段里程效率分布较为均匀。

路段能力效率反映了路段单位通行能力所占用的里程长度,路段能力效率越高,路段空间利用率越高,在路段通行能力一定的条件下,路段能力效率越高,路段里程越长。

如图 3-62 所示,从路段能力效率的分布情况来看,约 80% 的路段能力效率分布在 $[0,0.0004]$km/(pcu·h)之间,剩余不到 20% 的路段能力效率分布在$(0.0004,0.0035]$km/(pcu·h)之间,说明路网整体空间利用率较高。其中路段 191 和 199(火寺路出口→火寺路入口)能力效率最低,相对于具有相当通行能力的路段,这两个路段里程更长。

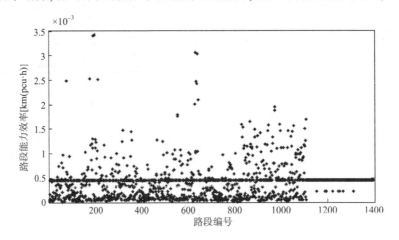

图 3-62 路段能力效率分布图

基于路段能力效率的路网非均匀性测度为 6.9415,与路段能力效率分布均匀时的测度值的绝对差值为 0.3006,相比于路段里程效率的分布情况,路段能力效率分布更为均匀。

从路段沿线监控设施密度的分布情况来看(图 3-63),约 58% 的路段沿线监控设施密度分布在$[0.8,1]$范围内,其余分布在$[0,0.4]$范围内,说明路网中监控设施布设的整体水平还有待提高。

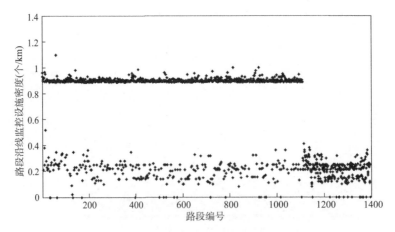

图 3-63 路段沿线监控设施密度分布图

计算得到的基于路段状态可观测性的非均匀性测度为 7.0437,与沿线监控设施密度均匀分布时的测度值的绝对差值为 0.1984,说明路段沿线监控设施分布较为均匀。

节点标准里程反映了节点连接的路网规模的大小,节点标准里程越大,说明节点的局部重要度越大。如图3-64所示,由于节点746~1320均为路网一般匝道上的起点和终点,而一般匝道里程取值均相同,因此,节点标准里程是相同的。对于高速公路基本路段上的节点,约有65%的节点标准里程分布在[0,3000]km范围内,其余约35%节点分布在[3000,12000]km之间,说明路网中约35%的节点是防控重点,由于这些节点连接着较大的路网规模,因此,一旦这些节点失效,将会有大范围的路网受到影响。

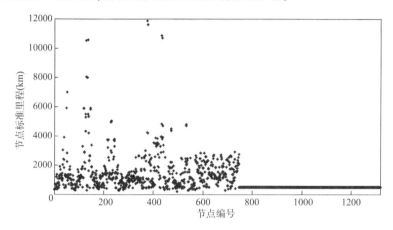

图3-64 节点标准里程分布图

计算得到的基于节点标准里程的路网非均匀性测度为6.8460,与节点标准里程分布均匀时测度值的绝对差值为0.3394,说明节点标准里程分布较为均匀。

(2)路网连通性测度计算。

连通度反映了节点间存在连通路径的程度,连通度越大,节点间连通路径的数量越多,连通性越强(图3-65)。

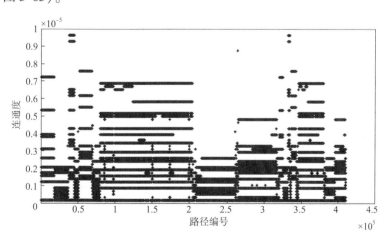

图3-65 路径连通度分布图

整个路网中连通度最大的路径共有56条连通路径数,例如,京承高速公路入口→京平高速公路入口,黄港收费站出口→京承高速公路出口等路径。这些路径连通度大的原因在于这些路径大多横跨两条高速公路或为六环路上的路径。从路网整体的连通程度来看,任意节点间的连通路径是相对较少的,在经济条件和发展需求允许的情况下,可以考虑增加节点间的连通路径,以最大限度地减小节点或路段失效所带来的影响。

经过计算得到路网中任意节点间连通路径总数为 5823598 条,基于连通度的路网连通性测度值为 12.6912,与连通度均匀分布时连通性测度值的绝对差为 2.8862。

从路网中节点连通重要度的分布情况来看(图 3-66),拓扑路网和功能路网中均有约 48%的节点连通重要度集中在 1.5 附近,约 47%的节点连通重要度集中在 0.5 附近,只有约 5%的节点连通重要度较大,说明这些节点应作为防控的重点,这是因为这些节点一方面是路网拓扑结构的中心,另一方面其影响的路网规模也较大,一旦这些节点失效,路网整体都将受到影响。连通重要度最大的节点分别是:北七家桥入口、北六环路入口、首都机场北线高速公路出口和顺沙路出口。这些节点连通重要度大的原因在于它们或在高速公路互通上,或在互通邻接路段上,一方面邻接的路段较多,另一方面处于离其他点的平均距离也较短。

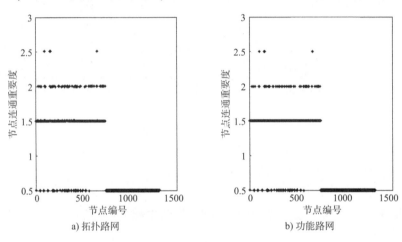

图 3-66 节点连通重要度分布图

用节点连通重要度指标来测度实证路网时可以发现,是否考虑路网功能属性对最终的测度结果影响不大。从图 3-67 中可以看出,拓扑路网和功能路网节点连通重要度分布具有相似的特征,统计数据差异很小,这是因为实证路网结构的特殊性导致功能路网的节点紧密

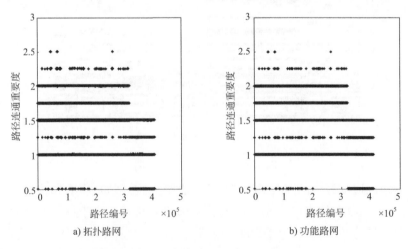

图 3-67 路径连通重要度分布图

中心度取值非常小,在计算节点连通重要度时基本体现不出差异性,这也从另一层面反映出实证路网可能存在一定的结构缺陷。

在对路网结构特征分析时可以发现,路网中任意节点间独立路径的个数均为1,这说明尽管路网中任意节点间存在多条连通路径,但这些路径均包含重叠的路段,这种情况下,一旦这些重叠路段失效,节点间的连通程度与节点间只有一条连通路径时的连通程度是一致的。

计算得到的拓扑路网基于连通重要度的路网连通性测度为0.3049,功能路网的基于连通重要度的路网连通性测度为0.3040。

路段失效前拓扑路网的平均路径长度为12.21,功能路网的平均路径长度为25.16km,约73%的路段失效后会破坏路网的连通性,此时路网被切分为多个连通子图,整个路网的平均路径长度趋于无穷,这说明实证路网存在结构缺陷。对于路段失效后路网平均路径长度大于失效前路段长度的情况,说明这些路段可能是构成路网某些最短路径的路段,当这类路段失效后,会使两点间最短路径变长,因此会影响到整个路网的平均路径长度。对于路段失效后路网平均路径长度小于失效前的路段,可能是由于路段失效后导致路网中某些节点间不存在连通路径,因此,路网的平均路径长度会变小。

(3)路网抗毁性测度计算。

节点度反映了节点在路网中的局部重要度,节点度差异越大,路网中存在关键节点的可能性越大,路网在面对蓄意失效时的抗毁性能力越差。从路网中节点度的分布情况来看(图3-68),节点度的均值为2,但是节点度为1和3的节点较多,也存在节点度为4和5的节点,节点度的偏差程度是较大的,计算得到基于节点度的路网抗毁性测度为1.1606。

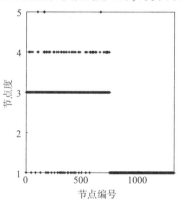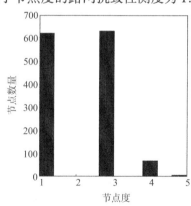

图3-68 节点度分布图

节点紧密中心度反映了节点在路网中所处的位置,节点中心度越大,节点的拓扑中心程度越大,节点在路网中的全局重要度越大。

用节点紧密中心度指标来测度实证路网时可以发现,是否考虑路网功能属性对最终的测度结果影响较大。拓扑路网和功能路网节点紧密中心度分布具有相似的特征,但统计数据差异是很大的,这说明仅从拓扑结构层面分析路网是不足以体现路网的实际特征的。

从节点紧密中心度的分布情况来看,位于路网拓扑中心的节点数非常少,大部分节点都远离拓扑中心,这种结构类似于由一个节点放射出多条线路的特殊结构,这与实证路网的结构特征有关。计算得到拓扑路网基于节点紧密中心度的路网抗毁性测度值为 1.3665×10^{-6},功能路网基于节点紧密中心度的路网抗毁性测度值为 5.0753×10^{-13}。两者相比,拓扑路网基于节点紧密中心度之间的差异更大。

节点拓扑载荷强度反映了节点在路网中的全局重要度,路网中节点拓扑载荷强度差异越小,路网抗毁能力越强。

用节点拓扑载荷强度指标来测度实证路网时可以发现,是否考虑路网功能属性对最终的测度结果影响不大。拓扑路网和功能路网节点拓扑载荷强度分布具有相似的特征,从统计数据来看,差异非常小,说明实证路网结构非常特殊,可能存在一定的结构缺陷。

拓扑路网基于节点拓扑载荷强度的路网抗毁性测度为 5.5679×10^7,功能路网基于节点拓扑载荷强度的路网抗毁性测度为 5.5726×10^7,两者相比,拓扑路网节点拓扑载荷强度之间差异较小。

节点介数可以看作相对节点拓扑载荷强度,也能反映节点的全局重要度。路网中节点介数差异越大,路网抗毁能力越弱。

用节点介数指标来测度实证路网时可以发现,是否考虑路网功能属性对最终的测度结果影响不大。从图 3-69 中可以看出,拓扑路网和功能路网节点介数分布具有相似的特征,从统计数据来看,差异非常小。这是因为从介数指标的定义来看,介数是一个比值,在一定程度上消除了量纲的影响,体现不出差异性,也从另一层面反映了实证路网的特殊结构特征。

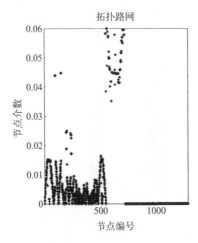 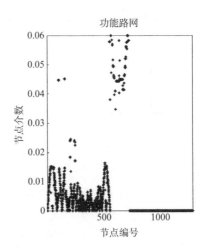

图 3-69 节点介数分布图

计算得到拓扑路网基于节点介数的路网抗毁性测度为 2.8128×10^{-4},功能路网基于节点介数的抗毁性测度为 2.8152×10^{-4},两者相比,功能路网节点介数间差异较大。

路段拓扑载荷强度反映了路段的全局重要度,路网中路段拓扑载荷强度差异越大,路网抗毁能力越弱。

用路段拓扑载荷强度指标来测度实证路网时可以发现,是否考虑路网功能属性对最终的测度结果影响不大。从图 3-70 中可以看出,拓扑路网和功能路网路段拓扑载荷强度分布具有相似的特征,从统计数据来看,差别非常小。这是由实证路网特殊的结构特征所决定的,也反映出路网可能存在一定的结构缺陷。

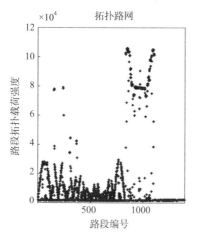 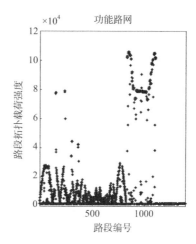

图 3-70　路段拓扑载荷强度分布图

拓扑路网基于路段拓扑载荷强度的路网抗毁性测度为 7.7054×10^8,功能路网基于路段拓扑载荷强度的路网抗毁性测度为 7.7072×10^8,两者相比,功能路网路段拓扑载荷强度的差异程度较大。

路段介数可以看作相对路段拓扑载荷强度,反映了路段的全局重要度,路网中路段介数差异越大,路网抗毁能力越弱。

从路网中路段通行条件指数的分布情况来看(图 3-71),路网中路段通行条件共分为 6 个等级,路网中通行条件较差的路段数量占总数的比例较小,路网整体的通行条件较好。基于路段通行条件指数的路网抗毁性测度为 1.4030。

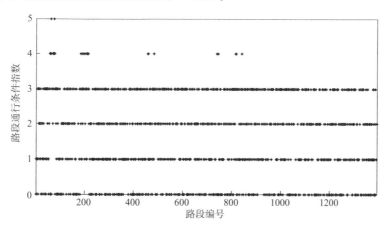

图 3-71　路段通行条件指数分布图

由于路网为连通网络,因此连通分支数为 1,此时路网的连通差异性为节点间连通差异性的均值,其中有 1397 对节点间连通差异性为 1,这些节点与全连通网络中节点间的连通程度没有差异,但是路网中绝大多数节点对间没有连通路径,因此,路网整体上与同等规模的全连通网络差异较大,抗毁能力较差,这也反映了实证路网存在一定的结构缺陷(图 3-72)。

计算得到基于连通差异性的路网抗毁性测度为 0.0020。

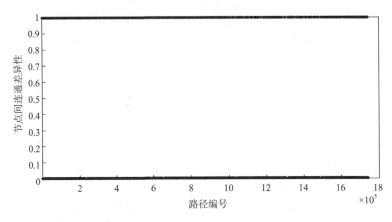

图 3-72 节点间连通差异性分布图

3.4 道路交通网络结构与应急管理研究

前文对路网结构的特征和风险进行了相关的分析及实例验证，本节简单讨论下路网结构与应急管理的关系，以公路网为例进行说明。

3.4.1 公路突发事件与公路网系统

公路突发事件主要有自然灾害、恶劣天气、重特大交通事故以及社会公共安全事件等，以上事件发生的程度和烈度均会对公路网运营安全产生重要影响，具有影响时空跨度大、损毁不可逆、救援复杂以及恢复难度大等特点。突发事件与路网结构之间存在着复杂的耦合作用关系，并与公路网交通系统特性密不可分。研究突发事件与路网之间的作用关系，对掌握路网结构性质、预测路网安全态势具有十分重要的意义。

3.4.1.1 公路突发事件特性及影响

1) 公路突发事件定义

对于突发事件，研究人员和管理者都有不同的定义，各国对于突发事件的定义也各不相同。

美国认为，突发事件是指通过总统认定，在美国范围内发生的，需要联邦救助来补充州和地方的应对能力，以挽救生命、保护财产及公共健康安全、减轻或避免更大灾难威胁的事件。

英国则是指"危机"。英国认为，突发事件指严重威胁到以下各项之一的事件或情境：①威胁到英国内某一地方的人民福利；②威胁到英国内某一地方的环境；③威胁到英国或英国某一地方的安全。

一般来说，突发事件的定义是包含突然发生、危害时空尺度大、危害程度和烈度大的事件。许多文献认为，突发事件可从狭义和广义两方面来理解。从狭义方面理解，突发事件是指一定区域内，突然发生的规模较大，对社会产生广泛负面影响的，对生命和财产构成严重威胁的事件和灾难。从广义方面理解,突发事件是指在组织或个人原定计划之外或者在其认识范围之外突然发生的,对其利益具有损伤性或潜在危害性的一切事件。

根据《中华人民共和国突发事件应对法》,突发事件,是指突然发生,造成或者可能造成严重社会危害,需要采取应急处置措施予以应对的自然灾害、事故灾难、公共卫生事件和社会安全事件。

交通运输突发事件,是指突然发生,造成或者可能造成交通运输设施损毁,交通运输中断、阻塞、重大船舶污染及海上溢油应急处置等,需要采取应急处置措施,疏散或者救援人员,提供应急运输保障的自然灾害、事故灾难、公共卫生事件和社会安全事件。

从突发事件的定义可以看出,与紧急事件不同,突发事件发生时积聚时间短,影响后果严重,打破了原有系统的平衡状态,有些严重突发事件具有不可逆转性。公路交通突发事件直接破坏公路交通系统的平衡状态,这种状态常因公路交通的特点,形成破坏效应的扩散和累积放大。因此,研究公路交通突发事件的发生机理、演变过程及对公路网结构与功能的影响,实施以"预防为主"的主动式应急管理,关乎公路交通系统安全保障的能力建设和提升。

2) 公路突发事件分类

根据公路网风险的致灾因子,我国公路交通突发事件主要分为以下4类:①自然灾害。主要包括水旱灾害、气象灾害、地震灾害、地质灾害、海洋灾害、生物灾害和森林草原火灾等。②公路交通运输生产事故。主要包括交通事故、公路工程建设事故、危险货物运输事故。③公共卫生事件。主要包括传染病疫情、群体性不明原因疾病、食品安全和职业危害、动物疫情,以及其他严重影响公众健康和生命安全的事件。④社会安全事件。主要包括恐怖袭击事件、经济安全事件和涉外突发事件。

3) 公路突发事件分级及预警

各类公路交通突发事件按照其性质、严重程度、可控性和影响范围等因素,一般分为四级:Ⅰ级(特别重大)、Ⅱ级(重大)、Ⅲ级(较大)和Ⅳ级(一般)。

根据突发事件发生时对公路交通的影响及其需要的运输能力分为四级预警,分别为Ⅰ级预警(特别严重预警)、Ⅱ级预警(严重预警)、Ⅲ级预警(较重预警)、Ⅳ级预警(一般预警),分别用红色、橙色、黄色和蓝色来表示(表3-22)。

其中与路网安全密切相关,最为严重的红色预警和橙色预警的事件情形描述信息显示,重大突发事件是导致路网中路段不通、路网结构受损的直接原因。

公路交通突发事件预警级别 表3-22

预警级别	级别描述	颜色标示	事件情形
Ⅰ级	特别严重	红色	因突发事件可能导致国家干线公路交通毁坏、中断、阻塞或者大量车辆积压、人员滞留,通行能力影响周边省(自治区、直辖市),抢修、处置时间预计在24h以上时; 因突发事件可能导致重要客运枢纽运行中断,造成大量旅客滞留,恢复运行及人员疏散预计在48h以上时; 发生因重要物资缺乏、价格大幅波动可能严重影响全国或者大片区经济整体运行和人民正常生活,超出省级交通运输主管部门运力组织能力时; 其他可能需要由交通运输部提供应急保障时

续上表

预警级别	级别描述	颜色标示	事件情形
Ⅱ级	严重	橙色	因突发事件可能导致国家干线公路交通毁坏、中断、阻塞或者大量车辆积压、人员滞留，抢修、处置时间预计在12h以上时； 因突发事件可能导致重要客运枢纽运行中断，造成大量旅客滞留，恢复运行及人员疏散预计在24h以上时； 发生因重要物资缺乏、价格大幅波动可能严重影响省（自治区、直辖市）域内经济整体运行和人民正常生活时； 其他可能需要由省级交通运输主管部门提供应急保障时
Ⅲ级	较重	黄色	Ⅲ级预警分级条件由省级交通运输主管部门负责参照Ⅰ级和Ⅱ级预警等级，结合地方特点确定
Ⅳ级	一般	蓝色	Ⅳ级预警分级条件由省级交通运输主管部门负责参照Ⅰ级、Ⅱ级和Ⅲ级预警等级，结合地方特点确定

3.4.1.2 公路交通运输网系统界定及特性

1）公路交通运输网系统界定

在自然界和人类社会中，凡具有特定功能、按照某些规律结合起来相互关联、相互制约、相互依存的事物总体，均可称为系统。系统具有整体属性，这些属性并不来自任何特定的元素，且被认为是由非线性组件相互作用关系形成的。我国著名科学家钱学森将系统定义为：系统是相互作用和相互依赖的若干组成部分结合的、具有特定功能的有机体。我国系统科学界对系统通用的定义是：系统是由相互作用和相互依赖的若干组成部分（要素）结合而成的、具有特定功能的有机整体。从系统定义可以看出，系统必须具备3个条件：第一是系统必须由2个以上的要素（部分、元素）所组成；第二是要素与要素之间存在着一定的有机联系；第三是任何系统都有特定的功能，这个整体具有不同于各个组成要素的新功能，是由系统内部的有机联系和结构所决定。

根据上述系统的定义和要点分析，公路交通运输网络整体具有系统特性，可以将其看成是一个综合性的大系统，它由具有实体、属性、行为及环境等表征系统特征的基础设施层、运输层、管控层组成，每层均具有特定的属性、行为及内外部环境，层与层之间具有相互作用，并具有其独特的功能属性。该系统与城市道路交通系统一样，是社会大系统中众多系统中的一部分，可定义为公路交通运输网系统。

公路交通运输网系统是从网络的角度来定义，并将原有交通系统中的人、车、路及其附属设备和流转的信息按照系统的观点进行功能分层设计。将道路、桥梁、隧道等基础设施作为实体，成为系统的基础设施层；人、车等交通参与者的交通行为，以及实现运输、位移目的功能归结为运输层面；而用于监测、决策及控制的设备、信息及管理者统一纳入管控层。

以上三层结构实现了对公路交通运输网系统的分层表示，每一层均可视为公路交通运输网系统的子系统，子系统之间既有区别，又互相联系。对于每一层以网络的形式加以表示,实现了从结构、功能至网络表示的清楚概念表达。公路交通运输网系统结构示意图如图 3-73 所示。

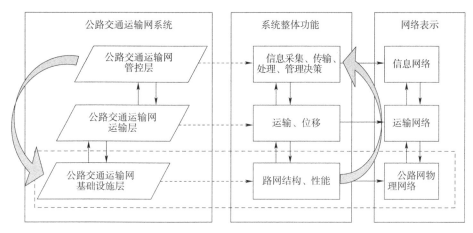

图 3-73 公路交通运输网系统结构示意图

公路交通运输网基础设施层是由路网中的城镇、连接城镇之间的路段及其附属路段上的桥、隧等重要结构物组成。基础设施层是公路交通运输网系统的基础承载层,主要承载着运输层和管控层的功能,基础设施层网络表示为公路网物理网络。

基础设施层具有网络化结构,里程和通行能力是其核心功能属性,其结构合理与否,决定着运输网的运输效率,对运输层和管理层具有重要的影响和作用。为叙述方便,本书将公路交通运输网基础设施层,简称为"公路网",即公路网亦指基础设施层物理网络。将公路交通运输网系统简称为"公路网系统"或"路网系统"。

公路交通运输网运输层是由基础设施层承载的人、车、物的位移所组成的运输网,主要实现运输和位移功能,其运行的效率既取决于基础设施层的结构特性,又离不开管控层的有效管理和调控。运输层网络表示为运输网络。

公路交通运输网管控层由两部分组成,一部分由设备载体即附属在基础设施层之上的通信和信息设备组成,实现对系统管理者和参与者所需数据信息的全部采集、传输、发布等功能;另一部分由管控者组成,负责对采集到的全部信息,通过其决策支持系统,进行决策分析,并实现对路网系统的管理调控,达到提高系统整体运输效率和能效的目的。

2) 公路交通运输网系统特性

将公路网系统看成一个综合性大系统,是对原有的人、车、路交通系统的扩展和外沿,熟悉其系统特性是认识这个系统、研究这个系统、掌握这个系统的关键。

公路交通运输网系统具有以下典型特征:

首先,系统具有整体性,公路网系统的整体性主要表现为其整体功能,即运输和位移的整体功能。但整体功能不是各部分要素的简单叠加,而是整体大于部分之和,即 $F_S > \sum_{i=1}^{n} F_i$。其中,F_S 为系统的整体功能,F_i 为各要素的功能,$i = 1, 2, \cdots, n$。

其次,系统具有相关性和复杂性。从系统分类上,公路网系统是一个开放的复杂系统,具有多输入和多输出特点。系统的层与层之间以及每层内部组件之间都有较强的相互耦合作用和关联性。各层之间的相互作用表现为:①公路网系统基础设施层所提供的功能是运输层人、车、物的运输和位移的主要决策依据,改变和影响运输层的运输效率。而人、车、物的运输路径和运输方式的决策依据,又直接影响基础设施层的结构安全。②公路网系统管控层所提供的信息,能够通过改变运输层的行为选择,而影响基础设施层的结构安全和功能提供。基础设施层的状态信息以及运输层的状态信息是管控层决策的重要依据。

最后,系统具有目的性。公路网系统的核心目的就是实现高效率的运输,为人流和物流提供高可达性和高机动性。为了达到以上目的,路网系统的管理者应通过各种方式和手段来提高系统性能,改善系统环境。通过对基础设施层(即公路网的物理网络)的高效使用和有效管理,达到上述目的。

掌握基础设施层的网络结构特性,并能全面客观地分析、预测其安全发展态势,为运营管理和应急情况下的各种运输策略制定提供决策依据,彰显其重要性和必要性,也是今后路网管理的主要任务。

根据目前的路网发展状况及现有的技术条件和数据采集情况,本书研究的重点定位于公路网系统的基础设施层,运输层和信息层暂不涉及。将基础设施层视为分析对象,则其客观需求和内外部环境条件就构成了该系统的大环境。国内外的研究表明,突发事件对公路网系统的影响不仅表现为对系统基本结构的影响,更深层次的影响在于系统的功能和使用目的。

因此,下面从系统分析的角度,对突发事件、公路网系统、应急管理之间的关系从新的视角进行分析、研究。

从系统角度分析,突发事件可以看作是对系统的随机扰动,这种扰动分别来自系统内部和系统外部。突发事件中地震、泥石流、洪水等自然灾害,雨、雪、雾等恶劣天气是作用于路网的外部扰动因素,而重特大交通事故、危险品运输事故是来自系统内部的扰动因素。这些突发事件严重时均会造成路网中的路段拥堵或损毁。无可置疑,突发事件通过对路网局部结构产生破坏作用,从而对区域路网乃至整体路网系统产生负面影响。

突发事件对路网全局结构的影响,一方面取决于突发事件发生的程度和烈度,即其时空尺度,另一方面取决于被扰动的主体结构是否具有较强的抗扰动性能,这种性能的实质是公路网结构的鲁棒性或脆弱性,如果路网结构脆弱,突发事件就会对路网结构中的节点和路段局部结构进行破坏,使其失效而导致路网全局结构发生破坏,影响其运输功能,且在出行需求不变的情况下,该影响就会被累积放大,进而引起更大程度和范围的路网功能失效,严重情况下甚至会造成路网的整体功能失效,给国民经济和社会生产生活带来重大不利影响。

2008年冰雪灾害导致的南方路网瘫痪、2010年发生的京藏高速公路大堵车事件,以及近年来频发的重特大恶性交通事件对局部路网造成的影响扩散至整个区域路网的功能失效,其实质是突发事件对路网局部结构破坏后引起的路网大范围功能失效的系列连锁故障反应。

图3-74给出了区域突发事件中的突发性灾害形成过程的概念化范式,可见结构与致灾因子的相互耦合作用关系的重要性,地震与路网结构的作用过程就是典型实例。

第3章 道路交通网络结构分析

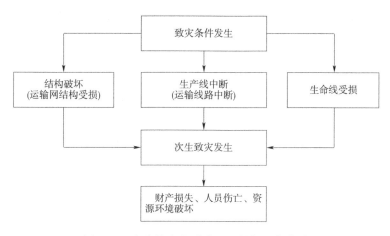

图 3-74 突发性灾害形成过程的概念化范式

3.4.2 公路网结构风险与应急管理

3.4.2.1 公路网结构特性及风险

风险有很多种定义,从系统安全的角度,风险是损失的期望值,风险与刺激的频度、强度及持续时间相关。分析公路网的结构风险就是评估其能在多大程度上保证安全,以及保证安全的最大可能性。系统的结构风险来源于构成系统的节点和路段局部风险的加剧演化而对全局安全性产生的影响。因此,针对公路网结构风险的评估是包括节点和路段的局部特征评估和全局特征评估。研究公路网结构风险就要以辨析其结构特性为切入点。公路网的结构特性是其所对应的抽象网络的拓扑性质及考虑物理网络功能之后所形成的特有的拓扑性质。

公路网结构特性与路网中的节点和路段相关,因此路网的结构风险取决于路网中节点和路段的局部特征属性及其相互耦合作用关系。相应地,公路网的结构风险也主要来源于以下几个方面:

(1) 路网中节点和路段布局均衡性的影响。

路网中节点和路段不仅具有其自身的重要性,而且在路网中还承担着传输和集散功能。公路网主要是以城镇为节点,以路段为边。抽象网络通过节点相邻边的数目来确定节点是否为核心节点。在公路网物理网络中确定城镇节点是否重要,不仅要考虑节点与其他节点相邻路段的数目,还要考虑路段所具有的里程和通行能力功能属性。因此,节点自身在路网中能够连接其他节点的里程规模和通行能力规模,以及节点作为枢纽连通其他节点对间的路径里程规模和路径通行能力强弱,就会因城镇规模大小和城镇在路网中所处的位置不同而有所不同。路段重要性与节点重要性的判定方法相同,其重要性取决于路段承载的功能及其在网络中的位置和作用大小。也就是说,路网中每个节点和路段自身能力大小与在网络中所起的连通作用的离散程度,就能够显示出路网结构布局的均衡性和合理性。如果节点或路段在网络中的作用或影响力离散程度大,网络结构就不均衡、不匹配,这样的路网结构就存在着高风险性。相反,如果离散程度较小,则路网结构就比较均衡、稳定。

(2) 路网结构的脆弱性影响。

路网内节点和路段分布不均衡,意味着路网内存在着关键节点和关键路段,这些节点和路段在路网中起着重要的里程连通和能力传输作用。如果关键节点和关键路段在路网中存在的数目不仅少,而且其承载的连通和枢纽任务重,这种情况下,就非常容易形成节点和路段的超负荷运转,其发生失效的概率也就越大。

由对公路网的结构特性分析可知,关键节点和关键路段失效对路网的整体性能产生的影响非常大。此种情况下路网的整体结构就会变得非常脆弱,存在失效的高风险概率。反之,如果路网中节点和路段承载的连通和枢纽作用的程度较为均衡,则路网的结构就具有良好的鲁棒性和可靠性,其结构被破坏时,产生负面影响的概率则相对较小。

(3) 路网应急管理能力的影响。

路网中结构风险始终存在,并不意味着没有突发事件刺激,就不会发生安全事件。此时,结构风险是否演变为危险事件取决于路网的抗扰动能力(也即抗毁性)。这种抗毁性与路网本身的结构和管理者采取的,防范风险发生的措施密切相关。

更为具体的表现在于,管理者在路网应急管理过程中,是否已辨识风险源存在的位置、是否了解严重危害事件发生对路网结构安全受损的时空变化、是否掌握调度救援物资和设施迅速到位的指挥决策技术等,如果预防准备工作做得周全细致,则可从管理层面降低路网结构发生危险的概率。

相反,如果无视这种风险存在,或没有采取一定的技术手段辨识路网中的关键节点和关键路段,或应急救援资源未实现全局的优化配置等影响应急管理效果的措施,就会因管理的失力,而增加路网结构的风险。

(4) 公路网网络拓扑结构模型。

公路网网络拓扑结构模型可抽象为由路网中的节点以及连接节点之间的路段所形成的网络。

公路网可以定义为一个五元组 $G(V, E, L_E, C_E, E_S)$。其中,V 是路网中节点的集合,E 是路网中路段的集合,L_E 是路段的里程属性集合,C_E 是路段的通行能力属性集合,E_S 是路网的邻接矩阵。假设 e_{ij} 表示邻接矩阵的元素,$e_{ij} = \begin{cases} 1, \text{节点 } i \text{ 和节点 } j \text{ 之间存在一条相连通的路段} \\ 0, \text{节点 } i \text{ 和节点 } j \text{ 之间不连通} \end{cases}$。

从定义可以看出,V 和 E 是路网的关键组成部分(即构成组件),L_E 和 C_E 是路网的功能属性,E_S 清晰地描述了路网结构。由于路网中路段一般为双向通行,且节点有限,公路网 G 可看作是无向有限网络。

由于实际公路网是由多层网络构成,其节点粒度多样,差异化较大;连接节点间的路段由于里程长,部分路段的车道数、限速值在不同桩号位置也有所不同。为便于研究,本书对公路网节点的选择粒度和路段的特性进行了界定和简化处理。

公路网的节点选择是一个面向对象、解决问题的过程,因此,需要根据实际需要解决的问题,来考虑节点的粒度选择。本书主要是对较为宏观的国家公路网结构风险和应急管理问题进行研究,具有跨区域的特点,故节点粒度选择以公路网范围所覆盖的城镇作为节点来处理。面向不同层次的路网,如国家公路网到地方公路网,则需将节点根据实际情况作进一步细化。对于全国性国家干线公路网络,将干线公路途经的城镇作为同一级别的节点考虑。

网络分析中,认为同一公路路段内的几何要素(宽度、等级、车道数等)、交通信息(流量、车种组成、平均车速等)都是相同的。如果由于节点的粒度较大,在组成网络过程中,存在同一路段内上述各因素有差异时,可按一定方法进行统一处理,便于进行路网分析。

公路网的主要功能是实现人、车和物的位移。物理网络中,边代表路段,路段具有实际物理意义,具有里程、通行时间、通行能力、速度等诸多功能属性,其中里程和通行能力是公路网的核心功能属性,当给定一个基础设施网络时,其里程和通行能力即是确定的功能属性,不因其他因素影响而发生变化。

公路里程为实际通车里程,是公路建设发展规模的重要指标,也是计算运输网密度等指标的基础资料。

公路通行能力是指公路设施在正常的公路条件、交通条件和驾驶行为等情况下,在一定的时间内(通常取 1h)可能通过设施的最大车辆数。公路通行能力反映了公路设施所能疏导交通流的能力,是公路规划、设计和运营管理的重要参数。通行能力根据使用性质和要求,通常包括基本通行能力、设计通行能力和实际通行能力。

本书主要对公路网物理网络的结构特性进行研究,因此,路段通行能力的功能属性值是以设计通行能力为依据确定。设计通行能力能够体现路段一定服务水平下满负荷时的最大通过车辆数,且在路段车道数和设计速度给定的情况下可简单计算得出,数据易获得,能够简化分析复杂度。

3.4.2.2 公路网应急管理的核心问题

公路网应急管理是路网管理者对路网潜在重大危险源的准确辨识、有效预防预警、事件发生时的高效响应以及事件发生后恢复的全过程工作。应急管理成败的关键在于管理的支撑要素——应急资源,应急资源也是应急能力的重要体现,并且其合理配置和有效调度贯穿于整个应急管理的各个阶段。

在路段管理模式下,应急资源配置布局是以路段管辖区优化配置,仅满足小区域范围的最优配置。而在路网情况下的应急资源配置则需要全网的最优、均衡配置,满足重要应急资源在多需求点、大范围、同时段的布局、调度和补充。以路网结构为资源配置和调度的先决条件,将会使应急管理工作变得有针对性,并能够在众多的应急所需配备救援点计划中,将路网中最关键的部位给予优先配置和保障,确保应急救援时得到优先施救和恢复,使路网结构和功能的损失尽可能减少,保证救援的效率。因而,科学、合理的资源配置策略也就成为解决应急管理的核心问题之一。

应急资源的静态配置和动态配置是应急管理的两个重要阶段。静态配置包括不同层次资源配置点的布局、选址、配置规模、配置标准等重要内容。动态配置处于应急管理的响应阶段。它是研究突发事件发生时,如何优化调度、补充应急资源的过程。动态配置是将静态配置好的应急资源在最短时间内运送到应急救援现场的过程,是在突发事件变化信息不明确、所需资源规模不确定情况下实现的应急资源二次分配过程。与此同时,还包括应急资源不断被消耗过程中,如何为应急救援中心补充资源、保障应急资源供应的过程。应急资源的动态配置具有时效性、不确定性和弱经济性等特点。

根据应急资源静态和动态配置的阶段和需求不同,结合公路网结构特性,对其配置策略作出更进一步的分析、研究。

(1) 应急资源管理的静态配置策略。

根据公路网结构特性及应急时资源保障特点,公路网应急资源静态配置首先在布局选址上要优先考虑靠近路网中关键节点和关键路段,以救援时效最高为目标进行配置,其次再依据重大基础设施保护要求,实行应急救援点的选址规划,兼顾应急资源在路网中的均衡分配。配置规模和配置标准考虑"平急""平战"结合情况下资源种类和数量的储备需求,适度规模储备,并对最坏灾情下的资源储备与调用有确切预案保障,满足公路网应急管理不同层次、不同时空尺度的需求。

(2) 应急资源管理的动态配置策略。

应急资源动态配置的核心是满足应急救援的时效性。对于公路网应急管理中发生的应急响应情况,多数是灾害险情大,涉及面广,省(自治区、直辖市)内或区域内应对处置能力有限情况下,所进行的跨区域、跨省市的救援。如何快速有效地集结救援资源到达救援第一现场,资源的动态、合理和有效调度将发挥重要作用,并需重点满足以下原则:

①关键节点和关键路段优先原则:对路网影响程度最大、损失后果最严重的关键节点和关键路段需优先得到资源补充。

②动态补充原则:救援过程是物资不断被消耗使用的过程,在救援物资需求量和种类不确定情况下,仍需对应急救援中心物资进行实时动态补充,以满足下一阶段的救援需求。

③整合协作原则:公路交通救援自身应急能力不足、资源不足时,提前预警,尽快整合社会资源参与救援。

3.4.2.3 公路网应急管理标准流程框架

公路网独特的结构特征决定其应急管理与其他对象应急管理的性质不同,对公路网应急管理的特点和流程分析建立在对路网的结构特性分析基础之上。与路段应急管理相比,公路网应急管理具有时空尺度大、救援路径选择复杂、应急资源涉及面广、联动性要求高、应急效果对路径极度敏感等特点,确保路网中关键节点和关键路段的能效正常或者在灾害情况下尽快恢复上述节点和路段的能效,成为路网应急管理需优先解决的关键问题。

公路网应急管理流程与其他领域或行业的应急管理流程在宏观上相同,都包括预防、准备、响应和恢复四个主要环节。但在中微观层面,公路网应急管理具有其自身的鲜明特点,主要表现在以下几方面:

(1) 预防阶段:应该包括对路网的结构特性分析和关键节点、关键路段的辨识和确认,基于以上分析形成包括关键救援路径集在内的应急预案等。

(2) 准备阶段:应该包括对路网内关键节点和关键路段的分布确认,基于关键节点和关键路段的分布情况,形成应急资源空间合理配置等。

(3) 响应阶段:应该包括根据路网结构特征和突发事件的时空性质和规模,辨识相关损毁节点和路段,优化应急资源的供给点分布及应急救援路径,并形成应急资源的动态配置方案和调度指挥策略等。

(4) 恢复阶段:应该包括优先恢复关键节点和关键路段能效等。

自2009年11月《全国公路网管理与应急处置平台建设指导意见》发布以来,交通运输部和各省(自治区、直辖市)交通管理部门正在筹建由国家路网中心和各省(自治区、直辖市)路网中心组成的公路网应急管理保障体系,建立以运行监测与服务系统为主的部省两级路网管理平台。2012年1月,交通运输部又正式发布了《公路网运行监测与服务暂行技术要求》。在路网管理平台建设过程中,美国、日本在面向重大灾害的应急管理和智能交通技术发展与应用方面为我国路网应急管理提供了有益的借鉴。一方面,国外"以预防为主"的应急管理过程中将管理对象中的"脆弱环节"作为最重要的防灾减灾内容;另一方面,美国、日本两国智能化应急管理技术应用广泛,标准化的体系流程管理非常有助于应急管理各部门、各环节有效衔接和协同救援,保证高效率工作。公路网应急管理过程主要包括"监测预警、处置与救援、恢复与重建"三个阶段,因此适用于我国公路网应急管理的标准流程主要由以下重要内容组成,具体流程如图3-75所示。

(1)对路网风险致灾因子的类型、暴露量、风险发生概率、时空影响范围、影响程度和烈度等进行重点分析。

(2)对路网整体脆弱性及路网中关键节点和关键路段的辨识、风险评估以及避灾、减损措施的执行。

(3)对应急过程中,跨区域大范围有效救援物资调度的管理,应急资源的优化调度与最佳救援路径集的快速选择和动态诱导。

(4)对恢复阶段救援效果评估,资源补充配置方案及对路网脆弱性和风险源辨识技术及方案的重新评估和修订完善过程。

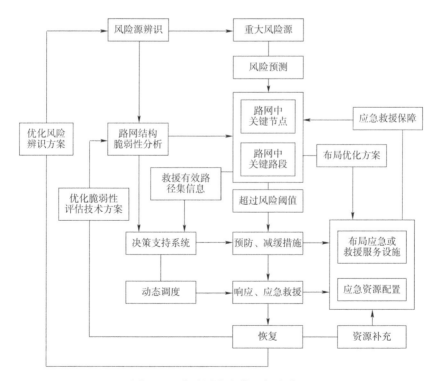

图3-75 公路网应急管理标准流程

3.5 本章小结

本章首先给出了路网结构特征分析的指标,给出了以城镇为节点的路网和以交叉口为节点的路网的结构特征分析评价指标,包括节点评价指标、路段评价指标和路网评价指标,并分别以国内局部公路网和北京部分道路网为例进行了实例分析;然后给出了路网结构风险分析的指标,以及以城镇为节点的路网和以匝道口为节点的路网的结构风险分析评价指标,包括路网均衡性评价指标、路网连通性评价指标、路网抗毁性评价指标等,并分别以国内局部公路网和北京局部高速公路网为例进行了实例分析;最后给出了路网结构与应急管理的相关研究结论,并以公路网为例进行了实例分析。

第4章 道路交通网络状态分析

4.1 概述

道路交通网络是城市居民出行的载体,网络上交通流的运行状态即通常所说的交通状态,交通状态越来越受到出行者的关注,因为交通拥堵常有发生,尤其是在交通高峰时段,容易造成出行者的旅行时间严重延迟。简单地说,交通出行者关注的交通状态主要是区别交通拥堵或交通流畅,实际上关于交通状态的评价大多都将交通状态划分为若干个等级,最常见到的是道路交通服务水平。不同城市道路交通状态的评价指标和标准都是不同的,且同一城市不同交通设施的评价标准也不同,例如,美国将城市干道服务水平分为6个等级,将信号灯交叉口服务水平也分为6个等级,而日本只有3个级别,我国则定义了4个等级的服务水平评价标准。道路交通网络状态分为微观、中观和宏观三个层面,微观交通状态描述的主体是车辆,中观交通状态主要指交叉口与路段的交通状态,宏观交通状态针对的是交通路网的网络特性和整体状态。本书主要以中观交通状态为例进行路网交通状态的特征分析,即对以交叉口为节点的道路交通网络进行路网状态特征分析。

道路交通网络状态主要是指网络中所有路段的流量、速度和占有率的整体情况。对于道路交通网络中的出行者来说,交通状态主要分为畅通和拥堵,城市交通拥堵目前在世界各大城市都表现得极其严重,严重制约着城市文明的快速发展,于是针对城市道路交通拥堵缓解方法的研究显得十分有意义,但是了解拥堵发生的原因和寻找不同城市拥堵发生的规律是一个重要的前提。实际上,道路交通网络交通流主要是随着城市居民的工作通勤和基本出行形成的,而工作通勤引起的交通流占比更大,通常的拥堵往往就发生在城市居民上班和下班的两个时间段,这两个时间段的交通状态即通常所说的早高峰和晚高峰。因为道路交通网络的交通状态整体上以一天为一个小周期在不停地循环变化,所以说,城市网络交通状态除了早高峰和晚高峰,一天剩余的三个大时间区间就为三个交通平峰状态,于是可将道路交通网络的交通状态简单划分为五个交通状态。

路网状态的分析包括非均匀性、连通性和抗毁性三部分,路网风险评估实际上是对路网实时运营状态的评估,是一种事后评估方法。为了主动防控路网运营风险,及早排除安全隐患,需要对路网未来的运营状态进行评估,即路网风险预测。

4.2 道路交通网络状态特征分析方法

4.2.1 状态特征分析指标

实时流量边权道路交通网络模型 $\text{RTN}_f = (N, E, \text{EF}(t))$ 主要分析了道路交通网络的流量随时间的变化情况,主要的统计指标为实时流量边权在时间和空间上的分布。

实时流量边权描述了道路交通网络中交叉口之间的路段随时间变化的实时流量,边 e_{ij} 在时刻 t 的流量 $w_f(e_{ij},t)$ 描述了从交叉口 i 到交叉口 j 的路段在时刻 t 的所有截面流量的平均值。边 e_{ij} 在时刻 t 的流量权重可通过下面的公式计算得到。

$$w_f(e_{ij},t) = \text{wf}_{ij}(t) \tag{4-1}$$

实时流量边权在时间上的分布描述了道路交通网络中每个路段在不同时刻实时流量的概率统计情况,将一个闭区间 $[0,\text{FM}]$ 等分为 fh 个子区间,计算每个路段在不同时刻的实时流量分别位于各个子区间的次数与位于闭区间 $[0,\text{FM}]$ 的次数的比值,其中,闭区间 $[0,\text{FM}]$ 能够包含所有路段所有时刻的流量值,FM 取值为一个大于所有路段最大通行能力的数值。为了便于计算和分析,通常取值为 1000 的倍数,丁是有每个路段在不同时刻的实时流量位于区间 $[0,\text{FM}]$ 的次数即为时间集合的元素个数。实时流量边权在时间上的分布能够统计出道路交通网络中每个路段不同时刻的流量有一个什么样的规律,如每个路段大多数时间下流量为怎样的情况等,路段 e_{ij} 的实时流量边权在时间上的分布可以用下面的分布函数来描述。

$$P\left\{\frac{q-1}{\text{fh}}\text{FM} \leqslant F_{ij}^T \leqslant \frac{q}{\text{fh}}\text{FM}\right\} = \frac{1}{\text{tt}}\sum_{t \in T} \text{efd}_q^{ij}(t) \tag{4-2}$$

式中,$F_{ij}^T = \{\text{wf}_{ij}(t) \mid t \in T\}$ 为路段 e_{ij} 在时间集合 T 内的所有实时流量的集合,T 通常取一天的时间,时间间隔为 Δt,单位为 min,通常取 2 或者 10 等,于是时间集合 T 可描述为 $T = \{\Delta t, 2\Delta t, \cdots, 1440\}$,$q \in \{1,2,\cdots,\text{fh}\}$,tt 为时间集合 T 的元素个数,$\text{tt} = 1440/\Delta t$,$\text{efd}^{ij}_q(t)$ 的取值如下:

$$\text{efd}_q^{ij}(t) = \begin{cases} 1, \dfrac{q-1}{\text{f}}\text{FM} \leqslant \text{wf}_{ij}(t) \leqslant \dfrac{q}{\text{fh}}\text{FM} \\ 0, 其他 \end{cases} \tag{4-3}$$

实时流量边权在空间上的分布描述了道路交通网络中每个时刻不同路段的实时流量的概率统计情况,将闭区间 $[0,\text{FM}]$ 等分为 fh 个子区间,计算每个时刻不同路段的实时流量分别位于各个子区间的个数与总路段个数的比例。通过实时流量边权在空间上的分布能够统计出道路交通网络中每个时刻不同路段的流量处于何种规律下,如某个时刻大多数路段的流量为怎样的情况等。在时刻 t,不同路段的实时流量边权在空间上的分布可以用下面的分布函数来描述。

$$P\left\{\frac{q-1}{\text{fh}}\text{FM} \leqslant F_t^E \leqslant \frac{q}{\text{fh}}\text{FM}\right\} = \frac{1}{m}\sum_{i=1}^{n}\sum_{j=1}^{n} \text{efd}_q^t(e_{ij}) \tag{4-4}$$

式中,$F_{ij}^E = \{\text{wf}_{ij}(t) \mid e_{ij} \in E'\}$ 为在时刻 t 下所有真实存在路段的实时流量的集合,$q \in$

$\{1,2,\cdots,\text{fh}\}$,$\text{efd}_q^t(e_{ij})$ 的取值如下:

$$\text{efd}_q^t(e_{ij}) = \begin{cases} 1, \dfrac{q-1}{\text{fh}}\text{FM} \leq \text{wf}_{ij}(t) \leq \dfrac{q}{\text{fh}}\text{FM} \text{ 且 } e_{ij} \neq 0 \\ 0, \text{其他} \end{cases} \tag{4-5}$$

实时速度边权道路交通网络模型 $\text{RTN}_v = (N, 3, EV(t))$ 主要分析了道路交通网络的速度随时间的变化情况,主要的统计指标为实时速度边权在时间和空间上的分布。

实时速度边权描述了道路交通网络中交叉口之间的路段随时间变化的实时速度,边 e_{ij} 在时刻 t 的速度 $w_v(e_{ij},t)$ 描述了从交叉口 i 到交叉口 j 的路段在时刻 t 的平均速度。边 e_{ij} 在时刻 t 的速度权重可通过下面的公式计算得到。

$$w_v(e_{ij},t) = \text{wv}_{ij}(t) \tag{4-6}$$

实时速度边权在时间上的分布描述了道路交通网络中每个路段在不同时刻实时速度的概率统计情况,将一个闭区间 $[0,\text{VM}]$ 等分为 vh 个子区间,计算每个路段在不同时刻的实时速度分别位于各个子区间的次数与位于闭区间 $[0,\text{VM}]$ 的次数的比值,其中,闭区间 $[0,\text{VM}]$ 能够包含所有路段所有时刻的速度值,VM 取值为一个大于所有路段最大速度的数值,为了便于计算和分析,通常取值为 10 的倍数,于是每个路段在不同时刻的实时速度位于区间 $[0,\text{VM}]$ 的次数即为时间集合的元素个数。通过实时速度边权在时间上的分布能够统计出道路交通网络中每个路段不同时刻的速度有何规律,如每个路段大多数时间下速度为怎样的情况等。路段 e_{ij} 的实时速度边权在时间上的分布可以用下面的分布函数来描述。

$$P\left\{\dfrac{q-1}{\text{vh}}\text{VM} \leq V_{ij}^T \leq \dfrac{q}{\text{vh}}\text{VM}\right\} = \dfrac{1}{\text{tt}} \sum_{t \in T} \text{evd}_q^{ij}(t) \tag{4-7}$$

式中,$V_{ij}^T = \{\text{wv}_{ij}(t) \mid t \in T\}$ 为路段 e_{ij} 在时间集合 T 内的所有实时速度的集合,T 和 tt 的含义同上,$q \in \{1,2,\cdots,\text{vh}\}$,$\text{evd}_q^{ij}(t)$ 的取值如下:

$$\text{evd}_q^{ij}(t) = \begin{cases} 1, \dfrac{q-1}{\text{vh}}\text{VM} \leq \text{wv}_{ij}(t) \leq \dfrac{q}{\text{vh}}\text{VM} \\ 0, \text{其他} \end{cases} \tag{4-8}$$

实时速度边权在空间上的分布描述了道路交通网络中每个时刻不同路段的实时速度的概率统计情况,将闭区间 $[0,\text{VM}]$ 等分为 vh 个子区间,计算每个时刻不同路段的实时速度分别位于各个子区间的个数与总路段个数的比值。通过实时速度边权在空间上的分布能够统计出道路交通网络中每个时刻不同路段的速度处于何种规律下,如某个时刻大多数路段的速度为怎样的情况等。在时刻 t,不同路段的实时速度边权在空间上的分布可以用下面的分布函数来描述。

$$P\left\{\dfrac{q-1}{\text{vh}}\text{VM} \leq V_t^E \leq \dfrac{q}{\text{vh}}\text{VM}\right\} = \dfrac{1}{m} \sum_{i=1}^{n} \sum_{j=1}^{n} \text{evd}_q^t(e_{ij}) \tag{4-9}$$

式中,$V_t^E = \{\text{wv}_{ij}(t) \mid e_{ij} \in E'\}$ 为在时刻 t 下所有真实存在路段的实时速度的集合,$q \in \{1,2,\cdots,\text{vh}\}$,$\text{evd}_q^{ij}(e_{ij})$ 的取值如下:

$$\text{evd}_q^t(e_{ij}) = \begin{cases} 1, \dfrac{q-1}{\text{vh}}\text{VM} \leq \text{wv}_{ij}(t) \leq \dfrac{q}{\text{vh}}\text{VM} \text{ 且 } e_{ij} \neq 0 \\ 0, \text{其他} \end{cases} \tag{4-10}$$

实时占有率边权道路交通网络模型 $RTN_o = (N, E, EO(t))$ 主要分析了道路交通网络的占有率随时间的变化情况，主要的统计指标为实时占有率边权在时间和空间上的分布。

实时占有率边权描述了道路交通网络中交叉口之间的路段随时间变化的实时占有率，边 e_{ij} 在时刻 t 的占有率 $w_o(e_{ij}, t)$ 描述了从交叉口 i 到交叉口 j 的路段在时刻 t 的平均时间占有率。边 e_{ij} 在时刻 t 的占有率权重可通过下面的公式计算得到。

$$w_o(e_{ij}, t) = wo_{ij}(t) \tag{4-11}$$

实时占有率边权在时间上的分布描述了道路交通网络中每个路段在不同时刻实时占有率的概率统计情况，将闭区间 $[0,1]$ 等分为 oh 个子区间，计算每个路段在不同时刻的实时占有率分别位于各个子区间的次数与位于闭区间 $[0,1]$ 的次数的比值，每个路段在不同时刻的实时占有率位于区间 $[0,1]$ 的次数即等于时间集合的元素个数。通过实时占有率边权在时间上的分布能够统计出道路交通网络中每个路段不同时刻的占有率有何种规律，如每个路段大多数时间下占有率为怎样的情况等。路段 e_{ij} 的实时占有率边权在时间上的分布可以用下面的分布函数来描述。

$$P\left\{\frac{q-1}{oh} \leq O_{ij}^T \leq \frac{q}{oh}\right\} = \frac{1}{tt} \sum_{t \in T} eod_q^{ij}(t) \tag{4-12}$$

式中, $O_{ij}^T = \{wo_{ij}(t) \mid t \in T\}$ 为路段 e_{ij} 在时间集合 T 内的所有实时占有率的集合，T 和 tt 的含义同上，$q \in \{1, 2, \cdots, oh\}$，$eod_q^{ij}(t)$ 的取值如下：

$$eod_q^{ij}(t) = \begin{cases} 1, \dfrac{q-1}{oh} \leq wo_{ij}(t) \leq \dfrac{q}{oh} \\ 0, 其他 \end{cases} \tag{4-13}$$

实时占有率边权在空间上的分布描述了道路交通网络中每个时刻不同路段的实时占有率的概率统计情况，将闭区间 $[0,1]$ 等分为 oh 个子区间，计算每个时刻不同路段的实时占有率分别位于各个子区间的个数与总路段个数的比值。通过实时占有率边权在空间上的分布能够统计出道路交通网络中每个时刻不同路段的占有率处于何种规律下，如某个时刻大多数路段的占有率为怎样的情况等。在时刻 t，不同路段的实时占有率边权在空间上的分布可以用下面的分布函数来描述。

$$P\left\{\frac{q-1}{oh} \leq O_t^E \leq \frac{q}{oh}\right\} = \frac{1}{m} \sum_{i=1}^n \sum_{j=1}^n eod_q^t(e_{ij}) \tag{4-14}$$

式中, $O_t^E = \{wo_{ij}(t) \mid e_{ij} \in E'\}$ 为在时刻 t 下所有真实存在路段的实时占有率的集合，$q \in \{1, 2, \cdots, oh\}$，$eod_q^t(e_{ij})$ 的取值如下：

$$eod_q^t(e_{ij}) = \begin{cases} 1, \dfrac{q-1}{oh} \leq wo_{ij}(t) \leq \dfrac{q}{oh} \text{ 且 } e_{ij} \neq 0 \\ 0, 其他 \end{cases} \tag{4-15}$$

实时交通状态边权道路交通网络模型 $RTN_s = (N, E, EF(t), EV(t), EO(t), EDF(t))$ 主要分析了道路交通网络的交通状态随时间的变化情况，主要的统计指标为实时交通状态边权在时间和空间上的分布。

实时交通状态边权描述了道路交通网络中交叉口之间的路段随时间变化的实时交通状态，边 e_{ij} 在时刻 t 的交通状态 $w_s(e_{ij}, t)$ 描述了从交叉口 i 到交叉口 j 的路段在时刻 t 的交通状态。边 e_{ij} 在时刻 t 的交通状态权重可通过下面的公式计算得到。

$$w_s(e_{ij},t) = \text{ws}_{ij}(t) \tag{4-16}$$

实时交通状态边权在时间上的分布描述了道路交通网络中每个路段在不同时刻实时交通状态的概率统计情况,将闭区间$[0,1]$等分为 sh 个子区间,计算每个路段在不同时刻的实时交通状态分别位于各个子区间的次数与位于闭区间$[0,1]$的次数的比值,每个路段在不同时刻的实时交通状态位于区间$[0,1]$的次数等于时间集合的元素个数。通过实时交通状态边权在时间上的分布能够统计出道路交通网络中每个路段不同时刻的交通状态有何种规律,如每个路段大多数时间下交通状态为怎样的情况等。路段 e_{ij} 的实时交通状态边权在时间上的分布可以用下面的分布函数来描述。

$$P\left\{\frac{q-1}{\text{sh}} \leqslant S_{ij}^T \leqslant \frac{q}{\text{sh}}\right\} = \frac{1}{\text{tt}}\sum_{t \in T} \text{esd}_q^{ij}(t) \tag{4-17}$$

式中,$S_{ij}^T = \{\text{ws}_{ij}(t) \mid t \in T\}$ 为路段 e_{ij} 在时间集合 T 内的所有实时交通状态的集合,T 和 tt 的含义同上,$q \in \{1,2,\cdots,\text{sh}\}$,$\text{esd}_q^{ij}(t)$ 的取值如下:

$$\text{esd}_q^{ij}(t) = \begin{cases} 1, \dfrac{q-1}{\text{sh}} \leqslant \text{ws}_{ij}(t) \leqslant \dfrac{q}{\text{sh}} \\ 0, \text{其他} \end{cases} \tag{4-18}$$

实时交通状态边权在空间上的分布描述了道路交通网络中每个时刻不同路段的实时交通状态的概率统计情况,将闭区间$[0,1]$等分为 sh 个子区间,计算每个时刻不同路段的实时交通状态分别位于各个子区间的个数与总路段个数的比值。通过实时交通状态边权在空间上的分布能够统计出道路交通网络中每个时刻不同路段的交通状态处于何种规律下,如某个时刻大多数路段的交通状态为怎样的情况等。在时刻 t,不同路段的实时交通状态边权在空间上的分布可以用下面的分布函数来描述。

$$P\left\{\frac{q-1}{\text{sh}} \leqslant S_t^E \leqslant \frac{q}{\text{sh}}\right\} = \frac{1}{m}\sum_{i=1}^{n}\sum_{j=1}^{n} \text{esd}_q^t(e_{ij}) \tag{4-19}$$

式中,$S_t^E = \{\text{ws}_{ij}(t) \mid e_{ij} \in E'\}$ 为在时刻 t 下所有真实存在路段的实时交通状态的集合,$q \in \{1,2,\cdots,\text{sh}\}$,$\text{esd}_q^{ij}(e_{ij})$ 的取值如下:

$$\text{esd}_q^t(e_{ij}) = \begin{cases} 1, \dfrac{q-1}{\text{sh}} \leqslant \text{ws}_{ij}(t) \leqslant \dfrac{q}{\text{sh}} \text{ 且 } e_{ij} \neq 0 \\ 0, \text{其他} \end{cases} \tag{4-20}$$

4.2.2 实例分析

北京市部分道路交通网络实时流量边权网络模型中边的实时流量权重在时间上的分布如图 4-1 所示,图中统计了路网中位于不同的位置 11 条路段在 2012 年 10 月 15 日(星期一)每 2min 的流量数据,即每条路段共有 720 个数据,这 11 条路段分别为六环外、六环上、五六环之间、五环上、四五环之间、四环上、三四环之间、三环上、二三环之间、二环上和二环内的路段,路段名称如表 4-1 所示。因所有路段的最大流量中存在大于 6000pcu/h 小于 7000pcu/h 的流量,于是统计共分为 14 个区间,从 0pcu/h 到 7000pcu/h,每隔 500pcu/h 为一个统计区间。由图可看出,五环外的路段在一天中大多数时刻的流量都小于 1000pcu/h;一天中的出现最高流量 5000pcu/h 的路段位于四环附近,且时刻较少;流量大于 3500pcu/h 且时刻较多的路段位于三环上;而流量大于 3000pcu/h 且时刻最多的路段位于二环上;除五环外的所有路段流量小于 1500pcu/h 的时刻数量基本相同。

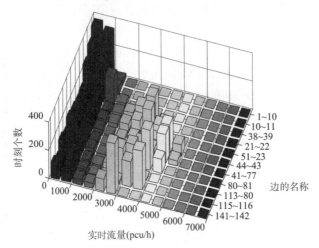

图 4-1　实时流量边权网络模型中边的实时流量权重在时间上的分布

北京市部分道路交通网络不同位置上的 11 条路段　　　　表 4-1

路段编号	路段名称	路段所在位置
1~10	东榆林村—百葛桥	六环外
10~11	百葛桥—酸枣岭立交桥	六环上
38~39	黄港桥—花马沟桥	五六环之间
21~22	上清桥—仰山桥	五环上
51~23	望和桥—来广营桥	四五环之间
44~43	学院桥—展春桥	四环上
41~77	万泉河桥—苏州桥	三四环之间
80~81	蓟门桥—北太平桥	三环上
113~80	西直门桥—蓟门桥	二三环之间
115~116	德胜门桥—钟楼北桥	二环上
141~142	赵登禹路北口—赵登禹路	二环内

北京市部分道路交通网络实时流量边权网络模型中不同时刻边的实时流量权重的分布如图 4-2 所示,图中统计了 2012 年 10 月 15 日(星期一)一天 24 个整点所有路段的流量数据,即每个时刻有 582 个数据。由图可看出,2:00—6:00 之间大多数路段的流量都小于 1000pcu/h;23:00—次日 2:00 之间和 6:00—7:00 之间的规律基本相同,多数路段都小于 2000pcu/h,且不同流量区间的路段个数分布均匀;7:00—23:00 之间大多数路段的流量都位于 2000pcu/h 和 5000pcu/h 之间,其中 8:00—11:00 之间和 15:00—19:00 之间大流量的路段较多,而其他时间段小流量的路段较多;9:00 和 18:00 左右的时段存在流量大于 5500pcu/h 的路段。

第 4 章 道路交通网络状态分析

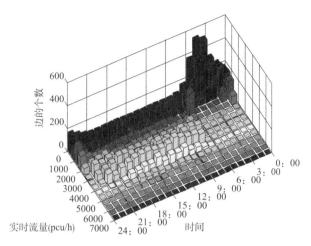

图 4-2 实时流量边权网络模型中不同时刻边的实时流量权重的分布

北京市部分道路交通网络实时速度边权网络模型(BRTNv)中边的实时速度权重在时间上的分布如图 4-3 所示,图中统计了上述的 11 条路段在 2012 年 10 月 15 日(星期一)每 2min 的速度数据,即每条路段共有 720 个数据,因所有路段的最大速度中存在大于 100km/h 小于 110km/h 的速度,于是统计共分为 22 个区间,从 0km/h 到 110km/h,每隔 50km/h 为一个统计区间。由图可看出,五环外的路段在一天中大多数时刻的速度都大于 65km/h;四环和五环之间及五环上的路段一天的速度都在 50km/h 和 90km/h 之间,且速度介于 65km/h 和 75km/h 之间的时刻最多;四环上和四环内的路段一天的速度统计结果都存在两个峰值,一个峰值位于高速度区间,且所有路段的高速度区间值为 70~80km/h,另一个峰值位于低速度区间,低速度区间值随着地理位置的由外到内(即从四环上到二环内)越来越低。

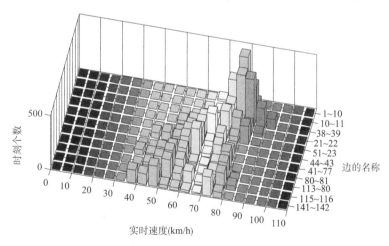

图 4-3 实时速度边权网络模型中边的实时速度权重在时间上的分布

北京市部分道路交通网络实时速度边权网络模型中不同时刻边的实时速度权重的分布如图 4-4 所示,图中统计了 2012 年 10 月 15 日(星期一)一天 24 个整点时刻所有路段的速度数据,即每个时刻有 582 个数据。由图可看出 0:00—6:00 之间大多数路段的速度都大于 60km/h;6:00—24:00 之间大多数路段的速度都介于 40km/h 和 80km/h 之间,其中 8:00—

11:00 之间和 15:00—19:00 之间存在速度低于 30km/h 的路段,而其他时间段速度介于 50km/h 和 70km/h 的路段较多;9:00—18:00 左右的时段多数路段的速度都较低。

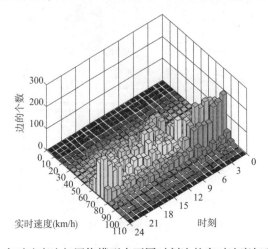

图 4-4 实时速度边权网络模型中不同时刻边的实时速度权重的分布

北京市部分道路交通网络实时占有率边权网络模型(BRTNo)中边的实时占有率权重在时间上的分布如图 4-5 所示,图中统计了上述的 11 条路段在 2012 年 10 月 15 日(星期一)每 2min 的时间占有率数据,即每条路段共有 720 个数据。因所有路段的最大时间占有率小于 0.5,于是统计共分为 25 个区间,从 0 到 0.5,每隔 0.2 为一个统计区间。由图可看出,五环外的路段一天的时间占有率都小于 0.1,且时间占有率小于 0.04 的时刻最多;五环上和五环内的路段一天的时间占有率统计结果存在以下规律:随着路段地理位置由外到内,其一天时间占有率的区间越来越大,比如五环上最高时间占有率为 0.2 左右,而二环上路段最高时间占有率为 0.3 左右,且位置越靠外的路段低时间占有率的时刻越多,而位置越靠内的路段高时间占有率的时刻越多。

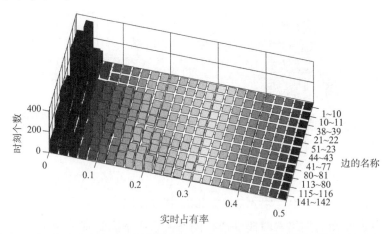

图 4-5 实时占有率边权网络模型中边的实时占有率权重在时间上的分布

北京市部分道路交通网络实时占有率边权网络模型中不同时刻边的实时占有率权重的分布如图 4-6 所示,图中统计了 2012 年 10 月 15 日(星期一)一天 24 个整点时刻所有路段的时间占有率数据,即每个时刻有 582 个数据。由图可看出,23:00—次日 7:00 之间所有路段的时间占有率都小于 0.1;20:00—23:00 之间大多数路段的时间占有率都小于 0.1,7:00—20:00 之间大多数路段的时间占有率都大于 0.1,其中 8:00—11:00 之间和 15:00—20:00 之间存在时间占有率大于 0.4 的路段;9:00 和 18:00 左右存在较多时间占有率大于 0.3 的路段。

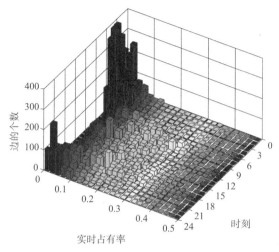

图 4-6 实时占有率边权网络模型中不同时刻边的实时占有率权重的分布

北京市部分道路交通网络实时交通状态边权网络模型(BRTNs)中边的实时交通状态权重受参数 α 的影响,图 4-7~图 4-9 分别给出了参数 $\alpha=0$、$\alpha=0.5$ 和 $\alpha=1$ 时边的实时交通状态权重在时间上的分布情况。图中统计了上述的 11 条路段在 2012 年 10 月 15 日(星期一)每 2min 的状态数据,即每条路段共有 720 个数据,因交通状态的取值区间为[0,1],于是划分为 10 个区间,每隔 0.1 为一个统计区间。

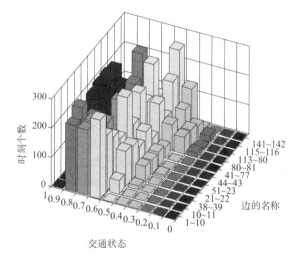

图 4-7 实时交通状态边权网络模型中边的实时交通状态权重在时间上的分布($\alpha=0$)

由图 4-7 可看出当 $\alpha=0$ 时各路段一天的交通状态情况,即只考虑道路速度和占有率的情况,交通状态好说明路段的速度大和占有率小,所有路段一天大多数时刻的交通状态都大于 0.5,地理位置靠外的路段所有时刻的交通状态都比较好,而地理位置靠路网中心的路段存在某些时刻的交通状态较差。

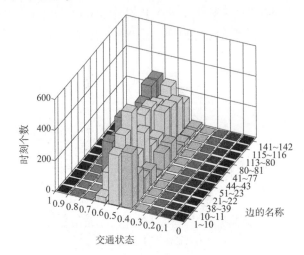

图 4-8　实时交通状态边权网络模型中边的实时交通状态权重在时间上的分布($\alpha=0.5$)

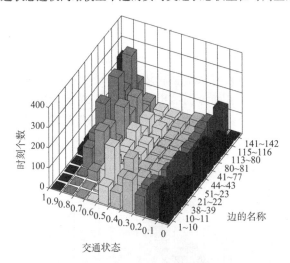

图 4-9　实时交通状态边权网络模型中边的实时交通状态权重在时间上的分布($\alpha=1$)

由图 4-8 可看出当 $\alpha=0.5$ 时各路段一天的交通状态情况,即考虑道路速度、占有率和流量三种参数的情况,交通状态好说明路段的速度较大、占有率较小且流量较大,所有路段一天所有时刻的交通状态介于 0.4 和 0.8 之间,说明交通状态受地理位置因素的影响不大,因为路段流量较大时路段的速度一般较小且占有率一般较大。总体来说,越靠近路网中心的路段出现较好交通状态的时间越多,如三环内的路段。

由图 4-9 可看出当 $\alpha=1$ 时各路段一天的交通状态情况,即只考虑道路流量的情况,交通状态好说明路段的流量大,地理位置靠外的路段所有时刻的交通状态都比较差,说明其路段的使用率基本没有达到饱和状态,而地理位置靠路网中心的路段存在某些时刻的交通状态较差,但多数时间下交通状态值较好,且位置越靠路网中心交通状态的最大值越大且出现的时刻越多。

北京市部分道路交通网络实时交通状态边权网络模型中在参数 $\alpha=0$、$\alpha=0.5$ 和 $\alpha=1$ 时不同时刻边的实时交通状态权重的分布情况分别如图 4-10 ~ 图 4-12 所示。图中统计了 2012 年 10 月 15 日(星期一)一天 24 个整点时刻所有路段的交通状态数据,即每个时刻有 582 个数据。

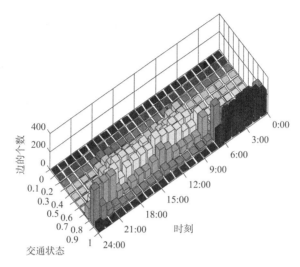

图 4-10　实时交通状态边权网络模型中不同时刻边的实时交通状态权重的分布($\alpha=0$)

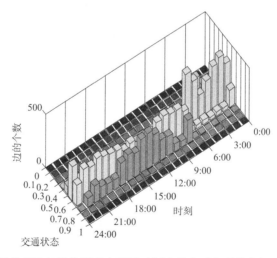

图 4-11　实时交通状态边权网络模型中不同时刻边的实时交通状态权重的分布($\alpha=0.5$)

由图 4-10 可看出当 $\alpha=0$ 时一天每个整点所有路段的交通状态情况,即只考虑道路速度和占有率的情况,交通状态好说明路段的速度大和占有率小。21:00—次日 7:00 几乎所有路段的交通状态都大于 0.7,说明这个时间区间内所有路段的速度都较大和占有率较小,而从 7:00—21:00 所有路段的交通状态值都在 0.3 和 0.9 之间,且 9:00 和 18:00 左右多数路段的交通状态较差,最差的交通状态也在这两个时刻附近。

由图 4-11 可看出当 $\alpha=0.5$ 时一天每个整点所有路段的交通状态情况,即考虑道路速度、占有率和流量三种参数的情况,交通状态好说明路段的速度较大、占有率较小且流量较大。每个时刻所有路段的交通状态介于 0.3 和 0.8 之间,说明交通状态受时间因素的影响不大,也是因为路段流量大时其速度一般较小且占有率一般较大。总体来说,14:00 左右的交通状态较好。

由图 4-12 可看出当 $\alpha=1$ 时一天每个整点所有路段的交通状态情况,即只考虑道路流量的情况,交通状态好说明路段的流量大。23:00—次日 7:00 几乎所有路段的交通状态都小于 0.5,说明这个时间区间内所有路段的流量都较小,20:00—23:00,多数路段的交通状态介于 0.2 和 0.5 之间,而从 7:00—20:00 之间多数路段的交通状态值都在 0.7 和 0.9 之间。

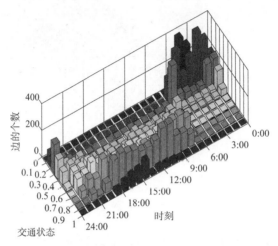

图 4-12　实时交通状态边权网络模型中不同时刻边的实时交通状态权重的分布($\alpha=1$)

4.3　道路交通网络状态时序分析方法

针对道路交通网络状态变化的周期性,基于历史数据的统计分析,本章首先提出了一种道路交通网络状态时序分析方法,该方法考虑了道路交通网络上各个路段的实时流量、实时速度和实时占有率,其方法的处理过程涉及网络边介数的概念、有序数列的最优分割方法、时间区间的加权方法、可能性与概率之间的转化方法及可能性理论等;然后以北京市部分道路交通网络为例给出了网络状态时序分析的结果,并进行了相关的讨论分析,可实现通过时间快速识别路网的状态,也可得到路网状态变化的时间临界点及路网状态变化在时间上的规律。

4.3.1　状态时序分析方法

道路交通网络的交通状态表现为各个路段交通状态的集合,通过路段交通状态的处理最终融合为路网的交通状态是一个必要的研究过程。本小节详细给出了道路交通网络状态时序分析方法,包括以下五个步骤:路段权重的分析、路段高峰状态的时间分布、路网高峰状态的时间分布、路网高峰状态的模糊时间区间确定和路网状态的模糊划分。

4.3.1.1　路段权重的分析

众所周知,城市的道路一般被分为不同的等级,如高速公路、主干道、支道路和街道等,这些不同等级的道路实现了不同的功能,从而保证城市日常的生产及居民的生活。功能全面和经济合理的城市道路是城市运输的基础,且对整个城市的发展具有重要意义。简单的道路等级不能用于确定城市路网中各个路段的重要程度,从真实的道路交通网络的交通运行情况来看,许多道路等级相同的路段却表现了不同的重要度,对整个路网交通流形成的贡献程度不同;有些低等级的路段甚至可能对路网交通发挥了十分重要的作用。

介数中心性是评价网络中节点或者边的中心重要性的一个合理且重要的指标,通常简称为介数,它描述了网络中任意两个节点之间的最优路径经过该节点或边的比例。道路交通网络中路段的介数可以描述路段的重要性,因为城市居民出行往往选择最优路径,而这些最优路径是城市交通流形成的根本原因。本书的最优路径考虑了城市道路的长度和通行能力,即城市居民出行时更愿意选择通行能力大而里程可能稍微大一些的路径。

针对以上分析,本章在路段介数的计算时所基于的城市道路网络模型为通行能效边权道路交通网络模型,最优路径计算时所采用的路段数据为修正的道路长度。路段 e_{ij} 的介数可描述为 $\mathrm{be}_e(e_{ij})$,其计算公式如下。

$$\mathrm{be}_e(e_{ij}) = \frac{\sum_{y,z \in N, y \neq z} \mathrm{ne}_{yz}^e(e_{ij})}{n \cdot (n-1)} \tag{4-21}$$

式中,$\mathrm{ne}_{yz}^e(e_{ij})$ 描述了从交叉口 y 到交叉口 z 的最优路径是否经过路段 e_{ij},当从交叉口 y 到交叉口 z 的最优路径经过路段 e_{ij} 时,$\mathrm{ne}_{yz}^e(e_{ij})=1$;当从交叉口 y 到交叉口 z 的最短里程路径不经过路段 e_{ij} 时,$\mathrm{ne}_{yz}^e(e_{ij})=0$。

基于路段介数的路段权重可描述为 $\mathrm{we}_e(e_{ij})$,计算公式如下。

$$\mathrm{we}_e(e_{ij}) = \frac{\mathrm{be}_e(e_{ij})}{\sum_{y,z \in N, y \neq z} \mathrm{be}_{yz}^e(e_{ij})} \tag{4-22}$$

4.3.1.2 路段高峰状态的时间分布

城市道路交通状态在不同天的同一时刻是相似的,且不同时刻状态之间的转换也具有类似的规律,所以可以将每天的交通状态看为一个周期。每一天的城市交通状态都在上午存在一个早高峰状态且在下午存在一个晚高峰状态,这两个高峰状态主要是由城市居民的日常通勤造成的,且交通拥堵也频繁在两个高峰状态下发生。除了高峰状态,其他交通状态统称为平峰状态,且城市道路交通的高峰状态和平峰状态在每一天都交替出现。基于不同交通状态发生时间的不同,可假设将一天的交通状态划分为五个交通状态,分别为下半夜平峰状态、早高峰状态、中午平峰状态、晚高峰状态和上半夜平峰状态。每一天高峰状态发生的两个时间区间整体大致相同,同一路段在不同天的高峰状态的开始时刻和结束时刻稍微不同,并且同一天的不同路段的高峰状态的开始时刻和结束时刻也稍微不同。

城市道路交通路段每一天的流量、速度和占有率数据都为一个时间序列数据,目前有许多关于时间序列数据的分割或分类。针对由布设在路段上的道路传感器感知并融合获取的实时流量、速度和占有率数据,基于有序数列的最优分割方法,可计算得到每一个路段的早晚高峰的开始时刻和结束时刻。

因为城市道路交通状态的周期性,计算过程以最小的周期(24h)进行详细描述。路段 e_{ij}

的时间序列数据描述如下。

$$\mathrm{TS}(e_{ij}) = [(\mathrm{rf}_{ij,1}, \mathrm{rv}_{ij,1}, \mathrm{ro}_{ij,1}), (\mathrm{rf}_{ij,2}, \mathrm{rv}_{ij,2}, \mathrm{ro}_{ij,2}), \cdots, (\mathrm{rf}_{ij,r}, \mathrm{rv}_{ij,r}, \mathrm{ro}_{ij,r})] \quad (4\text{-}23)$$

式中,r 为24h内的统计数据个数,$\mathrm{rf}_{ij,z}$ 为一个周期内路段 e_{ij} 实时流量的第 z 个值,$\mathrm{rv}_{ij,z}$ 为一个周期内路段 e_{ij} 实时速度的第 z 个值,$\mathrm{ro}_{ij,z}$ 为一个周期内路段 e_{ij} 实时流量的第 z 个值,$z \in \{1,2,\cdots,r\}$。

路段 e_{ij} 的时间序列数据描述了其一天的交通状态变化,交通状态可划分为高峰状态和平峰状态,因为一个时间段内交通状态的类别不变,于是可以将一天的时间序列数据分割为 k 个子时间序列,每个子时间序列为一个交通状态类别,这样就存在 $k-1$ 个时间分割点。为了便于描述和计算,将第一个时间点和这 $k-1$ 个时间分割点记录为分割向量 $(t_1,t_2,\cdots,t_k)$,其中,$1 = t_1 < t_2 < \cdots < t_k \leq r$。分割后的 k 个子时间序列描述如下。

$$\begin{cases} C_1 = [(f_{ij,t_1}, s_{ij,t_1}, o_{ij,t_1}), (f_{ij,t_1+1}, s_{ij,t_1+1}, o_{ij,t_1+1}), \cdots, (f_{ij,t_2-1}, s_{ij,t_2-1}, o_{ij,t_2-1})] \\ C_2 = [(f_{ij,t_2}, s_{ij,t_2}, o_{ij,t_2}), (f_{ij,t_2+1}, s_{ij,t_2+1}, o_{ij,t_2+1}), \cdots, (f_{ij,t_3-1}, s_{ij,t_3-1}, o_{ij,t_3-1})] \\ \cdots \\ C_k = [(f_{ij,t_k}, s_{ij,t_k}, o_{ij,t_k}), (f_{ij,t_k+1}, s_{ij,t_k+1}, o_{ij,t_k+1}), \cdots, (f_{ij,t_r}, s_{ij,t_r}, o_{ij,t_r})] \end{cases} \quad (4\text{-}24)$$

对每一个 $C_q = [(f_{ij,t_q}, s_{ij,t_q}, o_{ij,t_q}), (f_{ij,t_q+1}, s_{ij,t_q+1}, o_{ij,t_q+1}), \cdots, (f_{ij,t_{q+1}-1}, s_{ij,t_{q+1}-1}, o_{ij,t_{q+1}-1})]$ 都存在一个中心值 $\bar{C}_q$,$q = 1,2,\cdots,k$,$\bar{C}_q$ 的计算公式如下所示。

$$\bar{C}_q = \left(\frac{1}{t_{q+1} - t_q} \sum_{p=t_q}^{t_{q+1}-1} f_{ij,p}, \frac{1}{t_{q+1} - t_q} \sum_{p=t_q}^{t_{q+1}-1} s_{ij,p}, \frac{1}{t_{q+1} - t_q} \sum_{p=t_q}^{t_{q+1}-1} O_{ij,p} \right) \quad (4\text{-}25)$$

于是,每一个 C_p 的离差平方和可通过下面的公式计算得到。

$$D_q = \sum_{p=t_q}^{t_{q+1}-1} (c_q^p - \bar{C}_q) \cdot (c_q^p - \bar{C}_q)' \quad (4\text{-}26)$$

式中,$c_q^p = (f_{ij,p}, s_{ij,p}, O_{ij,p})$。不同的分割向量 $(t_1,t_2,\cdots,t_k)$ 确定了不同的分割方法,时间序列的最优分割即为寻找一个最优的分割向量 $(t_1,t_2,\cdots,t_k)$,使得所有 C_q 的离差平方和之和最小,该指标为时间序列分割损失函数,计算公式如下。

$$L(t_1,t_2,\cdots,t_k) = \sum_{q=1}^{k} D_q \quad (4\text{-}27)$$

当损失函数 $L(t_1,t_2,\cdots,t_k)$ 达到最小值时,对应的分割向量 $(t_1,t_2,\cdots,t_k)$ 即确定了时间序列的最优分割方法。针对之前的分析,考虑将路段 e_{ij} 一天的交通状态划分为5种,于是参数 $k=5$,需要计算最优的分割向量 $(t_1,t_2,\cdots,t_k)$。由最优分割向量可得到路段 e_{ij} 的早高峰交通状态的时间区间和晚高峰交通状态的时间区间,分别为 $[t_2, t_3-1]$ 和 $[t_4, t_5-1]$。

4.3.1.3 路网高峰状态的时间分布

基于以上的高峰状态时间区间的计算方法可得到路网所有路段的早晚高峰状态的时间区间。下面,本书提出一种时间区间加权平均方法,通过所有路段的早晚高峰状态的时间区间融合计算得到路网早晚高峰状态的时间分布。

通过以上的分析,可得到所有路段在路网中的权重及早晚高峰状态的时间区间,路段 e_{ij} 的权重可简记为 w_{ij},路段 e_{ij} 的早晚高峰状态的时间区间分别为 $[t_{ij}^{sm}, t_{ij}^{em}]$ 和 $[t_{ij}^{se}, t_{ij}^{ee}]$,其中,$1 < t_{ij}^{sm} < t_{ij}^{em} < t_{ij}^{se} < t_{ij}^{ee} < r$。于是,路网的早晚高峰状态的时间概率分布可通过下面两个公式

计算得到。

$$p_m(t) = \sum_{e_{ij} \in E} w_{ij} p_m^{ij}(t) \tag{4-28}$$

$$p_e(t) = \sum_{i,j \in E} w_{ij} p_e^{ij}(t) \tag{4-29}$$

式中，$t \in \{1,2,\cdots,r\}$，$p_m^{ij}(t)$ 和 $p_e^{ij}(t)$ 的计算公式如下。

$$p_m^{ij}(t) = \begin{cases} 0, & 1 \leq t \leq t_i^{sm} j \\ \dfrac{1}{t_{ij}^{em} - t_{ij}^{sm} + 1}, & t_i^{sm} j \leq t \leq t_i^{em} j \\ 0, & t_i^{em} j \leq t \leq r \end{cases} \tag{4-30}$$

$$p_e^{ij}(t) = \begin{cases} 0, & 1 \leq t \leq t_i^{se} j \\ \dfrac{1}{t_{ij}^{ee} - t_{ij}^{se} + 1}, & t_i^{se} j \leq t \leq t_i^{ee} j \\ 0, & t_i^{ee} j \leq t \leq r \end{cases} \tag{4-31}$$

4.3.1.4 路网高峰状态的模糊时间区间确定

当前，模糊理论和可能性理论受到专家和学者们的广泛研究。在本小节中，基于概率与可能性的转化方法和梯形模糊数的近似方法将路网早晚高峰状态的时间概率分布转化为早晚高峰状态的梯形模糊时间区间。

下面将给出早高峰状态的梯形模糊时间区间的计算过程。晚高峰状态的梯形模糊时间区间可采用类似的方法，首先要对所有的 $p_m(t)$ 进行排序，$t \in \{1,2,\cdots,r\}$，假设排序的结果为 $p_m(st_1) \geq p_m(st_2) \geq \cdots \geq p_m(st_r)$，于是可采用下面的公式计算得到早高峰交通状态在各个时间上的可性能。

$$\pi_m(st_i) = i \cdot p_m(st_i) + \sum_{j=i+1}^{r} p_m(st_j) \tag{4-32}$$

早高峰交通状态在各个时间上的可性能即为描述早高峰交通状态发生的一个模糊时间数，可描述为 $MP = \{\pi_m(t) \mid t \in \{1,2,\cdots,r\}\}$，在现实中，这样的模糊数不方便描述和计算，于是一个简单的模糊数且能够清晰准确描述早高峰交通状态发生的时间区间显得很有必要，而梯形模糊数就是一个有利的描述方式。梯形模糊数的隶属函数如下：

$$\pi_M(t) = \begin{cases} 0, & 1 \leq t \leq m_1 \\ \dfrac{t - m_1}{m_2 - m_1}, & m_1 \leq t \leq m_2 \\ 1, & m_2 \leq t \leq m_3 \\ \dfrac{m_4 - t}{m_4 - m_3}, & m_3 \leq t \leq m_4 \\ 0, & m_4 \leq t \leq r \end{cases} \tag{4-33}$$

于是，早高峰交通状态发生的模糊时间可描述为 $M = \{\pi_m(t) \mid t \in \{1,2,\cdots,r\}\}$，因其隶属函数为线性函数，所以可将 M 简单描述为 $[m_1, m_2, m_3, m_4]$。

一个模糊数 $MP = \{\pi_m(t) \mid t \in \{1,2,\cdots,r\}\}$ 转化为梯形模糊数 $M = [m_1, m_2, m_3, m_4]$ 的

过程为一个近似逼近的过程,假设 $M_\alpha = \{\pi_m(t) \mid t \in \{1,2,\cdots,r\}, \pi_M(t) \geq \alpha, \alpha \in (0,1]\}$ 为梯形模糊数 M 的 α-cut 集合,可知每一个 α-cut 集合都为一个闭区间,即可记为 $M_\alpha = [M_L(\alpha), M_R(\alpha)]$,其中,$M_L(\alpha)$ 和 $M_R(\alpha)$ 为闭区间的下界和上界,计算如下:

$$M_L(\alpha) = \min\{t \mid t \in \{1,2,\cdots,r\}, \pi_M(t) \geq \alpha, \alpha \in (0,1]\} \quad (4-34)$$

$$M_R(\alpha) = \max\{t \mid t \in \{1,2,\cdots,r\}, \pi_M(t) \geq \alpha, \alpha \in (0,1]\} \quad (4-35)$$

同样地,模糊数 MP 的 α-cut 集合描述为 $M_\alpha = [M_L(\alpha), M_R(\alpha)]$,模糊数 MP 和梯形模糊数 M 的距离可用下面的公式计算得到。

$$d(MP, M) = \sqrt{\int_0^1 (MP_L(\alpha) - M_L(\alpha))^2 d\alpha + \int_0^1 (MP_R(\alpha) - M_R(\alpha))^2 d\alpha} \quad (4-36)$$

当 $M = [m_1, m_2, m_3, m_4]$ 使得 $d(MP, M)$ 达到最小值时,M 即为模糊数 MP 的最优逼近梯形模糊数,所以早高峰交通状态发生的模糊时间为 $M = [m_1, m_2, m_3, m_4]$;同样地,可计算得到晚高峰交通状态发生的模糊时间为 $E = [e_1, e_2, e_3, e_4]$。

4.3.1.5 路网状态的模糊划分

基于可能性理论,通过早晚高峰交通状态发生的模糊时间可计算得到下半夜平峰交通状态、中午平峰交通状态和上半夜平峰交通状态发生的模糊时间 N^{am}、N 和 N^{bm},这三个模糊时间的隶属函数如下:

$$\pi_{N^{am}}(t) = \begin{cases} 1, & 1 \leq t \leq m_1 \\ \dfrac{m_2 - t}{m_2 - m_1}, & m_1 \leq t \leq m_2 \\ 0, & m_2 \leq t \leq r \end{cases} \quad (4-37)$$

$$\pi_N(t) = \begin{cases} 0, & 1 \leq t \leq m_3 \\ \dfrac{t - m_3}{m_4 - m_3}, & m_3 \leq t \leq m_4 \\ 1, & m_4 \leq t \leq e_1 \\ \dfrac{e_2 - t}{e_2 - e_1}, & e_1 \leq t \leq e_2 \\ 0, & e_2 \leq t \leq r \end{cases} \quad (4-38)$$

$$\pi_{N^{bm}}(t) = \begin{cases} 0, & 1 \leq t \leq e_3 \\ \dfrac{e_3 - t}{e_4 - e_3}, & e_3 \leq t \leq e_4 \\ 1, & e_4 \leq t \leq r \end{cases} \quad (4-39)$$

同样地,下半夜平峰状态、中午平峰状态和上半夜平峰状态发生的模糊时间可简单记为 $N^{am} = [1, 1, m_1, m_2]$、$N = [m_3, m_4, e_1, e_2]$ 和 $N^{bm} = [e_3, e_4, r, r]$。

4.3.2 实例分析

针对以上道路交通网络状态的时序分析方法,本小节以北京市部分道路交通网络为例进行实例分析,计算北京市部分道路交通网络 5 个交通状态的模糊时间区间,并对结果进行讨论分析,同时讨论了其可能的应用。

为了能够更准确地对北京市部分道路交通网络状态进行时序分析,选取 2012 年 10 月 1—31 日一个月的交通流数据进行实验分析,每一条路段每天每 2min 有一组数据,包含流量、速度和占有率,即 720 组数据。

基于北京市通行能力边权网络模型进行路段介数的计算,然后计算出各个路段的权重,结果如图 4-13 ~ 图 4-15 所示,其中图 4-15 将路段的重要度在地图上显示,线的粗细代表路段权重的大小,线越粗表示路段的权重越大。

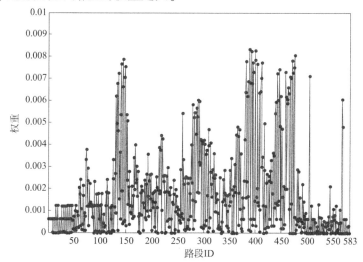

图 4-13 路段权重分析(一)

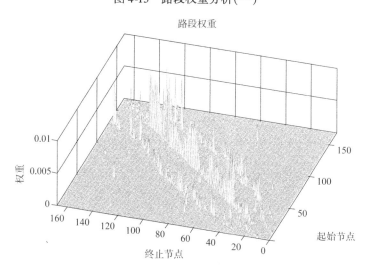

图 4-14 路段权重分析(二)

由路段权重分析图可看出,环线上的路段有较大的权重,尤其是二环、三环和四环,其中二环的权重最大,原因有两个:①本书假设路网 OD 分布为均匀分布,因为越靠近市中心节点的占有率越大,所以城市中心的出行的居民较多,造成越靠近市中心路段的介数越大,即权重越大。②居民的出行会选择通行能力较大的路段,故环线上路段的介数较大,即权重较大。五环以外的路段有较小的权重,同样是因为较小的节点占有率和较小的通行能力造成的。环线与环线之间的路段总体的权重较小,但是也存在部分较大权重的路段,比如路段113—110(西直门桥—紫竹桥)和路段80—44(蓟门桥—学院桥)等,其主要原因为这些路段是环线之间路段中通行能力较大的路段。

图 4-15　路段权重分析

北京市部分道路交通网络中的每一条路段每一天的交通流数据都可以通过有序数列的最优分割计算得到早晚高峰交通状态的开始时间和结束时间,即早晚高峰交通状态的时间区间。本书以路段 77—110(苏州桥—紫竹桥)2012 年 10 月 8 日当天的交通流参数为例进行计算,图 4-16～图 4-18 分别为一天的流量、速度和占有率数据,源数据为每 2min 一组的交通流数据,考虑最优分割的效率问题和源数据可能存在噪声的问题,采用加权平均的方法将每 2min 的数据转化为每 10min 的交通流数据,于是之前的 720 组数据转化为 144 组数据,转化后的数据不仅能够准确地描述交通状态,也能够有效地降低噪声影响,同时提高了最优分割的计算效率。

第 4 章 道路交通网络状态分析

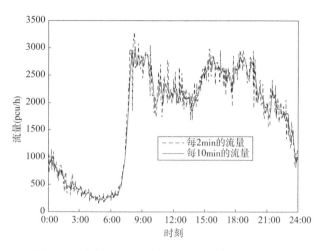

图 4-16 路段 77—110 的流量(2012 年 10 月 8 日)

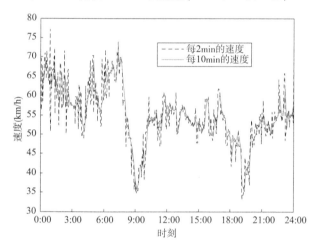

图 4-17 路段 77—110 的速度(2012 年 10 月 8 日)

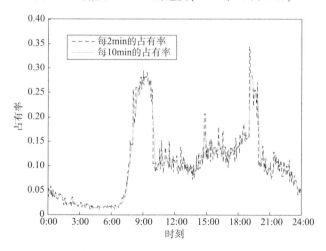

图 4-18 路段 77—110 的占有率(2012 年 10 月 8 日)

在进行有序数列最优分割之前,因为流量、速度和占有率的量纲不同,需要先进行归一化,归一化后的流量、速度和占有率数据如图4-19所示。路段77—110在2010年10月8日的早晚高峰交通状态的时间区间分别为[7:40,10:10]和[7:50,20:40]。由图中可以看出,在时间区间[15:10,17:50]的流量较大,但是该时间段内的交通状态被划分为平峰交通状态,因为其速度较大且占有率较低,所以对路段交通状态进行划分时需要考虑流量、速度和占有率三种交通流参数,只考虑一种交通流数据可能会造成划分结果不准确。

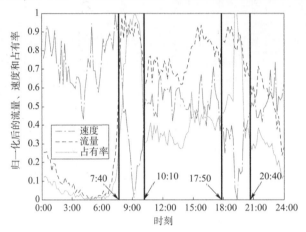

图4-19 路段77—110交通状态的最优分割(2012年10月8日)

北京市部分道路交通网络中,所有路段每天的早晚高峰交通状态的时间区间都可以用最优分割方法计算得到,通过时间区间的加权方法可以得到北京市部分道路交通网络的早晚高峰交通状态的时间分布情况,如图4-20所示。由图4-20可以看出,北京市部分道路交通网络的早高峰发生时间比晚高峰发生时间要集中,即整个路网所有路段的早高峰交通状态的时间区间较接近,使其引起的交通拥堵可能性相对于晚高峰交通状态要大,早高峰交通状态在7:40的概率最大,说明这个时刻路网大多数路段都为早高峰交通状态;同样地,晚高峰交通状态在19:50的概率最大,说明此时刻路网大多数路段都为晚高峰交通状态。

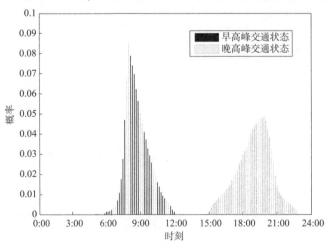

图4-20 路网早晚高峰状态的时间分布

基于北京市部分道路交通网络早晚高峰交通状态的时间分布,通过概率与可能性的转化方法将其转化为两个模糊时间,这两个模糊时间的隶属函数如图4-21所示。

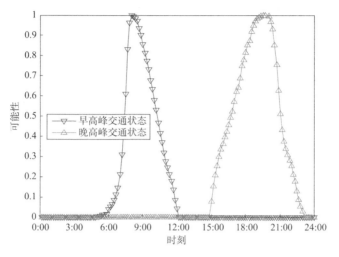

图4-21 路网早晚高峰状态的模糊时间

通过梯形模糊数与一般模糊数的近似逼近方法将北京市部分道路交通网络的早晚高峰交通状态发生的时间转化为两个梯形模糊时间,在逼近的算法过程中考虑到早晚高峰交通状态通常发生在一个时间区间内,同时可能性大于0.8通常理解为很可能发生的情况,所以在逼近算法中加入了附加条件。以北京市部分道路交通网络早高峰交通状态的梯形模糊时间$[m_1,m_2,m_3,m_4]$逼近计算的过程为例,存在两个附加条件,分别为$MP_L(0.8) \geqslant m_2$和$MP_{RL}(0.8) \geqslant m_3$,其计算结果如图4-22所示。由图4-22可以看出,北京市部分道路交通网络早晚高峰交通状态的梯形模糊时间分别为$[6:10,7:50,7:00,11:50]$和$[15:00,18:10,20:30,22:50]$,说明北京市部分道路交通网络在7:50和9:00之间一定为早高峰交通状态,然而在某天早高峰交通状态可能从6:10持续到11:50;同样地,北京市部分道路交通网络在18:10和20:30之间一定为晚高峰交通状态,然而在某天晚高峰交通状态可能从15:00持续到22:50。

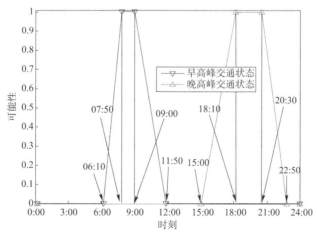

图4-22 路网早晚高峰状态的梯形模糊时间

基于可能性理论,由北京市部分道路交通网络早晚高峰交通状态的梯形模糊时间可计算出 5 个交通状态的梯形模糊时间,如图 4-23 所示。可以看出,下半夜平峰交通状态的梯形模糊时间为[0:00,0:00,6:10,7:50],说明 0:00 到 6:10 之间一定为下半夜平峰交通状态,某些天可能会持续到 7:50;中午平峰交通状态的梯形模糊时间为[9:00,11:50,15:00,18:10],说明 11:50 到 15:00 之间一定为中午平峰交通状态,某些天可能会从 9:00 持续到 18:10;上半夜平峰交通状态的梯形模糊时间为[20:30,22:50,24:00,24:00],说明 22:50 到 24:00 之间一定为上半夜平峰交通状态,某些天可能会从 20:30 开始就变为上半夜平峰交通状态。

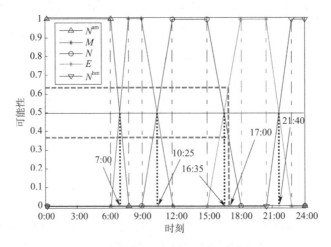

图 4-23 道路交通网络状态的模糊划分

基于北京市部分道路交通网络 5 个交通状态的梯形模糊时间可得到 4 个北京市部分道路交通网络状态转化的临界时间点,分别为 7:00、10:25、16:35 和 21:40。通过这 4 个时间点可快速识别出一天各个时刻的交通状态,比如北京市部分道路交通网络在 17:00 时刻的交通状态为晚高峰交通状态,因为其介于 16:35 和 21:40 之间,该时刻的交通状态精确的描述为可能性为 0.63 的晚高峰交通状态或者可能性为 0.37 的中午平峰交通状态。

北京市部分道路交通网络每一个交通状态的梯形模型时间还可以描述其在时间上的特性,比如早高峰交通状态在 6:10 和 11:50 之间的不同时刻发生的可能性不同,在 6:10 和 7:50 之间随着时间的增加,早高峰交通状态的可能性从 0 变为 1,即从 6:10 开始早高峰交通状态开始发生,经过 1h 40min 一定会变为早高峰交通状态,而在 7:50 和 9:00 之间,网络的交通状态一定为早高峰交通状态,从 9:00 时刻开始早高峰交通状态刚开始可能消失经过 2h 50min,一定会变为另一种交通状态,这也说明了早高峰交通状态的形成较快而消失较慢,而晚高峰交通状态的发展规律却相反,其形成较慢而消失较快。此外,可能性为 1 的早高峰交通状态的时间区间比可能性为 1 的晚高峰交通状态的时间区间小,即说明早高峰交通状态比晚高峰交通状态持续的时间较短。

基于以上分析,早晚高峰交通状态的梯形模糊时间也可以分析城市居民的通勤规律,在 6:10 和 7:50 之间,北京市城市居民开始从居住地出发去工作地,而在 7:50 和 9:00 之间,多数的居民在去工作地的路上,从 9:00 开始陆续到达工作地,直到 11:50 全部到达工作地。同样地,从 15:00 开始有居民开始从工作地返回居住地,从 18:10 开始多数居民都在返回居住地的路上,一直持续到 20:30,直到 22:50 几乎所有居民都达到居住地。居民通勤过程中,上午从出发地出发的时间相对比较集中,使得早高峰交通状态迅速形成,而到达目的地的时间不集中,造成早高峰交通状态较慢的消失;相反地,北京市部分道路交通网络晚高峰交通状态形成的过程较慢而消失的过程较快,即说明北京市城市居民从工作地开始回居住地的时间比较分散,而到达居住地的时间较集中。

4.4 道路交通网络状态风险分析方法

高速公路网运营风险充分考虑了基础路网在叠加了交通流后,由于交通流特性参数变化引发路网负载变化进而导致路网功能遭到破坏的可能性。因此,本节将以路网构件的动态属性作为研究的出发点,通过分析动态属性分布的特性来研究路网运营风险测度。

运营路网非均匀性(Heterogeneity of Operational Networks):运营路网构件动态属性分布的不均衡程度。

运营路网连通性(Connectivity of Operational Networks):运营路网中任意两节点间运营连通的程度。

运营路网抗毁性(Survivability of Operational Networks):运营路网在随机失效或蓄意失效情况下,路网维持其输运功能的能力。

4.4.1 道路交通网络非均匀性分析方法

4.4.1.1 基于流量分布的路网非均匀性测度

路段标准流量(Traffic Flow on Unit Mileage):路段单位里程的交通量,即:

$$\text{FM}_{e_{ij}}(t) = \frac{Q_{e_{ij}}(t)}{\varphi_{e_{ij}}} \tag{4-40}$$

式中,$\text{FM}_{e_{ij}}(t)$ 为 t 时刻路段 e_{ij} 的标准流量;$Q_{e_{ij}}(t)$ 为 t 时刻路段 e_{ij} 的交通量;$\varphi_{e_{ij}}$ 为路段 e_{ij} 的里程。

基于路段标准流量的路网非均匀性测度(Heterogeneity Measure of Operational Networks Based on Traffic Flow on Unit Mileage):

$$\text{ONH-FM}(t) = -\sum_{i,j=1}^{n} \frac{\text{FM}_{e_{ij}}(t)}{\sum_{i,j=1}^{n} \text{FM}_{e_{ij}}(t)} \ln \frac{\text{FM}_{e_{ij}}(t)}{\sum_{i,j=1}^{n} \text{FM}_{e_{ij}}(t)} \tag{4-41}$$

式中,$\text{FM}_{e_{ij}}(t)$ 为 t 时刻路段 e_{ij} 的标准流量;n 为路网节点总数。

路段标准流量反映了路段单位里程上流量的分布情况,路段标准里程越大,路段输运效率越高,在路段里程规模相当的情况下,路段标准流量越大,路段流量越大。基于路段标准流量的路网非均匀性测度通过分析路段标准流量的分布情况来刻画运营路网的非均匀性,路段标准流量分布越均匀,路段流量分布越均衡,路网流量分布越均衡。

节点标准流量(Traffic Flow on Unit Degree):节点单位度上的交通流量,即:

$$\mathrm{FD}_{v_i}(t) = \frac{\lambda_{v_i}(t)}{k_{v_i}} \quad (4\text{-}42)$$

式中,$\mathrm{FD}_{v_i}(t)$为t时刻节点v_i的标准流量;$\lambda_{v_i}(t)$为t时刻节点v_i的流量度;k_{v_i}为节点v_i的度。

基于节点标准流量的路网非均匀性测度(Heterogeneity Measure of Operational Networks Based on Traffic Flow on Unit Degree):

$$\mathrm{ONH\text{-}FD}(t) = -\sum_{i=1}^{n} \frac{\mathrm{FD}_{v_i}(t)}{\sum_{i=1}^{n}\mathrm{FD}_{v_i}(t)} \ln \frac{\mathrm{FD}_{v_i}(t)}{\sum_{i=1}^{n}\mathrm{FD}_{v_i}(t)} \quad (4\text{-}43)$$

式中,$\mathrm{FD}_{v_i}(t)$为t时刻节点v_i的标准流量;n为路网节点总数。

节点标准流量反映了节点单位度上流量分布情况,节点标准流量越大,节点连接路网输运规模越大,节点的重要度越大。基于节点标准流量的路网非均匀性测度通过分析节点单位度上流量的分布情况来描述路网的非均匀性,节点标准流量分布越均匀,节点流量负载越均衡,路网流量负载越均衡。

4.4.1.2 基于节点流量均衡度的非均匀性测度

节点流量均衡度(Equilibrium of Traffic Flow on Unit Degree of Node):

$$\mathrm{FE}_{v_i}(t) = \frac{1}{k_{v_i}} \sum_{\substack{v_u,v_v \in V \\ v_u = v_i \text{ or } v_v = v_i}} (Q_{e_{uv}}(t) - \mathrm{FD}_{v_i}(t))^2 \quad (4\text{-}44)$$

式中,k_{v_i}为节点v_i的度;$Q_{e_{uv}}$为t时刻节点v_i邻接路段上的交通流量;$\mathrm{FD}_{v_i}(t)$为t时刻节点v_i的标准流量。

节点流量均衡度通过计算节点邻接路段流量与节点标准流量偏差程度的平均值反映路网中节点自身流量分布的均衡程度。通过计算节点流量均衡度,能够找出路网中节点流量不均衡程度较大的节点,这些节点就成为路网配流过程中关注的重点,如何使这些节点流量分布趋于均衡,进而使路网流量分布趋于均衡是路网配流工作的重点。

基于节点流量均衡度的路网非均匀性测度(Heterogeneity Measure of Operational Networks Based on Equilibrium of Traffic Flow on unit Degree of Node):

$$\mathrm{ONH\text{-}FE}(t) = \frac{1}{n}\sum_{i=1}^{n}(\mathrm{FE}_{v_i}(t) - \sum_{i=1}^{n}\mathrm{FE}_{v_i}(t))^2 \quad (4\text{-}45)$$

式中,$\mathrm{FE}_{v_i}(t)$为t时刻节点v_i的流量均衡度;n为路网节点总数。

该测度刻画了节点流量均衡度与路网中所有节点流量均衡度平均值的偏差程度,偏差越大,路网中节点流量均衡度分布越分散,即节点流量均衡度在均值附近波动越大;偏差越小,路网中节点流量均衡度分布越集中,对于全路网而言,流量分布越均衡。与基于节点标准流量分布的非均匀性测度不同,该测度充分考虑了节点自身流量分布的均衡程度,即节点各个度方向上流量分布的情况,能够更加全面地反映路网流量分布的均衡程度。

4.4.2 道路交通网络连通性分析方法

4.4.2.1 基于路径运营连通度的连通性测度

本书所指的路网连通性分为两种:一种是物理连通,即从路网拓扑结构性质角度出发,研究节点间的连通以及路网的连通性;二是运营连通,即从路网功能属性和运营状态出发,研究节点间的连通以及路网的连通性。针对运营连通的相关问题定义如下。

节点运营连通度(Operational Connectivity of Node):设 γ_{v_i} 为节点 v_i 的通行能力,$t_{v_i}(t)$ 为节点 v_i 在 t 时刻的流量,则称:

$$\text{NOC}_{v_i}(t) = \begin{cases} 1 - \dfrac{t_{v_i}(t)}{\gamma_{v_i}}, & t_{v_i}(t) < \gamma_{v_i} \\ 0, & t_{v_i}(t) \geq \gamma_{v_i} \end{cases} \quad (4\text{-}46)$$

为节点 v_i 在 t 时刻的运营连通度。

路段运营连通度(Operational Connectivity of Road Segment):设有 $\gamma_{e_{ij}}$ 为路段 e_{ij} 的通行能力,$Q_{e_{ij}}(t)$ 为路段 e_{ij} 在 t 时刻的交通量,则称:

$$\text{EOC}_{v_i}(t) = \begin{cases} 1 - Q_{e_{ij}}(t)/\gamma_{e_{ij}}, & Q_{e_{ij}}(t) < \gamma_{e_{ij}} \\ 0, & Q_{e_{ij}}(t) \geq \gamma_{e_{ij}} \end{cases} \quad (4\text{-}47)$$

为路段 e_{ij} 在 t 时刻的运营连通度。

路径运营连通度(Operational Connectivity of Path):设有节点 v_0 到 v_k 的一条路径 $l_{0k}^0 = (v_0, v_1, \cdots, v_k)$,则称:

$$\text{ROC}_{v_i}(t) = \min_{\substack{i,j=0 \\ i<j}}^{k}(\text{NOC}_{v_i}(t), \text{EOC}_{e_{ij}}(t)) \quad (4\text{-}48)$$

为路径 e_{ij} 时刻的运营连通度。

路径连通度的定义充分体现了"短板效应"对路径连通性的影响,这是由于对于路径而言,其连通性由路径所包含的节点和路段的连通性共同决定,但对其影响最大的是连通性最小的那个节点(路段),称为路径的瓶颈。

有效节点(Valid Node):存在区间 $[I,J]$,当 $\text{NOC}_{v_i}(t) \in [I,J]$ 时,则称节点 v_i 是有效节点。

有效路段(Valid Road Segment):存在区间 $[M,N]$,当 $\text{EOC}_{e_{ij}}(t) \in [M,N]$ 时,则称路段 e_{ij} 是有效路段。

定义中有效节点和有效路段的区间范围需要根据路段和节点期望的服务水平等级确定。在实际的交通流诱导过程中,可以根据识别到的非有效的节点和路段,采取相应的诱导措施,进一步缓解非有效节点和路段的交通压力。

有效路径(Valid Path):设 l_{ij}^p 为节点 v_i 到 v_j 间的第 l 条路径,若路径中所有节点和路段均为有效的,则称路径 l_{ij}^p 为有效路径。

由定义可知,只要路径中有一个节点或路段是非有效的,则整条路径即为非有效路径。路网中非有效路径的数量越多,说明路网中拥塞的节点和路段越多,实际能够运营的路径越少,运营连通性越差。

运营连通(Operational Connected):设节点 v_i 和 v_j 物理连通,且节点 v_i 和 v_j 间至少有一条路径为有效路径,则称节点 v_i 与 v_j 运营连通。

基于路径运营连通度的路网连通性测度(Connectivity Measure of Operational Networks Based on Operational Connectivity of Path):路网 G 中任意节点 v_i 和 v_j 间路径运营连通度的均值,即:

$$\text{ONC-ROC}(t) = \frac{2\sum_{i,j=1}^{n}\left(\frac{\sum_{o=1}^{p}\text{ROC}_{l_{ij}^o}(t)}{p}\right)}{n(n-1)} \tag{4-49}$$

式中,$\text{ROC}_{l_{ij}^o}(t)$ 为 t 时刻节点 v_i 和 v_j 间第 l 条路径的运营连通度;n 为路网节点总数。

该测度通过计算路网中所有路径运营连通度的均值来描述路网的运营连通性,充分考虑了路网构件运营连通性对整个路网连通性的影响,对路网运营连通性的程度进行了量化。在现有的交通需求下,可以将该测度作为衡量路网运营状况的一个标准,制定相应的配流措施。

4.4.2.2 基于节点间流量裕度的连通性测度

节点间流量裕度(Traffic Flow Margin Between Nodes):节点间最大流量与实际流量的差值,即:

$$\text{FM}_{ij}(t) = R_{ij} - S_{ij}(t) \tag{4-50}$$

式中,R_{ij} 代表路网中满足相关的能力限制和平衡条件下节点 v_i 和 v_j 间的最大流量;$S_{ij}(t)$ 为 t 时刻节点 v_i 和 v_j 间的实际交通量。

节点间最大流量可以通过图论中网络最大流问题的相关算法求得。

节点间的流量反映了节点间的连接强度,流量越接近最大流量,连接越紧密。节点间流量裕度反映了节点间实际交通量与最大流量的差异程度,差异越大,连接强度越弱;差异越小,连接越紧密,连通性越强。

基于节点间流量裕度的路网连通性测度(Connectivity Measure of Operational Networks Based on Traffic Flow Margin Between Nodes):

$$\text{ONC-FM}(t) = \frac{2\sum_{i,j=1}^{n}\text{FM}_{ij}(t)}{n(n-1)} \tag{4-51}$$

式中,$\text{FM}_{ij}(t)$ 为节点 v_i 和 v_j 间的流量裕度;n 为路网节点总数。

该测度通过计算任意节点间流量裕度的均值来反映路网连通性程度,均值越大,路网连通性越弱;均值越小,路网连通性越强。该测度能够辨识路网当前的连通程度,同时可以根据节点间的流量裕度大小采取相应的配流措施,在保证安全运营的前提下实现路网输运效率最大化。

4.4.2.3 基于路段密度的连通性测度

路段密度是指 t 时刻单位长度的车道上的车辆数。路段密度描述了路段的拥挤程度,反映了车辆在路段上的空间分布情况,是路段负荷程度的一种度量,也是公路服务水平评价的一个重要指标。

道路服务水平通过对交通流状态进行划分,定性地描述了交通流从自由流、稳定流、饱和流再到强制流的变化,反映了公路交通负荷状况。据此,公路服务水平共分为四级,见表4-2。

公路服务水平 表4-2

服务水平等级	一级服务水平	二级服务水平	三级服务水平	四级服务水平
交通量	小	增大	超过二级服务水平对应的服务交通量	继续增大
行车车速自由度	自由或较自由	降低	受到很大限制	无法自主选择
受其他车辆或行人干扰的程度	不受或基本不受	容易	极易	严重
交通流状态	自由流	稳定流的中间范围	稳定流的下半部分,且已接近不稳定流范围	不稳定流
被动延误性	少	增加	80%	易走走停停
舒适便利度	高	拥挤	拥堵	阻塞
超车需求与超车能力的关系	远小于	相当	超过	远大于

路段密度越大,路段服务水平等级越高,路段出现拥堵的可能性越大,路段的运营连通度越小,路网的连通性也会随之受到影响。

基于路段密度的路网连通性测度(Connectivity Measure of Operational Networks Based on Traffic Flow Density of Road Segment):

$$\text{OCN-SD}(t) = \frac{1}{m}\sum_{i,j=1}^{n}T(K_{e_{ij}}(t)) \tag{4-52}$$

式中,m 为路网中所包含的路段总数;$T(K_{e_{ij}}(t)) = \begin{cases} 0, \text{LOS}(K_{e_{ij}}(t)) \in \{C,D\} \\ 1, \text{LOS}(K_{e_{ij}}(t)) \in \{A,B\} \end{cases}$;$\text{LOS}(K_{e_{ij}}(t))$ 为由路段密度 $K_{e_{ij}}(t)$ 所决定的路段服务水平等级,共分为四级,分别对应 $\{A,B,C,D\}$。

该测度通过计算某一时刻路段服务水平处于畅通等级的路段数量与路网中所包含的所有路段数量的比值,描述了某一时刻路网的畅通程度,路网中路段服务水平等级高的路段越多,路网越畅通,相应地,路网的运营连通度越高。

4.4.3 道路交通网络抗毁性分析方法

4.4.3.1 基于路网构件重要度的抗毁性测度

1) 节点重要度指标

(1) 节点流量度(Flow Degree of Node)。

节点 v_i 的流量度是指 v_i 邻接路段流量之和,即:

$$\lambda_{v_i}(t) = \sum_{j \in A_{v_i}} Q_{e_{ij}}(t) + \sum_{u \in A_{v_i}} Q_{e_{ui}}(t) \tag{4-53}$$

式中,$\lambda_{v_i}(t)$ 为 t 时刻节点 v_i 的流量度;A_{v_i} 为节点 v_i 的邻接节点集合;$Q_{e_{ij}}(t)$ 为 t 时刻路段 e_{ij} 的交通量;$Q_{e_{ui}}(t)$ 为 t 时刻路段 e_{ui} 的交通量。

(2)节点交织系数(Degree of Disorder in Weaving Area)。

节点 v_i 的交织系数是指 t 时刻节点 v_i 汇入(汇出)系数与节点邻接上下游路段速度差的均值,即:

$$\mu_{v_i}(t) = \begin{cases} \dfrac{\Psi(\mu_{v_i}^+(t)) + \Psi(|V_{m_{e_{ui}}}(t) - V_{m_{e_{ij}}}(t)|)}{2}, v_i \in V^+ \\ \dfrac{\Psi(\mu_{v_i}^+(t)) + \Psi(|V_{m_{e_{ui}}}(t) - V_{m_{e_{ij}}}(t)|)}{2}, v_i \in V^- \end{cases} \tag{4-54}$$

式中,$\mu_{v_i}(t)$ 为时刻节点 v_i 的交织系数;$\mu_{v_i}^+(t)$ 为 t 时刻节点 v_i 的汇入系数;$\mu_{v_i}^-(t)$ 为 t 时刻节点 v_i 的汇出系数;$V_{m_{e_{ui}}}(t)$、$V_{m_{e_{ij}}}(t)$ 分别为 t 时刻节点 v_i 所邻接的上下游路段的平均速度;$\Psi(\cdot)$ 为线性归一化算子。

该指标通过分析节点接入流量与其邻接的上游路段流量的比值以及节点邻接的上下游路段的平均速度差来描述分流区域和汇流区域交通流的紊乱程度。该指标值越大,说明节点所在分流区域或汇流区域的交通流越紊乱,发生交通事故和违法事件的可能性越大。在分析一个典型的高速公路交织区的交织程度时,可以选取该交织区所包含的两个节点的交织系数的最大值作为衡量该交织区交织程度的一个重要指标。

2)路段重要度指标

(1)路段速度差(Velocity Difference of Road Segment)。

路段 e_{ij} 的速度差是指 t 时刻路段 e_{ij} 的平均速度与设计速度的差值,即:

$$\mathrm{VD}_{e_{ij}}(t) = V_{m_{e_{ij}}}(t) - V_{d_{e_{ij}}} \tag{4-55}$$

式中,$\mathrm{VD}_{e_{ij}}(t)$ 为 t 时刻路段 e_{ij} 的速度差;$V_{m_{e_{ij}}}$ 为 t 时刻路段 e_{ij} 上车辆的平均行驶速度;$V_{d_{e_{ij}}}$ 为路段 e_{ij} 的设计速度。

(2)路段货车比例(Proportion of Trucks)。

路段 e_{ij} 的货车比例是指 t 时刻通过路段 e_{ij} 的货车数量与交通流量之比,即:

$$\mathrm{TS}_{e_{ij}}(t) = \frac{Q_{t_{e_{ij}}}(t)}{Q_{e_{ij}}(t)} \tag{4-56}$$

式中,$\mathrm{TS}_{e_{ij}}(t)$ 为 t 时刻路段 e_{ij} 的货车比例;$Q_{t_{e_{ij}}}(t)$ 为 t 时刻路段 e_{ij} 的货车流量;$Q_{e_{ij}}$ 为 t 时刻路段 e_{ij} 的交通流量。

(3)路段气象环境指数(Meteorology Environment Index of Road Segment)。

不良气象条件下,路段 e_{ij} 的能见度以及路面条件对路段交通安全的综合影响程度即为路段气象环境指数,即:

$$\mathrm{EI}_{e_{ij}}(t) = \mathrm{VI}_{e_{ij}}(t) + \mathrm{CI}_{e_{ij}}(t) \tag{4-57}$$

式中,$\mathrm{EI}_{e_{ij}}(t)$ 为 t 时刻路段 e_{ij} 气象环境指数;$\mathrm{VI}_{e_{ij}}(t)$ 为 t 时刻路段 e_{ij} 能见度指数;$\mathrm{CI}_{e_{ij}}(t)$ 为 t 时刻路段 e_{ij} 路面条件指数。

(4)路段违法率(Vehicle Violation Rate of Road Segment)。

路段 e_{ij} 的违法率是指 t 时刻路段 e_{ij} 上超速行驶、酒后驾驶和疲劳驾驶等车辆与路段交通量的比值,即:

$$\text{IR}_{e_{ij}}(t) = \frac{Q_{i_{e_{ij}}}(t)}{Q_{e_{ij}}(t)} \tag{4-58}$$

式中,$\text{IR}_{e_{ij}}(t)$ 为 t 时刻路段 e_{ij} 违法率;$Q_{i_{e_{ij}}}(t)$ 为 t 时刻路段 e_{ij} 上车辆违法总数;$Q_{e_{ij}}(t)$ 为 t 时刻路段 e_{ij} 的交通量。

3)基于方差的路网构件重要度分析

与基础路网中对路网构件重要度的分析相同,运营路网中节点和路段的重要度分布特征与路网的抗毁性密切相关,区别在于运营路网中节点和路段的重要度考虑了实时的交通流特性以及天气情况对节点和路段的影响。对于任意两个路网而言,即使二者的节点(路段)重要度均值相同,其度量值的波动程度也可能有所差异。波动较小的路网中,节点(路段)的重要性差别越小,其抗毁性越强。基于此,通过建立一些能够反映路网节点(路段)重要性分布特征的指标来评价网络的抗毁性。

为了刻画节点(路段)重要度度量值的分散程度,以及度量值在其均值范围内变化的情况,采用方差来描述度量值的波动情况。波动较小的网络中节点(路段)的重要度差别较小,结构较稳定。

(1)节点抗毁度方差。

$$\text{ONS-U}(\omega_k(t)) = \frac{1}{n}\sum_{i=1}^{n}(\omega_k^i(t) - \hat{\omega}_k(t))^2 \tag{4-59}$$

式中,$\omega_k(t)$ 为 t 时刻第 k 种运营路网节点重要度指标;$\omega_k^i(t)$ 为 t 时刻节点 v_i 的第 k 种重要度指标;$\hat{\omega}_k(t)$ 为 t 时刻第 k 种重要度指标均值;n 为节点数量。

将 $\omega_k(t)$ 用前文定义的节点重要度指标代替,就可得到基于该重要度指标的抗毁性测度。

(2)路段抗毁度方差。

$$\text{ONS-U}(\omega'_q(t)) = \frac{1}{m}\sum_{i,j=1}^{n}(\omega_q^{ij}(t) - \hat{\omega}'_q(t))^2 \tag{4-60}$$

式中,$\omega'_q(t)$ 为 t 时刻第 q 种运营路网路段重要度指标;$\omega_q^{ij}(t)$ 为 t 时刻第 q 种路段 e_{ij} 的重要度指标;$\hat{\omega}'_q(t)$ 为 t 时刻第 q 种路段 e_{ij} 的重要度指标的均值;m 为路网中路段数量。将 $\omega'_q(t)$ 用前文定义的路段重要度指标代替,就可得到基于该重要度指标的抗毁性测度。

4.4.3.2 基于路网失效方式的抗毁性测度

由前文的定义可知,运营路网抗毁性是指运营路网在随机失效或蓄意失效情况下,路网维持其输运功能的能力。定义中的随机失效可以理解为非人为损毁对路网的影响,诸如自然灾害、恶劣气象条件等导致的基础设施自然损毁或故障以及交通事故等。蓄意失效可以理解为蓄意人为对路网的影响,诸如恶意人为导致的基础设施损毁、故障以及由此导致的事故,也包含由于特定原因实施的交通管制措施。针对这两种失效方式,分别定义衡量这两种失效方式下路网的抗毁性测度。

基于随机失效的路网抗毁性测度(Survivability Measure of Operational Networks Based on Random Failure):

$$\text{ONS-RF}(t) = -\sum_{i=1}^{\zeta} \frac{W_i(t)}{\sum_{i=1}^{\zeta} W_i(t)} \ln \frac{W_i(t)}{\sum_{i=1}^{\zeta} W_i(t)} \quad (4\text{-}61)$$

式中,$W_i(t)$为t时刻第i种重要度的方差;ζ为重要度指标的数量。

实际上,前文定义的节点重要度指标和路段重要度指标分别构造了一种全路网的分布,该测度考虑每一个分布的方差分布的均衡程度,方差分布越均衡,熵越大,路网面对随机失效时抗毁能力越强。

偏离大路段(Road Segment with Large Deviation):设有路段$e_{uv} \in E$,若存在$\omega_q^{uv'}(t) - \overline{\omega}'_q(t) > \dfrac{\sum_{i,j=1}^{n}(\omega_k^{ij}(t) - \overline{\omega}'_k(t))}{m}$,则称路段$e_{uv}$为在$t$时刻第$q$种路段重要度指标下的偏离大路段。

偏离大节点(Node with Large Deviation):设有节点$v_u \in V$,若存在$\omega_k^u(t) - \overline{\omega}_k(t) > \dfrac{\sum_{i=1}^{n}(\omega_k^i(t) - \overline{\omega}_k(t))}{n}$,则称节点$v_u$为在$t$时刻第$k$种节点重要度指标下的偏离大节点。

基于蓄意失效的路网抗毁性测度(Survivability Measure of Operational Networks Based on Spiteful Failure):

$$\text{ONS-SF}(t) = \frac{\sum_{k=1}^{\Psi} \dfrac{\Phi_k(t)}{n} + \sum_{q=1}^{\zeta} \dfrac{\Gamma_q(t)}{m}}{\Psi + \zeta} \quad (4\text{-}62)$$

式中,$\Phi_k(t)$为t时刻第k种节点重要度指标下的偏离大的节点数;$\Gamma_q(t)$为t时刻第q种路段重要度指标下偏离大的路段数;Ψ为节点重要度指标的数量;ζ为路段重要度指标的数量;n为路网中节点数量;m为路网中路段数量。

该测度通过分析路网中偏离大构件数与路网总构件数的比值来反映路网在面对蓄意失效时的抗毁能力。路网中偏离大的构件数越少,蓄意失效的可能性较小,路网的抗毁性越强;偏离大的构件数越多,蓄意失效的可能性越大,路网的抗毁能力越弱。这里存在两种极端情况:偏离大构件数为零和偏离大构件数等于路网构件总数,在这两种情况下,路网面对蓄意失效的抗毁性最强。

4.4.4 实例分析

研究选取2012年12月某一天(记为第Λ天)的运营数据计算路网24h运营风险测度的变化情况。

1)运营路网非均匀性测度计算

(1)基于流量分布的路网非均匀性测度。

①基于路段标准流量的路网非均匀性测度。

路段标准流量反映了路段单位里程上流量的分布情况,路段标准里程越大,路段输运效率越高,在路段里程规模相当的情况下,路段标准流量越大,路段流量越大。

根据24h路网流量数据,可以计算得到相应的24h基于路段标准流量的路网非均匀性测度值。从图4-24中可以看出,6:00—7:00、7:00—8:00、8:00—9:00、16:00—17:00、17:00—18:00和18:00—19:00几个时段测度值较大,路网中路段标准流量分布较为均衡。这是由于这几个时段是上下班的高峰期,在高速公路上的表现即为进出城的高峰期,此时路网中大部分路段流量都比其他时段更大。

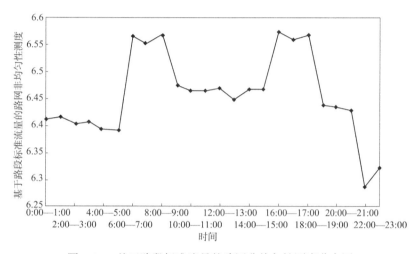

图4-24 基于路段标准流量的路网非均匀性测度分布图

②基于节点标准流量的路网非均匀性测度。

节点标准流量反映了节点单位度上流量分布情况,节点标准流量越大,节点连接路网输运规模越大,节点的重要度越大。

根据24h路网流量数据,可以计算得到相应的24h基于节点标准流量的路网非均匀性测度值,该测度值越大,说明路网中节点标准流量分布越均衡。从图4-25中可以看出,6:00—7:00、7:00—8:00、8:00—9:00、16:00—17:00、17:00—18:00和18:00—19:00几个时段测度值较大,说明这几个时段路网中流量分布较为均衡。这是由于这几个时段是上下班的高峰期,在高速公路上的表现即为进出城的高峰期,此时路网中大部分节点所连接路网输运规模都比其他时段更大。

(2)基于节点流量均衡度的路网非均匀性测度。

节点流量均衡度反映了节点自身流量分布的均衡程度。通过计算节点流量均衡度,能够找出路网中节点流量不均衡程度较大的节点,这些节点就成为路网配流过程中关注的重点。

从24h基于节点流量均衡度的路网非均匀性测度值分布来看(图4-26),7:00—8:00和17:00—18:00两个时段测度值最大,这是由于这两个时段是上下班的高峰时段,路网中存在部分节点流量均衡度较大,节点邻接的部分路段流量负载过大,容易造成拥堵,需要对节点邻接路段进行重新配流,从而使节点流量分布趋于均衡。

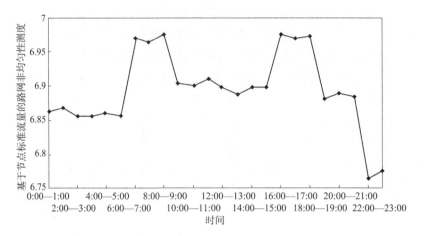

图 4-25　基于节点标准流量的路网非均匀性测度分布图

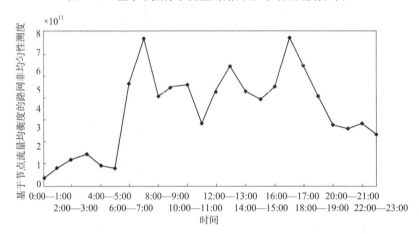

图 4-26　基于节点流量均衡度的路网非均匀性测度分布图

2）运营路网连通性测度计算

(1) 基于路径运营连通度的连通性测度。

路径运营连通度的定义充分体现了"短板效应"对路径连通性的影响,这是由于对于路径而言,其连通性由路径所包含的节点和路段的连通性共同决定,但对其影响最大的是连通性最小的那个节点(路段),称为路径的瓶颈。

从 24h 基于路径运营连通度的路网连通性测度分布情况来看(图 4-27),7:00—8:00、17:00—18:00 和 18:00—19:00 三个时间段测度值最小,说明这三个时间段中路网路径运营连通度的均值取得最小值,路网整体的连通性较差,这是因为这三个时段是上下班高峰期,进出城流量较大,路段和节点剩余通过能力减小。

(2) 基于节点间流量裕度的连通性测度。

节点间流量裕度反映了节点间实际交通流量与最大流量的差异程度,差异越大,连接强度越弱,差异越小,连接越紧密,连通性越强。

从 24h 基于节点间流量裕度的路网连通性测度分布情况来看(图 4-28),4:00—5:00 时间段测度值最小,这说明该时间段路网任意节点间流量裕度的均值取得最小值,路网中任意节点间路径的连通能力较强,在路段通行能力的限制条件下,路径的输运效率最高。这是因为此时段属于一个过渡期,一方面,大型货车限行时间即将来临;另一方面,还没有到上班高峰期。

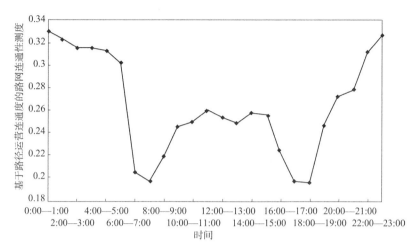

图 4-27　基于路径运营连通度的路网连通性测度分布图

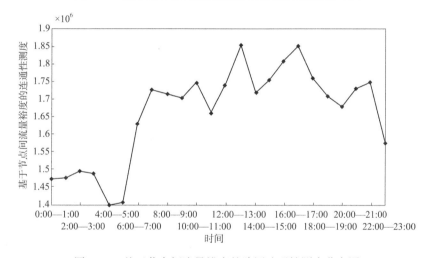

图 4-28　基于节点间流量裕度的路网连通性测度分布图

(3)基于路段密度的连通性测度。

路段密度反映了路段的拥挤程度,路段密度越大,路段服务水平越低,路段的连通性越差。

从 24h 基于路段密度的路网连通性测度分布来看(图 4-29),7:00—8:00 和 17:00—18:00 两个时间段的测度值最小,这说明这两个时间段内路网中路段服务水平多数处于$\{C, D\}$级,多数路段出现拥塞状况,路网整体的连通性较差,这是因为这两个时间段是上下班进出城高峰期,路网中部分重要路段流量较大,接近于路段通行能力上限。

3)运营路网抗毁性测度计算

(1)基于节点重要度的路网抗毁性测度。

①基于节点流量度的路网抗毁性测度。

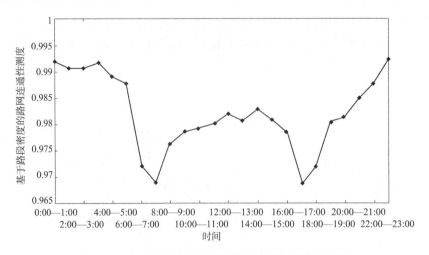

图 4-29 24h 基于路段密度的路网连通性测度分布图

节点流量度反映了节点连接的路网输运规模的大小,节点流量度越大,节点连接的路网输运规模越大,节点的重要度越大。

从 24h 基于节点流量度的路网抗毁性测度分布情况看(图 4-30),7:00—8:00 和 17:00—18:00 两个时段测度值较大,说明该时段路网中节点流量度的差异较大,部分节点的流量度远大于节点流量度的平均值,此时路网抗毁性较差。这是因为这两个时段是上下班高峰时段,部分重要节点连接的路网输运规模都比其他时段大。

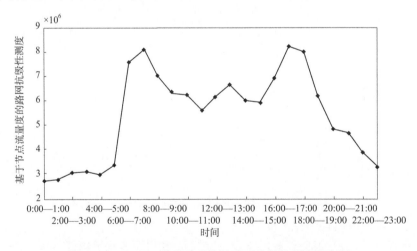

图 4-30 24h 基于节点流量度的路网抗毁性测度分布图

②基于节点交织系数的路网抗毁性测度。

节点交织系数反映了节点所在分流(汇流)区域的交通流紊乱程度,节点交织系数越大,说明节点所在分流(汇流)区域的交通流越紊乱,发生交通事故和违法事件的可能性越大。

从 24h 基于节点交织系数的路网抗毁性测度分布情况看(图 4-31),23:00—24:00 时段测度值最大,说明该时段路网中节点交织系数的差异最大,部分分流(汇流)区域的交通流紊乱程度远大于平均值,此时路网抗毁性最差。这是由于此时段正是大型货车准备进入五环以内公路的时段,车流构成复杂,分流(汇流)区域交通流紊乱程度大。

第4章 道路交通网络状态分析

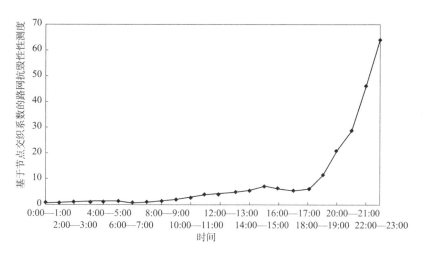

图 4-31 24h 基于节点交织系数的路网抗毁性测度分布图

（2）基于路段重要度的路网抗毁性测度。

①基于路段速度差的路网抗毁性测度。

路段速度差反映了路段平均速度与设计速度之间的差异,差异越大,说明路段运营条件越差,出现拥堵的可能性越大。

从 24h 基于路段速度差的路网抗毁性测度分布情况来看(图 4-32),7:00—8:00 和 17:00—18:00 两个时段路网中路段速度差差异较大,这主要是因为这两个时段是出行的高峰期,部分路段容易拥塞,致使路段速度差较大,偏离了路段速度差的平均值,此时路网的抗毁性较差。

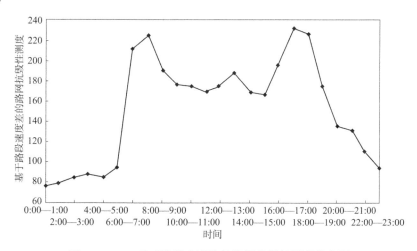

图 4-32 24h 基于路段速度差的路网抗毁性测度分布图

②基于路段货车比例的路网抗毁性测度(8t 以上称为大型货车)。

从 24h 基于路段货车比例的路网抗毁性测度分布情况来看(图 4-33),0:00—6:00 时段测度值较小,说明该时段路网中路段货车比例差异较小,这是由于根据北京市交管局的相关规定,0:00—6:00 五环内路段才允许 8t 以上货车通行,此时路网抗毁性较强。

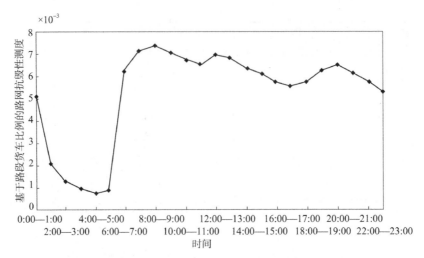

图 4-33　24h 基于路段货车比例的路网抗毁性测度分布图

③基于路段气象环境指数的路网抗毁性测度。

从 24h 基于路段气象环境指数的路网抗毁性测度分布情况来看（图 4-34），0：00—1：00 和 23：00—24：00 两个时段测度值最大，这说明该时段路网中路段气象环境指数差异较大，这是因为夜间城区和郊区的能见度以及路面状况差异都较大，此时路网的抗毁性较弱。

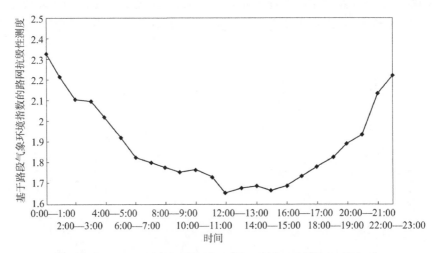

图 4-34　24h 基于路段气象环境指数的路网抗毁性测度分布图

④基于路段违法率的路网抗毁性测度。

从 24h 基于路段违法率的路网抗毁性测度分布情况来看（图 4-35），7：00—8：00 和 18：00—19：00 两个时段测度值较大，这说明这两个时段路网中路段违法率差异较大，部分路段违法率远超路段平均违法率，路网的抗毁性较弱。这是因为这两个时段是上下班的高峰期，部分路段交通流接近饱和，驾驶员情绪波动较大，违规变道等行为发生的概率较其他时段更大。

(3)基于路网失效方式的路网抗毁性测度。

①基于随机失效的路网抗毁性测度。

从 24h 基于路段随机失效的路网抗毁性测度分布情况来看(图 4-36),8:00—9:00 测度值最小,说明该时段基于路网构件重要度的抗毁性测度分布最不均衡,路网的抗毁性最弱。这是因为该时段是上班的高峰时期,路网中大部分节点(路段)都成为关键节点(路段),路网在面对随机失效时的抗毁能力最差。相反,11:00—12:00 基于路网构件重要度的抗毁性测度分布最均衡,路网抗毁性最强。这是因为在这个时段内,路网关键节点(路段)占总数的比例非常小,路网在面对随机失效时的抗毁能力是最强的。

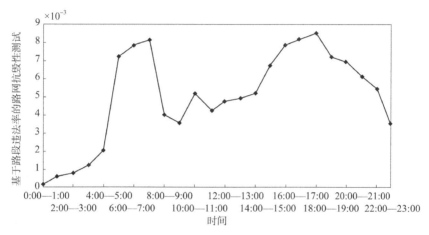

图 4-35　24h 基于路段违法率的路网抗毁性测度分布图

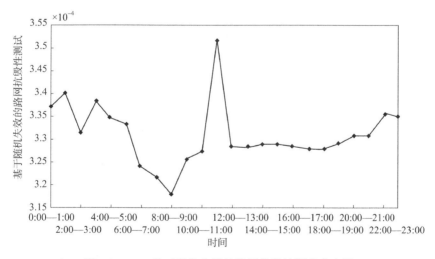

图 4-36　24h 基于随机失效的路网抗毁性测度分布图

②基于蓄意失效的路网抗毁性测度。

从 24h 基于路段蓄意失效的路网抗毁性测度分布情况来看(图 4-37),6:00—7:00 和 17:00—18:00 两个时段测度值较大,说明这两个时段内路网中偏离大的构件数较多,蓄意失效的可能性越大,路网抗毁性较弱,相反地,2:00—3:00 路网中偏离大的构件数较少,蓄意失效的可能性越小,路网抗毁性最强。这是因为此时段路网整体流量较少,路网整体运营较为平稳。

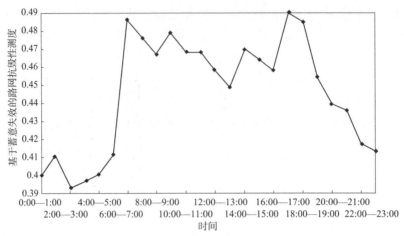

图 4-37 24h 基于蓄意失效的路网抗毁性测度分布图

4.5 道路交通网络状态风险评估与预测方法

根据前文的定义,路网风险是指由路网结构风险和运营风险共同决定的路网功能遭到破坏的可能性。因此,评估路网风险需要综合测度路网结构风险和运营风险。本节基于前文分析得到的路网结构风险测度和运营风险测度,采用基于网络分析法和模糊积分的分析方法,得到路网风险评估值,再利用 K-means 聚类算法对路网风险评估值进行聚类分析,得到路网安全性和风险的等级划分标准。路网风险评估实际上是对路网实时运营状态的评估,是一种事后评估方法,为了主动防控路网运营风险,及早排除安全隐患,需要对路网未来的运营状态进行评估,即路网风险预测。为了实现多个风险测度作用下的路网风险预测,克服单个模型(或方法)的不足,提出了基于灰色-小波神经网络多因素路网风险组合预测模型。与传统采用的灰色-神经网络预测方法不同,本书采用灰色系统预测,综合考虑相关风险测度对路网风险预测值的影响,克服了 GM(1,1) 模型仅针对系统的某一特征序列进行预测的局限性;采用了计算精度高、运算和收敛速度快的小波神经网络预测,克服了采用 BP 神经网络预测的计算缺陷。

4.5.1 基于 ANP 和模糊积分的道路交通网络风险评估模型

1) 路网风险评估层次关联结构构建

路网风险由路网结构风险和运营风险共同决定,路网结构风险由基础路网非均匀性测度、连通性测度和抗毁性测度指标来表征,路网运营风险由运营路网非均匀性测度、连通性测度和抗毁性测度指标来表征。针对每个测度指标,又有相应的子指标进行表征。测度指标间既有区别又有联系,并非独立的递阶层次结构,各层之间相互关联,基于此构建路网风险评估层次关联结构图如图 4-38 所示。

第4章 道路交通网络状态分析

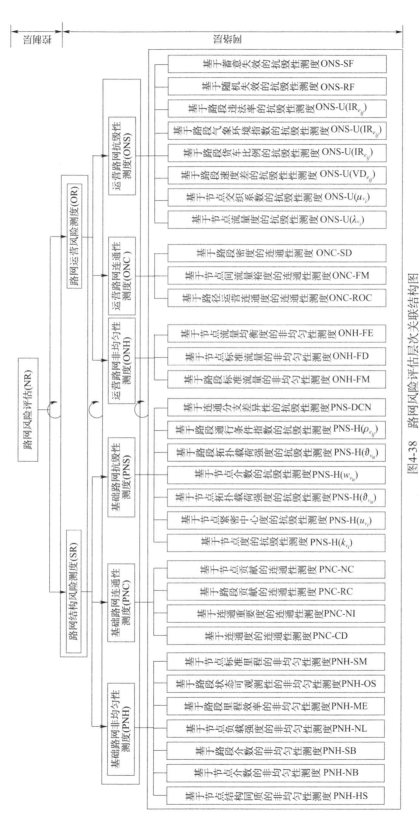

图4-38 路网风险评估层次关联结构图

路网风险评估层次关联结构的特点体现在两个方面:一方面是递阶层次特点,其顶层元素即是目标元素,是所有层次的终极目标,每个层次都直接控制和支配其下一层次,不存在循环及跨层控制的因素;另一方面是内部依存特点,这种依存关系体现在每个层次内部,即层次内部属性存在控制或者相互作用等关系。鉴于上述两个特点,路网风险评估层次关联结构不是简单的递阶层次结构,而是具有类似网络结构特点的一种复杂结构。

网络层元素存在着两种关系:一是递阶层次关系;二是层次内部依赖性关系。网络层分为三个层次,下面分别对这三个层次内部依赖性进行分析。

(1)网络层第一层测度相互作用关系分析。

SR 和 OR 是测度路网风险的两个重要因素,它们既有区别又相互关联。根据定义,在路网结构确定后,路网结构风险一般不会发生变化,且与路网的实时运营状态无关。但是值得注意的是,虽然路网的结构风险由路网拓扑结构决定,但当路网存在结构性缺陷或隐患时,其是否会在实际运营中破坏路网的功能,还要取决于路网的运营状态。因此,实际上存在一种路网运营风险测度对路网结构风险测度的支配关系,体现在两者组成的层次中即为层次内部的依赖关系。

(2)网络层第二层测度相互作用关系分析。

受 SR 控制和影响的 PNH、PNC 和 PNS 三个测度可以看作是相互独立的,它们从不同侧面反映了路网的风险状况。同样,由 OR 控制和影响的三个测度——ONH、ONC 和 ONS 也被认为是相互独立的。但该层次存在内部依赖性,这是源于网络层第一层测度对其的控制和影响作用。

(3)网络层第三层测度相互作用关系分析。

尽管上文中已经对该层中的相关性测度进行了筛选,但仍不可避免测度间存在的相关性,原因在于测度相关性分析中使用的测度分析方法并不能表征复杂的关联性,影响测度值的一次测度函数独立并不能表征测度完全独立,因此,该层次也依然可能存在内部依赖性。

2)路网风险测度归一化

(1)测度类型一致化方法分析。

一般来说,测度 $x_1, x_2, \cdots, x_m$ 中,可能存在四种类型:极大型测度、极小型测度、居中型测度和区间型测度。这里定义的测度类型由测度值和路网风险程度之间的相关性类型决定。

根据测度的不同类型,对测度集 $X = \{x_1, x_2, \cdots, x_m\}$ 可作如下划分,即令:

$$X = \bigcup_{i=1}^{4} X_i, X_i \cap X_j = \emptyset, i \neq j (i,j = 1,2,3,4) \tag{4-63}$$

式中,X_i 分别为极大型测度集、极小型测度集、居中型测度集和区间型测度集。

若测度 $x_1, x_2, \cdots, x_m$ 中测度类型不统一,则必须在各备选方案进行综合评价前,将测度的类型作一致化处理;否则,将无法根据综合评判值来评价各备选方案的优劣。

对于极小型测度 x,令:

$$x^* = \frac{1}{x} \tag{4-64}$$

对于居中型测度 x,令:

$$x^* = \begin{cases} \dfrac{2(x-m)}{M-m}, & m \leqslant x \leqslant \dfrac{M+m}{2} \\ \dfrac{2(M-m)}{M-m}, & \dfrac{M+m}{2} \leqslant x \leqslant M \end{cases} \qquad (4\text{-}65)$$

式中,m 为测度 x 的一个允许下界,M 为测度 x 的一个允许上界。

对于区间型测度 x,令:

$$x^* = \begin{cases} 1 - \dfrac{q_1 - x}{\max\{q_1 - m, M - q_2\}}, & x < q_1 \\ 1, & x \in [q_1, q_2] \\ 1 - \dfrac{x - q_2}{\max\{q_1 - m, M - q_2\}}, & x > q_2 \end{cases} \qquad (4\text{-}66)$$

式中,$[q_1, q_2]$ 为测度 x 的最佳稳定区间,M、m 分别为 x 的允许上、下界。

(2) 测度无量纲化方法分析。

由于量纲及量级的不同,各测度 $x_1, x_2, \cdots, x_m$ 之间不可度量,为比较综合评判值的大小带来了不便。为了尽可能反映实际情况,消除因各测度的量纲及量级间的悬殊差别所带来的影响,首先需要对测度进行无量纲化处理。测度的无量纲化主要是通过数学变换来消除原始测度量纲的影响。

设测度 $x_j (j = 1, 2, \cdots, m)$ 均为极小型指标,其样本值为 $\{x_{ij} \mid i = 1, 2, \cdots, n; j = 1, 2, \cdots, m\}$,则可以对其进行无量纲化的方法有:

① 极值处理法。

$$x_{ij}^* = \dfrac{M_j - x_{ij}}{M_j - m_j} \qquad (4\text{-}67)$$

式中,$M_j = \max\limits_{i}\{x_{ij}\}$,$m_j = \max\limits_{i}\{x_{ij}\}$,$x_{ij}^* \in [0,1]$ 最大值为 1,最小值为 0;不适用于指标值恒定的情况。

② 线性比例法。

$$x_{ij}^* = \dfrac{x_{ij}}{x_j'} \qquad (4\text{-}68)$$

x_j' 为一特殊点,一般可取为 m_j、M_j 或 $\overline{x_j}$,要求 $x_j' > 0$。当 $x_j' = m_j > 0$ 时,$x_{ij}^* \in [1, \infty)$,有最小值 1,无固定的最大值;当 $x_j' = M_j > 0$ 时,$x_{ij}^* \in (0,1]$,有最大值 1,无固定的最小值;当 $x_j' = \overline{x_j} > 0$ 时,$x_{ij}^* \in (-\infty, +\infty)$,取值范围不固定,$\sum\limits_{i} x_{ij}^* = n$。

③ 归一化处理法。

$$x_{ij}^* = \dfrac{x_{ij}}{\sum\limits_{i=1}^{n} x_{ij}} \qquad (4\text{-}69)$$

可看成是线性比例法的一种特例,要求 $\sum\limits_{i=1}^{n} x_{ij} > 0$。当 $x_{ij} \geqslant 0$ 时,$x_{ij}^* \in (0,1)$,无固定的最大值、最小值,$\sum\limits_{i} x_{ij}^* = 1$。

3) 路网风险测度重要度计算

作为多准则决策方法之一，AHP 方法通过综合运用定性和定量指标，并集成专家的知识和经验，解决一些多目标多层次的复杂问题。AHP 采用层次结构反映研究问题的递阶控制关系，对比分析层次结构中下层元素对于上层元素的重要度。但这种方法存在两个假设前提：

假设 1：将研究问题分为若干层次，假设同一层次元素之间是相互独立的，下层元素受上层元素支配。

假设 2：只存在相邻两个层次间自上而下的影响作用，不存在自下向上的反馈作用。

由于路网风险评估问题不仅存在上层元素对于下层元素的支配和控制作用，还存在着层次内部依赖性关系，故 AHP 故方法不适用于解决此类问题。引入 AHP 的一种扩展方法——ANP 方法。

ANP 方法取消了 AHP 的相关假定，允许各层次内部元素的相互依赖，且低层元素对于高层元素具有反馈作用。

(1) ANP 方法的实现步骤。

设网络 ANP 中控制层的元素为 $R_1, R_2, \cdots, R_s, \cdots, R_m (s = 1, 2, \cdots, m)$，网络层有元素组为 $F_1, F_2, \cdots, F_i, F_j, F_N (i, j = 1, 2, \cdots, N)$，其中 F_i 有元素 $f_{i1}, f_{i2}, \cdots, f_{in_i}$。

① 未加权超矩阵构造。

以控制层元素 R_s 为准则，以 F_j 中元素 $f_{jl} (l = 1, 2, \cdots, n_j)$ 为次准则，比较分析元素组 F_i 中的元素 $f_{i1}, f_{i2}, \cdots, f_{in_i}$ 对于 f_{jl} 的重要程度，即基于 f_{jl} 对元素组 F_i 中的元素 $f_{i1}, f_{i2}, \cdots, f_{in_i}$ 进行两两比较，构造判断矩阵，见表 4-3。

ANP 判断矩阵　　　　　表 4-3

f_{jl}	f_{i1}	f_{i2}	…	f_{in_i}	归一化特征向量
f_{i1}					$w_{i1}^{(jl)}$
f_{i2}					$w_{i2}^{(jl)}$
…					…
f_{in_i}					$w_{in_i}^{(jl)}$

如果表中的特征向量满足一致性检验，则将其作为网络元素的权重，同理，可以得到相对于其他元素的权重，得到矩阵：

$$W_{ij} = \begin{bmatrix} w_{i1}^{(j1)} & w_{i1}^{(j2)} & \cdots & w_{i1}^{(jn_j)} \\ w_{i2}^{(j1)} & w_{i2}^{(j2)} & \cdots & w_{i2}^{(jn_j)} \\ \cdots & \cdots & \cdots & \cdots \\ w_{in_i}^{(j1)} & w_{in_i}^{(j2)} & \cdots & w_{in_i}^{(jn_j)} \end{bmatrix} \quad (4\text{-}70)$$

式中，W_{ij} 表达了元素组 F_j 对元素组 F_i 的影响。如果 F_i 中元素不受 F_j 中元素的影响，则 $W_{ij} = 0$。所有网络层元素组内和组间的相互影响的排序向量组合起来构成控制元素 W_s 下的超矩阵 W，W 由子块 W_{ij} 构成。

针对网络结构中的相互作用信息,基于源(W 的列)对汇(W 的行)中的元素进行两两比较,求解源对于汇的相对偏好和重要性。

$$W = \begin{array}{c} \\ F_1 \\ \\ F_2 \\ \\ \cdots \\ \\ F_N \\ \end{array} \begin{array}{c} f_{11} \\ \cdots \\ f_{1n_1} \\ f_{21} \\ \cdots \\ f_{2n_2} \\ \cdots \\ f_{N1} \\ \cdots \\ f_{Nn_N} \end{array} \begin{array}{ccccc} \overbrace{f_{11} \cdots f_{1n_1}}^{F_1} & \overbrace{f_{21} \cdots f_{2n_2}}^{F_2} & \cdots & \overbrace{f_{N1} \cdots f_{Nn_N}}^{F_N} \\ \begin{bmatrix} W_{11} & W_{12} & \cdots & W_{1N} \\ W_{21} & W_{22} & \cdots & W_{2N} \\ \vdots & \vdots & \vdots & \vdots \\ W_{N1} & W_{N2} & \cdots & W_{NN} \end{bmatrix} \end{array} \quad (4\text{-}71)$$

② 加权超矩阵构造。

超矩阵 W 中的任一元素 $W_{ij}(i,j=1,2,\cdots,N)$ 都是基于一个两两比较矩阵获得的归一化特征向量,列和为 1。但是超矩阵 W 并不是归一化矩阵,为此,以控制元素 R_s 为准则,分析网络层中各元素组对元素组 $F_j(j=1,2,\cdots,N)$ 的重要程度,即基于 F_j 对各元素组进行两两比较,构造判断矩阵(表 4-4)。

ANP 超矩阵 表 4-4

F_j	F_1	F_2	$\cdots$	F_N	归一化特征向量
F_1					e_{1j}
F_2					e_{2j}
$\cdots$					$\cdots$
F_N					e_{Nj}

如果上述特征向量满足一致性检验,则为网络元素组的权重,同理,可以得到基于其他元素组对各元素组两两比较得到权重,综合起来可构成以下元素组权重矩阵 E。

$$E = \begin{bmatrix} e_{11} & e_{12} & \cdots & e_{1N} \\ e_{21} & e_{22} & \cdots & e_{2N} \\ \cdots & \cdots & \cdots & \cdots \\ e_{N1} & e_{N2} & \cdots & e_{NN} \end{bmatrix} \quad (4\text{-}72)$$

对超矩阵 W 的元素加权,得到 $\overline{W}=(\overline{W}_{ij})$,其中 $\overline{W}_{ij}=e_{ij}W_{ij}(i,j=1,2,\cdots,N)$,则 $\overline{W}$ 即为加权超矩阵,其列和为 1,称为列随机矩阵。

③极限超矩阵构造。

设加权超矩阵的元素为 $\overline{W}_{ij}$，其大小反映了元素组 M_i 中元素对元素组 M_j 中元素的一步优势度；或者通过 $\sum_{k=1}^{N} W_{ik} W_{kj}$ 得到元素组 M_i 中元素对元素组 M_j 中元素的二步优势度，它就是 W^2 的元素。W^2 仍然是列归一化的。当 $W^{(x)} = \lim_{t \to \infty} W^t$ 存在时，$W^{(x)}$ 的第 j 列就是 R_s 准则下网络层中各元素对于元素 j 的极限相对权重，将计算得到的网络层元素的权重向量记为 V'。

(2)路网风险测度相互作用程度计算。

由路网风险评估层次关联结构图可知，路网风险评估层次关联中控制层只有一个元素 NR，网络层的元素又分为三个层次，第一层元素为 SP、OR，构成元素组 F_1；第二层元素为 PNH、PNC、PNS、ONH、ONC、ONS，构成元素组 F_2；第三层元素为 PNH-HS、PNH-NB、PNH-SB、PNH-NL、PNH-ME、PNH-OS、PNH-SM、PNH-CD、PNH-NI、PNH-RC、PNH-NC、PNS-H(k_{v_i})、PNS-H(u_{v_i})、PNS-H(ϑ_{v_i})、PNS-H(w_{v_i})、PNS-H($\vartheta_{e_{ij}}$)、PNS-H($\rho_{e_{ij}}$)、PNS-DCN、ONH-FM、ONH-FD、ONH-FE、ONC-ROC、ONC-FM、ONC-SD、ONS-U(λ_{v_i})、ONS-U(μ_{v_i})、ONS-U($VD_{e_{ij}}$)、ONS-U($TS_{e_{ij}}$)、ONS-U($EI_{e_{ij}}$)、ONS-U($IR_{e_{ij}}$)、ONS-RF、ONS-SF 构成元素组 F_3。基于对路网风险测度相互作用关系的分析，利用 ANP 法分析如下：

①未加权矩阵的构造。

a. 鉴于元素组 F_1 中存在内部依赖性，因此，比较分析元素组 F_1 中元素 SR 和 OR 的相互影响程度，基于比较矩阵，使用特征向量法获得归一化特征向量矩阵 W_{11}，将其填入未加权矩阵。

b. 分别以网络层元素 SR 和 OR 为准则，两两比较分析 PNH、PNC、PNS 对于 SR 的重要程度，两两比较分析 ONH、ONC、ONS 对于 M_2 的重要程度，基于比较矩阵，使用特征向量法获得归一化特征向量矩阵 W_{21}，填入未加权超矩阵。

c. 鉴于元素组 F_2 中存在内部依赖性，因此，比较分析元素组内元素的相互影响程度，基于比较矩阵，使用特征向量法获得归一化特征向量矩阵 W_{22}，将其填入未加权矩阵。

d. 分别以网络元素 PNH、PNC、PNS、ONH、ONC、ONS 为准则，两两比较分析 PNH-HS、PNH-NB、PNH-SB、PNH-NL、PNH-ME、PNH-OS、PNH-SM 对于 PNH 的重要程度，比较分析 PNC-CD、PNC-NI、PNC-RC、PNC-NC 对于 PNC 的重要程度，两两比较分析 PNS-H(k_{v_i})、PNS-H(u_{v_i})、PNS-H(ϑ_{v_i})、PNS-H(w_{v_i})、PNS-H($\vartheta_{e_{ij}}$)、PNS-H($\rho_{e_{ij}}$)、PNS-DCN 对于 PNS 的重要程度，比较分析 ONH-FM、ONH-FD、ONH-FE 对于 ONH 的重要程度，比较分析 ONC-ROC、ONC-FM、ONC-SD 对于 ONC 的重要程度，比较分析 ONS-U(λ_{v_i})、ONS-U(μ_{v_i})、ONS-U($VD_{e_{ij}}$)、ONS-U($TS_{e_{ij}}$)、ONS-U($EI_{e_{ij}}$)、ONS-U($IR_{e_{ij}}$)、ONS-RF、ONS-SF 对于 ONS 的重要程度；基于比较矩阵，使用特征向量法获得归一化特征向量矩阵 W_{32}，填入未加权超矩阵。

e. 鉴于元素组 F_3 中存在内部依赖性，因此，比较分析元素组内元素的相互影响程度，基于比较矩阵，使用特征向量法获得归一化特征向量矩阵 W_{33}，将其填入未加权矩阵。

在两两对比过程中，由专家采用 Satty 标度法给出各元素的相对重要性程度，在此基础上，构造未加权超矩阵 W。

②加权矩阵构造。

鉴于路网风险评估层次关联结构自身的特点以及风险评估的实际含义，网络层元素组

F_1、F_2 和 F_3 之间存在递阶层次关系,且层次间的相互作用关系是均等的,即对于准则 R 而言,F_1、F_2 和 F_3 对其影响应该是相同的。在对特征向量进行归一化处理后可以得到元素组权重矩阵为:

$$E = \begin{array}{c} \\ F_1 \\ F_2 \\ F_3 \end{array} \begin{array}{c} F_1 \quad F_2 \quad F_3 \end{array} \\ \begin{bmatrix} 0.5 & 0 & 0 \\ 0.5 & 0.5 & 0 \\ 0 & 0.5 & 1 \end{bmatrix} \tag{4-73}$$

对超矩阵 W 的元素加权,得 $\overline{W} = (\overline{W}_{ij})$,其中 $\overline{W}_{ij} = e_{ij}W_{ij}(i,j = 1,2,3)$。

$$\overline{W} = \begin{array}{c} F_1 \begin{cases} SP \\ OR \\ PH \end{cases} \\ F_2 \begin{cases} \cdots \\ OS \end{cases} \\ F_3 \begin{cases} PNH\text{-}HS \\ \cdots \\ ONS\text{-}SF \end{cases} \end{array} \begin{bmatrix} \overline{W}_{11} & 0 & 0 \\ \overline{W}_{21} & \overline{W}_{22} & 0 \\ 0 & \overline{W}_{32} & \overline{W}_{33} \end{bmatrix} \tag{4-74}$$

对矩阵 $\overline{W}$ 进行极限运算,得到网络层元素的权重向量 V'。

通过对网络层元素组及其组内元素的两两比较,以及后续的计算步骤,可以得知 V' 这一权重向量充分考虑了元素间的递阶层次结构关系以及层次内部依赖性关系,是对网络层元素的综合重要程度的描述。因此,本书认为可以将这一权重向量看作是路网风险评估问题对应的模糊测度的 Shapley 值。

4) 路网风险评估模型

(1) 路网风险评估测度属性的模糊测度求解。

根据前面几节的分析,我们已知的信息有:

①基于 λ 模糊测度的属性 x_1 的 Shapley 值表达式;

②路网风险评估网络层元素的所有 Shapley 值。

据此,我们引入最大 Shapley 熵优化模型,求解网络层元素的模糊测度。

模糊测度论者认为,信息不足或过多、证据或信息冲突、不明确性、测量质量以及信息差异等都属于不确定范畴。Shannon 熵是基于概率测度的信息不确定函数,并不适合于描述信息基于模糊测度的不确定性。Yager 注意到 Shapley 值的特点,定义了基于离散模糊测度的 Shapley 熵。

Shapley 熵:设 $X = \{x_1, x_2, \cdots, x_n\}$ 为有限集合,$P(X)$ 是 X 的幂集,令 μ 是 $P(X)$ 上的模糊

测度,Shapley 熵 H 是关于 μ 的不确定测度:

$$H[\mu(x_i) \mid x_i \in X] = -\sum_{i=1}^{n} I(x_i)\ln I(x_i) \tag{4-75}$$

式中, $I(x_i) = \sum_{k=1}^{n-1} \frac{(n-k-1)!\ k!}{n!} \sum_{\substack{T \subseteq X \setminus x_i \\ |T|=k}} [\mu(T \cup x_i) - \mu(T)], I(x_i) \in [0,1]$, 且 $\sum_{i=1}^{n} I(x_i) = 1$

随着定义在模糊测度空间上的熵的概念的提出,最大熵原理成为可以求解模糊测度的有效工具。假设我们获取到的信息中有一个变量能够由 q 个模糊测度表示,即 $\mu_i(i=1,2,\cdots,q)$,但是适合于表示这个变量的 q 个模糊测度值我们并不知道。最大熵原理建议选择一个能使熵达到最大化的模糊测度。例如:选择 μ_j^*,且有 $J(\mu_j^*) = \max_j [H(\mu_j)]$。这里的基本思想是保守的,在这里选择的模糊测度 μ_j^*,它具有最大的不确定性,在这种情况下,我们将推出最少的未被证明其正确性的信息。因此,以 Shapley 熵最大为目标函数构建优化模型,利用 Matlab 最优化工具可以求得网络层元素模糊测度(即重要程度)。

$$\begin{cases} \max H(g_\lambda) = \sum_{i=1}^{n} h(\sum_{k=0}^{n-1} \gamma_k \sum_{\substack{T \subseteq X \setminus x_i \\ |T|=k}} [g_\lambda(T \cup x_i) - g_\lambda(T)]) \\ \sum_{k=0}^{n-1} \lambda_k \sum_{\substack{T \subseteq X \setminus x_i \\ |T|=k}} [g_\lambda(T \cup x_i) - g_\lambda(T)] = I_i \\ g_\lambda(X) = 1 \\ g_\lambda(E \cup F) = g_\lambda(E) + g_\lambda(F) + \lambda g_\lambda(E)g_\lambda(F), \\ \forall E, F \in P(X), E \cap F = \emptyset, g_\lambda(E) \in [0,1], \forall E \in P(X) \\ \lambda > -1 \end{cases} \tag{4-76}$$

式中, $h(x) = -x\ln x, x > 0; \gamma_k = \frac{(n-k-1)!\ k!}{n!}$。

利用模型即可求得各元素集的模糊测度分别为 Δ_{NR}、Δ_{SR}、Δ_{OR}、Δ_{PNH}、Δ_{PNC}、Δ_{PNS}、Δ_{ONH}、Δ_{ONC}、Δ_{ONS}。

(2)基于多重 Choquet 模糊积分的路网风险评估值求解。

在获取了待评价路网的相关基础信息和某一时刻流量信息后,计算分析待评价路网的最底层的风险测度,得到风险测度集合为: B_{PNH}、B_{PNC}、B_{PNS}、B_{ONH}、B_{ONC}、B_{ONS}。由 B_{PNH}、B_{PNC}、B_{PNS}、B_{ONH}、B_{ONC}、B_{ONS} 和 Δ_{PNH}、Δ_{PNC}、Δ_{PNS}、Δ_{ONH}、Δ_{ONC}、Δ_{ONS},运用 Choquet 积分求解得到路网风险测度值 PNH、PNC、PNS、ONH、ONC 和 ONS;由 B_{SR}、B_{OR} 和 Δ_{SR}、Δ_{OR},第二次运用 Choquet 积分求解得到路网风险测度指标值 SR 和 OR;最后由 B_{NR} 和 Δ_{NR},第三次运用 Choquet 积分求解得到路网风险评估值 NR。

4.5.2 道路交通网络安全性及风险划分标准

前文中对于路网风险与路网安全性的概念给出了明确定义,从定义中可以看出,路网风险和路网安全性紧密相关,路网安全性依赖于路网风险评估值。为此,要通过对路网风险评估数据集的分析,找到隐藏在其内部的一些结构和规律,依据其内在的结构划分和现有路网安全性分析的经验,建立起路网安全性和路网风险评估值间的关系。

由 Choquet 积分自下而上融合得到的路网风险评估数据集是研究的基础,鉴于其不存在明显的结构划分特点,且数据类型较为简单,因此,采用无监督的 K-means 聚类方法对其进行分析。

1) K-means 聚类算法分析

K-means 聚类(K 均值聚类)是由 MacQueen 于 1967 年首次提出的,是一种基于划分的聚类算法。K-means 算法简单且收敛速度快,是目前应用最为广泛的一种聚类算法。K-means 聚类是一种划分方法,即它可以把数据集划分为 k 个互不相交的集合。与层次聚类方法不同,K-means 算法是通过建立一个单一层次的集群来描述数据集的分组;另一个不同是,K-means 聚类用数据集合元素的实际值进行聚类,更适合于大规模数据集合的聚类。

给定数据集合 $D = \{d_1, d_2, \cdots, d_n\}$ 以及需生成的簇数目 k,K-means 算法能在线性时间内给出具有凸外形的聚类结果,如图 4-39 所示。

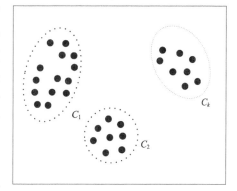

图 4-39 K-means 算法聚类结果

K-means 算法的核心思想是把 n 个数据对象划分为 k 个簇,使得簇内的相似度较高,而簇间的相似度较低。相似度可以通过计算簇中对象的平均值(即簇的质心)得到。算法流程如图 4-40 所示。

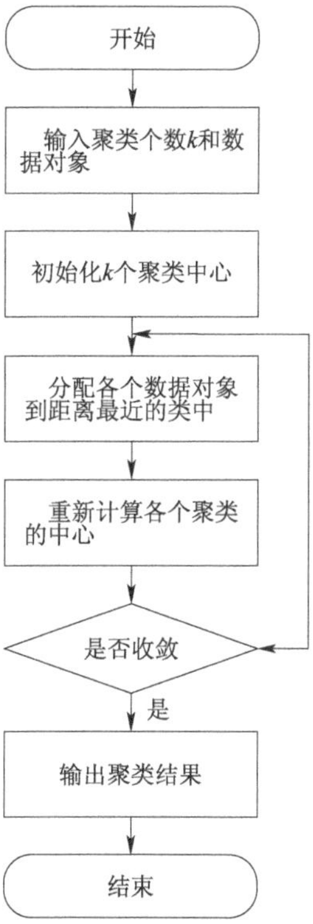

聚类过程一般采用平方误差准则函数作为目标函数,它可以使生成的簇尽可能地紧凑和独立。目标函数公式定义如下:

$$E = \sum_{i=1}^{k} \sum_{p \in C_i} |p - c_i|^2 \qquad (4-77)$$

式中,E 是数据集中所有数据对象的平方误差和;p 为数据对象;c_i 为簇 C_i 的质心。

聚类公式中相似性的计算采用欧几里得距离。

K-means 算法的主要优点是算法简单,执行速度快,适用于簇比较密集且簇与簇的界限比较明显的数据集的划分。算法通常终止于局部最优解。其主要缺点在于需要事先给定划分的数目 k,且聚类结果对于初始聚类中心的选择较为敏感。

2) 基于 K-means 聚类算法的路网安全等级划分

鉴于 K-means 聚类算法自身的特点,首先需要确定划分的数目 k,这个 k 值的确定需要一个合理的划分标准,才不会影响到后续的聚类过程以及最终的聚类结果。

由于路网安全性和风险是抽象的概念,尚不存在一个统一的定量划分其等级的标准。但是,由于事故是安全与不安全这一对

图 4-40 K-means 算法流程

矛盾在斗争过程中某些瞬间突变结果的外在表现,且事故有实际的数据佐证,为此,我们可以将事故作为一个表征量,并在此基础上分析路网安全等级的划分。

具体的分析方法如下:

(1)收集待评估路网近两年的交通事故数据,记为 $F=\{A,B\}$,其中每一年的数据均为年均日 24h 事故起数统计数据。

(2)寻找的年份数据样本应该具有以下特点:

①数据尽可能完备;

②数据离散程度尽可能大,这是由于希望样本数据能尽可能多地描述路网事故情况。

因此,选取样本标准差作为衡量数据离散程度的一个指标。样本标准差越大,说明数据离散程度越大,反之,说明数据离散程度越小。定义数据标准差为:

$$\sigma(S) = \sqrt{\frac{1}{|S|}\sum_{i=1}^{|S|}(S_i-\mu)}, \mu = \frac{1}{|S|}\sum_{i=1}^{|S|}S_i \tag{4-78}$$

式中,$S=\{s_1,s_2,\cdots,s_N\}$ 为数据集合;$|S|$ 为数据集合的模;$\sigma(S)$ 为数据集合 S 的标准差。

依据标准差公式,分别求得 $\sigma(A)$、$\sigma(B)$,令 $\sigma(X)=\max\{\sigma(A),\sigma(B)\}$,则数据集 X 所对应的年份的路网风险评估数据即为聚类样本数据。

(3)聚类个数 k 的选择。

假设根据步骤(2)选定的数据集为 A,聚类个数 k 的确定方法如下:

①取 $\alpha_1=\max(A)$,$\beta_1=\min(A)$,令 $\alpha\in\Gamma_1,\beta_1\in\Gamma_2$,在集合 $A^1=\{A-\{\alpha_1,\beta_1\}\}$ 中取 $\alpha_2=\max(A^1)$,$\beta_2=\min(A^1)$,若 $|\alpha_1-\alpha_2|>\dfrac{\sum_{i=1}^{|A|}(a_i-\sum_{i=1}^{|A|}a_i/|A|)}{|A|}$,则令 $\alpha_2\in\Gamma_3$,否则,令 $\alpha_2\in\Gamma_1$。同样的若 $|\beta_1-\beta_2|>\dfrac{\sum_{i=1}^{|A|}(a_i-\sum_{i=1}^{|A|}a_i/|A|)}{|A|}$,则令 $\beta_2\in\Gamma_4$,否则,令 $\beta_2\in\Gamma_2$。

②在集合 $A^2=\{A^1-\{\alpha_2,\beta_2\}\}$ 中取 $\alpha_3=\max(A^2)$,$\beta_3=\min(A^2)$,将 α_3 和 β_3 分别与 α_2 和 β_2 作步骤①中的比较并进行分类。

③有集合 $A^n=\{A^{n-1}-\{\alpha_n,\beta_n\}\}$ 且 $|A^n|=2$,则在集合中取 $\alpha_{n+1}=\max(A^n)$,$\beta_{n+1}=\min(A^n)$,将 α_{n+1} 和 β_{n+1} 分别与 α_n 和 β_n 做步骤①中的比较并进行分类,至此,完成所有数据的处理,设此时得到的分类集合为 $\Gamma=\{\Gamma_1,\Gamma_2,\cdots,\Gamma_m\}$,即确定的聚类个数 $k=m$。

(4)在确定了聚类个数 k 后,根据 K-means 聚类算法进行后续的聚类分析,最终得到聚类结果,根据每个聚类质心的大小,确定等级的排序,完成等级的划分。

4.5.3 基于灰色-小波神经网络的道路交通网络风险组合预测方法

灰色-小波神经网络预测模型分别采用灰色系统预测模型和小波神经网络模型进行预测,然后对预测结果按照某种权重分配规则加以适当的组合,将最终得到的组合预测值作为实际预测值。由于组合预测能有效地提高预测精度,因此,自 Bates. J. M. 和 Granger. C. WJ.

首次提出组合预测方法以来,其在国内外预测界得到了极为广泛的应用。组合预测方法可以从不同角度进行分类,如表4-5所示。其中,应用较为广泛的是最优组合预测模型。

组合预测方法分类　　　　　　　　表4-5

序号	分类标准	方法
1	组合预测值与各单项预测值之间的函数关系	非线性组合预测
		线性组合预测
2	组合预测权系数确定	最优组合
		非最优组合
3	加权系数是否随时间变化	静态常系数预测
		动态时变参数预测
4	组合预测模型建立的某个准则的优劣程度	劣性组合预测
		非劣性组合预测
		优性组合预测

1)最优组合预测模型

设对于同一个问题,有 $n(n \geq 2)$ 种预测方法。记 t 时刻的实际观测值、第 i 种方法的预测值和预测误差分别为 y_t、$\hat{y}_{it}$ 和 $e_{it}(e_{it} = y_t - \hat{y}_{it}; i = 1,2,\cdots,n; t = 1,2,\cdots,N)$,第 i 种方法的组合权重为 $w_i(i = 1,2,\cdots,n, \sum_{i=1}^{n} w_i = 1)$,$t$ 时刻组合预测方法的预测值和预测误差分别为 $\hat{y}_{ct}$ 和 $e_{ct}(t = 1,2,\cdots,N)$,则 $\hat{y}_{ct} = \sum_{i=1}^{n} w_i \hat{y}_{it}$,$e_{ct} = y_t - \hat{y}_{ct} = \sum_{i=1}^{n} w_i e_{it}$。记组合预测方法的预测误差平方和为 e_n^2,则有:

$$e_n^2 = \sum_{t=1}^{N} e_{ct}^2 = \sum_{i=1}^{n} \sum_{j=1}^{n} \left[w_i w_j \left(\sum_{t=1}^{N} e_{it} e_{jt} \right) \right] = \boldsymbol{w}_n^{\mathrm{T}} \boldsymbol{E}_n \boldsymbol{w}_n \quad (4-79)$$

式中,$\boldsymbol{w}_n = (w_1, w_2, \cdots, w_n)^{\mathrm{T}}$ 为组合权重向量;$\boldsymbol{E}_n = (c_{ij})_{n \times n}$ 为预测误差信息矩阵,其中 $c_{ij} = \sum_{t=1}^{N} e_{it} e_{jt}$。

预测误差平方和 e_n^2 的大小与预测误差信息矩阵 $\boldsymbol{E}_n$ 和组合权重向量 $\boldsymbol{w}_n$ 相关,$\boldsymbol{E}_n$ 由参加组合的 n 种预测方法决定,当给定 $\boldsymbol{E}_n$ 后,通过以下的模型选择 $\boldsymbol{w}_n$。

目标函数和约束方程为:

$$\begin{cases} \min e_n^2 = \boldsymbol{w}_n^{\mathrm{T}} \boldsymbol{E}_n \boldsymbol{w}_n \\ \boldsymbol{R}_n^{\mathrm{T}} \boldsymbol{w}_n = 1 \end{cases} \quad (4-80)$$

式中,$\boldsymbol{R}_n$ 为元素均为1的 n 维列向量。

使用 Lagrange 乘数法求解上式,得到最优组合权重向量为:

$$\boldsymbol{w}_n^+ = \frac{\boldsymbol{E}_n^{-1} \boldsymbol{R}_n}{\boldsymbol{R}_n^{\mathrm{T}} \boldsymbol{E}_n^{-1} \boldsymbol{R}_n} \quad (4-81)$$

最优组合预测方法的误差平方和为:

$$e_n^{+2} = \frac{1}{R_n^T E_n^{-1} R_n} \tag{4-82}$$

由矩阵求逆公式可知 $E_n^{-1} = E_n^+ / \det E_n$，其中 e_n^+ 为 E_n 的伴随矩阵，$\det E_n$ 为 E_n 的行列式，代入式(4-81)得到：

$$w_n^+ = \frac{E_n^+ R_n}{R_n^T E_n^+ R_n} \tag{4-83}$$

根据上式计算最优组合权重向量可以不必计算 E_n 的行列式。此时，最优组合预测方法的误差平方和只要按 $e_n^{*2} = w_n^{*T} E_n w_n^*$ 计算即可。

如果组合结构中只有两种预测方法，则由上述公式可得到最优组合加权系数为：

$$w_1 = \frac{c_{22} - c_{12}}{c_{11} + c_{22} - 2c_{12}}, w_2 = \frac{c_{11} - c_{12}}{c_{11} + c_{22} - 2c_{12}} \tag{4-84}$$

按照公式 $\hat{y}_{ct} = \sum_{i=1}^n w_i \hat{y}_{it}$，可得组合预测模型，进而求得组合预测值。

最优组合预测方法的误差平方和为：

$$e_n^{*2} = \frac{c_{11} c_{22} - c_{12}^2}{c_{11} + c_{22} - 2c_{12}} \tag{4-85}$$

理论研究表明：e_n^{*2} 小于或等于参加组合的各个单项预测方法的预测误差平方和的最小者。

2) 组合预测模型预测效果评价

为了进一步检验预测效果优劣，按照整体评价预测方法的原则和惯例，采用以下 4 项指标进行评价。

(1) 平均绝对误差(Mean Absolute Error, MAE)：

$$MAE = \frac{1}{n} \sum_{i=1}^n |y_i - \hat{y}_i| \tag{4-86}$$

(2) 平均绝对百分比误差(Mean Absolute Percent Error, MAPE)：

$$MAPE = \frac{1}{n} \sum_{i=1}^n \left| \frac{y_i - \hat{y}_i}{y_i} \right| \tag{4-87}$$

(3) Theil 不等系数：

$$U = \frac{\left[\sum_{i=1}^n (\hat{y}_i - y_i)^2 / n \right]}{\left[\sum_{i=1}^n \hat{y}^2 / n \right]^{\frac{1}{2}} + \left[\sum_{i=1}^n y^2 / n \right]^{\frac{1}{2}}} \tag{4-88}$$

式中，y_i 为实际值；$\hat{y}$ 为预测值；n 为预测数据个数。

其中，U 的取值范围为 $[0,1]$，当 U 趋近于 0 时，精确度高，当 U 趋近于 1 时，精确度低。

(4) 有效度 S。

组合预测的精度序列 A_t 为：

$$A_t = 1 - \left| \frac{y_t - \hat{y}_t}{y_t} \right| = 1 - \left| \frac{y_t - w_1 \hat{y}_{1t} - w_2 \hat{y}_{2t}}{y_t} \right| \tag{4-89}$$

式中,y_t 为实际值。

精度序列的均值 E 和均方差 σ 分别为:

$$E = \frac{1}{N}\sum_{t=1}^{N} A_t \tag{4-90}$$

$$\sigma = \sqrt{\frac{1}{n}\sum_{t=1}^{N}(A_t - E)^2} \tag{4-91}$$

定义组合预测方法的有效度为:

$$S = E(1-\sigma) \tag{4-92}$$

设 A_{1t} 和 A_{2t} 分别为使用灰色系统预测模型和小波神经网络预测的精度序列,即:

$$A_{1t} = 1 - \left|\frac{y_t - \hat{y}_{it}}{y_t}\right|, i=1,2; t=1,2,\cdots,N \tag{4-93}$$

通过计算可求出灰色系统预测模型的有效度 S_1 和小波神经网络模型的有效度 S_2。S 值越大,说明模型的预测精度越高,预测误差越稳定,模型越有效。

4.5.4 实例分析

4.5.4.1 风险评估

一般意义上,路网风险测度值越大,相应地,路网风险越大。据此,首先根据路网风险测度的实际含义对路网风险测度进行一致化处理(表 4-6),然后在此基础上,对不同量级和量纲的测度值进行无量纲化处理,为后续路网风险评估奠定基础。

路网风险测度(归一化后) 表 4-6

	1	2	3	4	5	6	7	8	9	10	11	12
PNH-HS	0.04167	0.04167	0.04167	0.04167	0.04167	0.04167	0.04167	0.04167	0.04167	0.04167	0.04167	0.04167
	13	14	15	16	17	18	19	20	21	22	23	24
	0.04167	0.04167	0.04167	0.04167	0.04167	0.04167	0.04167	0.04167	0.04167	0.04167	0.04167	0.04167
	1	2	3	4	5	6	7	8	9	10	11	12
PNH-NB	0.04167	0.04167	0.04167	0.04167	0.04167	0.04167	0.04167	0.04167	0.04167	0.04167	0.04167	0.04167
	13	14	15	16	17	18	19	20	21	22	23	24
	0.04167	0.04167	0.04167	0.04167	0.04167	0.04167	0.04167	0.04167	0.04167	0.04167	0.04167	0.04167
	1	2	3	4	5	6	7	8	9	10	11	12
PNH-SB	0.04167	0.04167	0.04167	0.04167	0.04167	0.04167	0.04167	0.04167	0.04167	0.04167	0.04167	0.04167
	13	14	15	16	17	18	19	20	21	22	23	24
	0.04167	0.04167	0.04167	0.04167	0.04167	0.04167	0.04167	0.04167	0.04167	0.04167	0.04167	0.04167
	1	2	3	4	5	6	7	8	9	10	11	12
PNH-NL	0.04167	0.04167	0.04167	0.04167	0.04167	0.04167	0.04167	0.04167	0.04167	0.04167	0.04167	0.04167
	13	14	15	16	17	18	19	20	21	22	23	24
	0.04167	0.04167	0.04167	0.04167	0.04167	0.04167	0.04167	0.04167	0.04167	0.04167	0.04167	0.04167

续上表

	1	2	3	4	5	6	7	8	9	10	11	12
PNH-ME	0.04167	0.04167	0.04167	0.04167	0.04167	0.04167	0.04167	0.04167	0.04167	0.04167	0.04167	0.04167
	13	14	15	16	17	18	19	20	21	22	23	24
	0.04167	0.04167	0.04167	0.04167	0.04167	0.04167	0.04167	0.04167	0.04167	0.04167	0.04167	0.04167
PNH-NS	1	2	3	4	5	6	7	8	9	10	11	12
	0.04167	0.04167	0.04167	0.04167	0.04167	0.04167	0.04167	0.04167	0.04167	0.04167	0.04167	0.04167
	13	14	15	16	17	18	19	20	21	22	23	24
	0.04167	0.04167	0.04167	0.04167	0.04167	0.04167	0.04167	0.04167	0.04167	0.04167	0.04167	0.04167
PNH-SM	1	2	3	4	5	6	7	8	9	10	11	12
	0.04167	0.04167	0.04167	0.04167	0.04167	0.04167	0.04167	0.04167	0.04167	0.04167	0.04167	0.04167
	13	14	15	16	17	18	19	20	21	22	23	24
	0.04167	0.04167	0.04167	0.04167	0.04167	0.04167	0.04167	0.04167	0.04167	0.04167	0.04167	0.04167
PNC-CD	1	2	3	4	5	6	7	8	9	10	11	12
	0.04167	0.04167	0.04167	0.04167	0.04167	0.04167	0.04167	0.04167	0.04167	0.04167	0.04167	0.04167
	13	14	15	16	17	18	19	20	21	22	23	24
	0.04167	0.04167	0.04167	0.04167	0.04167	0.04167	0.04167	0.04167	0.04167	0.04167	0.04167	0.04167
PNC-NI	1	2	3	4	5	6	7	8	9	10	11	12
	0.04167	0.04167	0.04167	0.04167	0.04167	0.04167	0.04167	0.04167	0.04167	0.04167	0.04167	0.04167
	13	14	15	16	17	18	19	20	21	22	23	24
	0.04167	0.04167	0.04167	0.04167	0.04167	0.04167	0.04167	0.04167	0.04167	0.04167	0.04167	0.04167
PNC-RC	1	2	3	4	5	6	7	8	9	10	11	12
	0.04167	0.04167	0.04167	0.04167	0.04167	0.04167	0.04167	0.04167	0.04167	0.04167	0.04167	0.04167
	13	14	15	16	17	18	19	20	21	22	23	24
	0.04167	0.04167	0.04167	0.04167	0.04167	0.04167	0.04167	0.04167	0.04167	0.04167	0.04167	0.04167
PNC-NC	1	2	3	4	5	6	7	8	9	10	11	12
	0.04167	0.04167	0.04167	0.04167	0.04167	0.04167	0.04167	0.04167	0.04167	0.04167	0.04167	0.04167
	13	14	15	16	17	18	19	20	21	22	23	24
	0.04167	0.04167	0.04167	0.04167	0.04167	0.04167	0.04167	0.04167	0.04167	0.04167	0.04167	0.04167
PNS-H(k_{v_i})	1	2	3	4	5	6	7	8	9	10	11	12
	0.04167	0.04167	0.04167	0.04167	0.04167	0.04167	0.04167	0.04167	0.04167	0.04167	0.04167	0.04167
	13	14	15	16	17	18	19	20	21	22	23	24
	0.04167	0.04167	0.04167	0.04167	0.04167	0.04167	0.04167	0.04167	0.04167	0.04167	0.04167	0.04167
PNS-H(u_{v_i})	1	2	3	4	5	6	7	8	9	10	11	12
	0.04171	0.04171	0.04171	0.04171	0.04171	0.04171	0.04171	0.04171	0.04171	0.04171	0.04171	0.04171
	13	14	15	16	17	18	19	20	21	22	23	24
	0.04171	0.04171	0.04171	0.04171	0.04171	0.04171	0.04171	0.04171	0.04171	0.04171	0.04171	0.04171

续上表

	1	2	3	4	5	6	7	8	9	10	11	12
PNS-H(ϑ_{v_i})	0.04165	0.04165	0.04165	0.04165	0.04165	0.04165	0.04165	0.04165	0.04165	0.04165	0.04165	0.04165
	13	14	15	16	17	18	19	20	21	22	23	24
	0.04165	0.04165	0.04165	0.04165	0.04165	0.04165	0.04165	0.04165	0.04165	0.04165	0.04165	0.04165
PNS-H(w_{v_i})	1	2	3	4	5	6	7	8	9	10	11	12
	0.04174	0.04174	0.04174	0.04174	0.04174	0.04174	0.04174	0.04174	0.04174	0.04174	0.04174	0.04174
	13	14	15	16	17	18	19	20	21	22	23	24
	0.04174	0.04174	0.04174	0.04174	0.04174	0.04174	0.04174	0.04174	0.04174	0.04174	0.04174	0.04174
PNS-H($\vartheta_{e_{mn}}$)	1	2	3	4	5	6	7	8	9	10	11	12
	0.04168	0.04168	0.04168	0.04168	0.04168	0.04168	0.04168	0.04168	0.04168	0.04168	0.04168	0.04168
	13	14	15	16	17	18	19	20	21	22	23	24
	0.04168	0.04168	0.04168	0.04168	0.04168	0.04168	0.04168	0.04168	0.04168	0.04168	0.04168	0.04168
PNS-H($\rho_{e_{ij}}$)	1	2	3	4	5	6	7	8	9	10	11	12
	0.04167	0.04167	0.04167	0.04167	0.04167	0.04167	0.04167	0.04167	0.04167	0.04167	0.04167	0.04167
	13	14	15	16	17	18	19	20	21	22	23	24
	0.04167	0.04167	0.04167	0.04167	0.04167	0.04167	0.04167	0.04167	0.04167	0.04167	0.04167	0.04167
PNS-DCN	1	2	3	4	5	6	7	8	9	10	11	12
	0.04167	0.04167	0.04167	0.04167	0.04167	0.04167	0.04167	0.04167	0.04167	0.04167	0.04167	0.04167
	13	14	15	16	17	18	19	20	21	22	23	24
	0.04167	0.04167	0.04167	0.04167	0.04167	0.04167	0.04167	0.04167	0.04167	0.04167	0.04167	0.04167
ONH-FM	1	2	3	4	5	6	7	8	9	10	11	12
	0.04196	0.04194	0.04202	0.04199	0.04207	0.04208	0.04097	0.04106	0.04097	0.04154	0.04162	0.04161
	13	14	15	16	17	18	19	20	21	22	23	24
	0.04159	0.04171	0.04160	0.04159	0.04093	0.04102	0.04097	0.04178	0.04181	0.04185	0.04279	0.04255
ONH-FD	1	2	3	4	5	6	7	8	9	10	11	12
	0.04186	0.04183	0.04191	0.04191	0.04188	0.04190	0.04121	0.04126	0.04118	0.04162	0.04163	0.04156
	13	14	15	16	17	18	19	20	21	22	23	24
	0.04165	0.04171	0.04164	0.04164	0.04117	0.04121	0.04119	0.04175	0.04170	0.04173	0.04247	0.04239
ONH-FE	1	2	3	4	5	6	7	8	9	10	11	12
	0.01310	0.01743	0.02120	0.02309	0.01819	0.01715	0.05296	0.07181	0.04797	0.05183	0.05212	0.03666
	13	14	15	16	17	18	19	20	21	22	23	24
	0.05061	0.06031	0.04967	0.04637	0.05193	0.07304	0.06069	0.04769	0.03572	0.03412	0.03581	0.03053
ONS-ROC	1	2	3	4	5	6	7	8	9	10	11	12
	0.03249	0.03322	0.03396	0.03393	0.03431	0.03546	0.05221	0.05447	0.04886	0.04356	0.04313	0.04127
	13	14	15	16	17	18	19	20	21	22	23	24
	0.04222	0.04301	0.04154	0.04159	0.04753	0.05445	0.05454	0.04321	0.03936	0.03841	0.03442	0.03285

续上表

	1	2	3	4	5	6	7	8	9	10	11	12
ONS-FM	0.03692	0.03699	0.03751	0.03737	0.03513	0.03525	0.04098	0.04338	0.04307	0.04274	0.04383	0.04173
	13	14	15	16	17	18	19	20	21	22	23	24
	0.04378	0.04655	0.04301	0.04397	0.04537	0.04644	0.04408	0.04288	0.04211	0.04347	0.04382	0.03963
ONS-SD	1	2	3	4	5	6	7	8	9	10	11	12
	0.04124	0.04130	0.04130	0.04127	0.04136	0.04142	0.04209	0.04222	0.04191	0.04182	0.04179	0.04175
	13	14	15	16	17	18	19	20	21	22	23	24
	0.04166	0.04172	0.04163	0.04172	0.04182	0.04225	0.04209	0.04172	0.04169	0.04154	0.04142	0.04124
ONS-U(λ_{v_i})	1	2	3	4	5	6	7	8	9	10	11	12
	0.02078	0.02133	0.02357	0.02373	0.02300	0.02569	0.05850	0.06297	0.05394	0.04881	0.04824	0.04311
	13	14	15	16	17	18	19	20	21	22	23	24
	0.04784	0.05138	0.04614	0.04583	0.05346	0.06351	0.06182	0.04756	0.03737	0.03614	0.03000	0.02526
ONS-U(μ_{v_i})	1	2	3	4	5	6	7	8	9	10	11	12
	0.00024	0.00059	0.00137	0.00235	0.00357	0.00423	0.00211	0.00326	0.00550	0.00820	0.01101	0.01580
	13	14	15	16	17	18	19	20	21	22	23	24
	0.01722	0.02034	0.02521	0.02952	0.02630	0.02286	0.02660	0.05022	0.09527	0.12798	0.20945	0.29079
ONS-U($VD_{e_{ij}}$)	1	2	3	4	5	6	7	8	9	10	11	12
	0.02080	0.02163	0.02332	0.02403	0.02303	0.02572	0.05774	0.06166	0.05208	0.04832	0.04802	0.04646
	13	14	15	16	17	18	19	20	21	22	23	24
	0.04789	0.05144	0.04619	0.04589	0.05352	0.06358	0.06189	0.04762	0.03741	0.03618	0.03030	0.02528
ONS-U($TS_{e_{ij}}$)	1	2	3	4	5	6	7	8	9	10	11	12
	0.04093	0.01685	0.01043	0.00722	0.00563	0.00652	0.05056	0.05698	0.05858	0.05617	0.05377	0.05216
	13	14	15	16	17	18	19	20	21	22	23	24
	0.05537	0.05457	0.05056	0.04895	0.04574	0.04414	0.04574	0.05056	0.05216	0.04895	0.04574	0.04173
ONS-U($EI_{e_{ij}}$)	1	2	3	4	5	6	7	8	9	10	11	12
	0.05140	0.04895	0.04653	0.04639	0.04454	0.04251	0.04029	0.03985	0.03934	0.03886	0.03906	0.03833
	13	14	15	16	17	18	19	20	21	22	23	24
	0.03660	0.03706	0.03725	0.03685	0.03733	0.03833	0.03931	0.04034	0.04176	0.04276	0.04722	0.04913
ONS-U($IR_{e_{ij}}$)	1	2	3	4	5	6	7	8	9	10	11	12
	0.00167	0.00500	0.00667	0.01000	0.01750	0.06000	0.06500	0.06750	0.03333	0.02917	0.04250	0.03500
	13	14	15	16	17	18	19	20	21	22	23	24
	0.04000	0.04083	0.04333	0.05667	0.06500	0.06750	0.07083	0.06000	0.05750	0.05083	0.04500	0.02917
ONS-RF	1	2	3	4	5	6	7	8	9	10	11	12
	0.04086	0.04052	0.04160	0.04076	0.04119	0.04136	0.04253	0.04287	0.04336	0.04235	0.04212	0.03918
	13	14	15	16	17	18	19	20	21	22	23	24
	0.04194	0.04197	0.04191	0.04191	0.04198	0.04205	0.04203	0.04188	0.04170	0.04166	0.04108	0.04118

续上表

ONS-SF	1	2	3	4	5	6	7	8	9	10	11	12
	0.04618	0.04498	0.04704	0.04653	0.04615	0.04491	0.03796	0.03877	0.03950	0.03853	0.03942	0.03945
	13	14	15	16	17	18	19	20	21	22	23	24
	0.04027	0.04109	0.03928	0.03980	0.04030	0.03775	0.03808	0.04063	0.04207	0.04230	0.04431	0.04472

根据专家意见,采用 Satty 标度法标出路网风险评估网络各层各元素的相对重要性程度,构造相应的未加权矩阵 W,并计算相应的加权矩阵 $\overline{W}$,在对矩阵 $\overline{W}$ 进行极限运算后,得到的网络层各元素的 shapley 值,即测度间的相互作用程度(表 4-7)。

路网风险测度相互作用程度　　　　表 4-7

网络层元素	Shapley 值	网络层元素	Shapley 值
SR	0.05628	PNS-H(u_{v_i})	0.01192
OR	0.33760	PNS-H(ϑ_{v_u})	0.01321
PNH	0.01447	PNS-H(w_{v_u})	0.01953
PNC	0.02261	PNS-H($\vartheta_{e_{mn}}$)	0.00899
PNC	0.06106	PNS-H($\rho_{e_{ij}}$)	0.00886
ONH	0.00908	PNS-DCN	0.02728
ONC	0.032	ONH-FM	0.00085
ONS	0.09021	ONH-FD	0.00074
PNH-HS	0.00162	ONH-FE	0.00194
PNH-NB	0.03327	ONS-ROC	0.01187
PNH-SB	0.00454	ONS-FM	0.03111
PNH-NL	0.00639	ONS-SD	0.00680
PNH-ME	0.00225	ONS-U(λ_{v_i})	0.01599
PNH-OS	0.00344	ONS-U(μ_{v_i})	0.01994
PNH-SM	0.00138	ONS-U($VD_{e_{ij}}$)	0.01702
PNC-CD	0.00817	ONS-U($TS_{e_{ij}}$)	0.00807
PNC-NI	0.01741	ONS-U($EI_{e_{ij}}$)	0.00750
PNC-RC	0.00480	ONS-U($IR_{e_{ij}}$)	0.01104
PCN-NI	0.00480	ONS-RF	0.02649
PNS-H(k_{v_i})	0.00520	ONS-SF	0.03429

依据以 Shapley 熵最大为目标函数的优化模型,利用 Matlab 最优化工具计算得到网络层元素模糊测度为:$\Delta = \{\Delta_{NR}, \Delta_{SR}, \Delta_{OR}, \Delta_{PNH}, \Delta_{PNC}, \Delta_{PNS}, \Delta_{ONH}, \Delta_{ONC}, \Delta_{ONS}\}$。路网风险测度模糊测度见表 4-8。

路网风险测度模糊测度 表4-8

Δ_{NR}	{SR}		{OR}		{SR,OR}
模糊测度值	0.022512		0.13504		0.18453
Δ_{SR}	{PNH}	{PNC}	{PNS}	{PNH,PNC}	{PNH,PNS}
模糊测度值	0.00578	0.00904	0.02442	0.02347	0.03974
Δ_{SR}	{PNC,PNS}	{PNH,PNC,PNS}	—	—	—
模糊测度值	0.03872	0.04873	—	—	—
Δ_{OR}	{ONH}	{ONC}	{ONS}	{ONH,ONC}	{ONH,ONS}
模糊测度值	0.00363	0.01281	0.03608	0.02376	0.04621
Δ_{OR}	{ONC,ONS}	{ONH,ONC,ONS}	—	—	—
模糊测度值	0.05483	0.06324	—	—	—

针对网络层第三层风险测度第 Λ 天24h 的归一化测度数据 B_{PNH}、B_{PNC}、B_{PNS}、B_{ONH}、B_{ONC}、B_{ONS}，在 Choquet 积分中，需要对每一时段的风险测度值进行排序操作，使其满足 $0 \leqslant f(x_{(1)}) \leqslant \cdots \leqslant f(x_{(n)})$，然后再实施加权合成运算。由 B_{PNH}、B_{PNC}、B_{PNS}、B_{ONH}、B_{ONC}、B_{ONS} 和 Δ_{PNH}、Δ_{PNC}、Δ_{PNS}、Δ_{ONH}、Δ_{ONC}、Δ_{ONS}，运用 Choquet 积分求解得到路网风险测度值 PNH、PNC、PNS、ONH、ONC 和 ONS 的数据组；由 B_{SR}、B_{OR} 和 Δ_{SR}、Δ_{OR}，第二次运用 Choquet 积分求解得到路网风险测度指标值 SR 和 OR 的数据组；最后由 B_{NR} 和 Δ_{NR}，第三次运用 Choquet 积分求解得到路网风险评估值 NR 的数据组。路网风险评估值见表4-9。

路网风险评估值 表4-9

时间(h)	1	2	3	4	5	6	7	8
风险评估值	1.22×10^{-5}	9.17×10^{-6}	7.67×10^{-6}	7.44×10^{-6}	6.51×10^{-6}	1.19×10^{-5}	9.20×10^{-6}	1.23×10^{-5}
时间(h)	9	10	11	12	13	14	15	16
风险评估值	5.71×10^{-6}	8.15×10^{-6}	3.66×10^{-6}	3.83×10^{-6}	4.53×10^{-6}	2.58×10^{-6}	1.67×10^{-6}	5.32×10^{-6}
时间(h)	17	18	19	20	21	22	23	24
风险评估值	9.37×10^{-6}	1.27×10^{-5}	1.50×10^{-5}	6.56×10^{-6}	7.86×10^{-6}	3.72×10^{-6}	3.17×10^{-6}	5.98×10^{-6}

对24h 路网风险评估值进行排序有：NR(15) < NR(14) < NR(23) < NR(11) < NR(22) < NR(12) < NR(13) < NR(16) < NR(9) < NR(24) < NR(5) < NR(20) < NR(4) < NR(3) < NR(21) < NR(10) < NR(2) < NR(7) < NR(17) < NR(6) < NR(1) < NR(8) < NR(18) < NR(19)。

从路网风险评估的结果来看，18:00—19:00 这个时段路网风险最大，6:00—7:00、7:00—8:00 这两个时段风险也较大，这是因为这三个时段是上下班的高峰时期，高速公路上的进出城方向流量较大，这个评估结果与人们的感官具有一致性。此外还注意到，在上班高峰之后的时段(下班高峰之前的时段)，路段风险有明显的持续减小(持续增大)的趋势，这与道路交通流的潮汐现象也是吻合的。

需要特别说明的是，0:00—1:00 时段路网风险也很大，这个结果与大多数人的感受并不一致，这个时刻路网风险大的原因在于：①夜间行驶气象环境条件差；②大型货车出行较为密集。

分别选取2010年和2011年两年的北京市高速公路网交通事故统计数据，分别记作 $A =$

$\{a_1, a_2, \cdots, a_{24}\}$ 和 $B = \{b_1, b_2, \cdots, b_{24}\}$,在计算方差后有,$\sigma(A) = 1.18732$,$\sigma(B) = 0.70711$,显然有 $\sigma(A) > \sigma(B)$,因此取 A 组数据作为样本,对 A 组数据进行分类整理,有 $\alpha_1 = 10$,$\beta_1 = 6$,$\alpha_2 = 9$,$\beta_2 = 7$,$\alpha_3 = \beta_3 = 8$,由于 $\alpha_1 - \alpha_2$,$\beta_1 - \beta_2$,$\alpha_2 - \alpha_3$,$\beta_2 - \beta_3$ 均大于数据的平均偏离程度 0.95,因此可以得到分类集合 $\Gamma = \{\Gamma_1, \Gamma_2, \Gamma_3, \Gamma_4, \Gamma_5\}$,$k = 5$。

在第 Λ 天的路网风险评估值中随机选取 5 个质心点,以欧式距离作为距离测度,进行 K-means 聚类分析,将质心点从小到大排序,得到质心点与类别的对照表,如表 4-10 所示。

质心点与类别对照表　　表 4-10

质心点	3.31×10^{-6}	6.02×10^{-6}	8.41×10^{-6}	1.23×10^{-5}	1.50×10^{-5}
类别	5	4	3	2	1

由于路网风险评估值越大,路网风险等级越高,而相应地安全等级越低,因此根据表 4-11,可以得到第 Λ 天的路网安全等级划分为 1~5 级。

24h 路网安全等级　　表 4-11

时间(h)	1	2	3	4	5	6	7	8	9	10	11	12
安全等级	2	3	3	3	4	2	3	2	2	2	5	5
时间(h)	13	14	15	16	17	18	19	20	21	22	23	24
安全等级	5	5	5	4	3	2	1	4	3	5	5	4

4.5.4.2　风险预测

1)GM(1,N)预测方法实现

取系统特征序列 $X_1^{(0)}$ 为第 Λ 天 24h 路网风险评估值序列 NR,系统特征影响因素序列 $X_2^{(0)}$ 为相应的路网结构风险测度值序列 SR,$X_3^{(0)}$ 为相应的路网运营风险测度值序列 OR,对数据进行预处理,得到 $Z_1^{(1)} = (0, 1.6785 \times 10^{-5}, \cdots, 1.7321 \times 10^{-4})$,模型参数 $\hat{a} = [a, b_2, b_3]^{\mathrm{T}} = [1.9949, -0.3240, 0.3686]^{\mathrm{T}}$,建立 GM(1,$N$)模型,对模型进行求解,得到第 $\Lambda + 1$ 天 24h 路网风险的预测值,见表 4-12。

基于灰色模型的路网风险预测值　　表 4-12

时间(h)	1	2	3	4	5	6	7	8
风险预测值	1.22×10^{-5}	9.19×10^{-6}	7.70×10^{-6}	7.46×10^{-6}	6.53×10^{-6}	1.19×10^{-5}	9.23×10^{-6}	1.23×10^{-5}
时间(h)	9	10	11	12	13	14	15	16
风险预测值	5.72×10^{-6}	8.18×10^{-6}	3.67×10^{-6}	3.86×10^{-6}	4.56×10^{-6}	2.60×10^{-6}	1.68×10^{-6}	5.33×10^{-6}
时间(h)	17	18	19	20	21	22	23	24
风险预测值	9.40×10^{-6}	1.27×10^{-5}	1.50×10^{-5}	6.57×10^{-6}	7.88×10^{-6}	3.75×10^{-6}	3.19×10^{-6}	6.00×10^{-6}

在此基础上,分别采用三种检验方法对模型的精度进行检验,其中:残差检验中 $\overline{\Delta} = 0.0035$,后验差检验中 $C = 0.0034$,小误差概率 $p = P\{|e(k) - \overline{E}| < 0.6745 S_1\}$,比对模型精度等级分类表可知,模型预测精度较第 I 级更好。基于灰色模型的路网风险预测值见图 4-41。小波神经网络训练精度变化图见图 4-42。

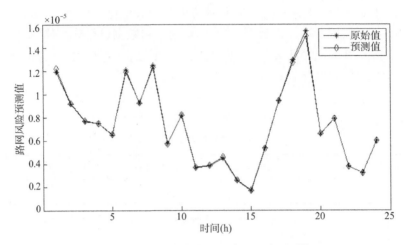

图 4-41　基于灰色模型的路网风险预测值

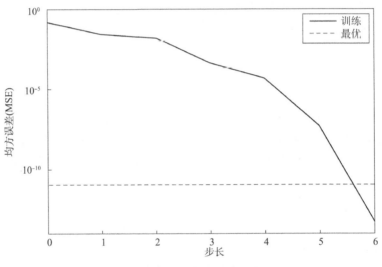

图 4-42　小波神经网络训练精度变化图

2) 小波神经网络预测

根据实际应用的需求,研究选取只含有 1 个隐含层的三层小波神经网络进行预测。根据路网风险评估数据的历史数据数量确定输入层神经元数为 5,输出层神经元数为 1,根据经验公式确定隐含层神经元的初值为 5。

选取据第 $\Lambda-6 \sim \Lambda-2$ 天的路网风险评估数据作为训练样本输入,以第 $\Lambda-1$ 天的路网风险评估数据作为训练样本输出,以第 $\Lambda-5 \sim \Lambda-1$ 天的路网风险评估数据作为测试样本输入,以第 Λ 天的路网风险评估数据作为测试样本输出。

选取 morlet 小波函数作为隐含层的传输函数,设定网络的最大学习迭代次数为 100、学习精度为 0.1×10^{-10}。

如图 4-43 所示,网络学习迭代到第 6 次时就达到了学习精度 8.61652×10^{-14},其学习速度较快。

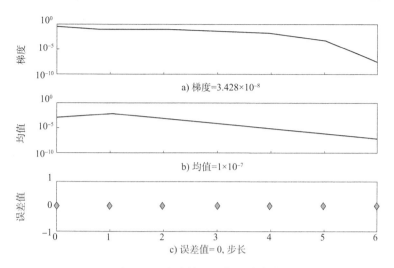

图 4-43 小波神经网络训练参数

输入第 $\Lambda-4\sim\Lambda$ 天的路网风险评估数据,可以预测得到第 $\Lambda+1$ 天的路网风险预测值（表4-13、图4-44）。

基于小波神经网络的路网风险预测值　　表4-13

时间(h)	1	2	3	4	5	6	7	8
风险预测值	1.32×10^{-5}	9.39×10^{-6}	7.72×10^{-6}	7.34×10^{-6}	6.28×10^{-6}	1.20×10^{-5}	9.44×10^{-6}	1.23×10^{-5}
时间(h)	9	10	11	12	13	14	15	16
风险预测值	5.53×10^{-6}	8.19×10^{-6}	3.65×10^{-6}	3.77×10^{-6}	4.40×10^{-6}	2.84×10^{-6}	2.23×10^{-6}	5.12×10^{-6}
时间(h)	17	18	19	20	21	22	23	24
风险预测值	9.61×10^{-6}	1.28×10^{-5}	1.49×10^{-5}	6.44×10^{-6}	7.90×10^{-6}	3.69×10^{-6}	3.26×10^{-6}	5.82×10^{-6}

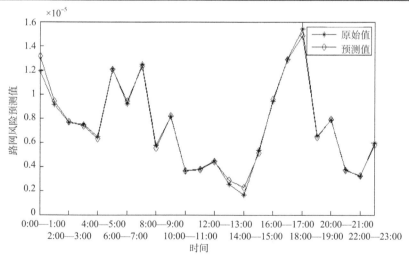

图 4-44 基于小波神经网络的路网风险预测值

将测试的输出数据与原始数据进行比较,数据间的平均平方误差为 1.664296×10^{-13}，说明预测效果较好。

3) 最优组合预测方法

根据最优组合预测理论,综合上述两种方法得到的第 $A+1$ 天的路网风险预测值,求得 $c_{11} = \sum_{t=1}^{24} e_{1t}e_{1t} = 1.37 \times 10^{-14}, c_{12} = \sum_{t=1}^{24} e_{1t}e_{2t} = 6.64 \times 10^{-14}, c_{21} = \sum_{t=1}^{24} e_{2t}e_{1t} = 6.64 \times 10^{-14},$ $c_{22} = \sum_{t=1}^{24} e_{2t}e_{2t} = 2.68 \times 10^{-12}$,则有两类方法的权重分别为:

$$w_1 = \frac{c_{22} - c_{12}}{c_{11} + c_{22} - 2c_{12}} = 1.02056 \tag{4-94}$$

$$w_2 = \frac{c_{11} - c_{12}}{c_{11} + c_{22} - 2c_{12}} = -0.02056 \tag{4-95}$$

按照公式 $\hat{y}_{ct} = \sum_{i=1}^{n} v_i \sum_{i=1}^{n}{}_{it}$,可得基于灰色预测模型和小波神经网络模型的组合预测模型为 $\sum_{i=1}^{n}{}_{ct} = w_1 \sum_{i=1}^{n}{}_{1t} + w_2 \sum_{i=1}^{n}{}_{2t}$,由此可以计算得到组合预测值(表 4-14、图 4-45)。

基于组合预测模型的路网风险预测值 表 4-14

时间(h)	1	2	3	4	5	6	7	8
风险预测值	1.22×10^{-5}	9.19×10^{-6}	7.70×10^{-6}	7.46×10^{-6}	6.54×10^{-6}	1.19×10^{-5}	9.23×10^{-6}	1.23×10^{-5}
时间(h)	9	10	11	12	13	14	15	16
风险预测值	5.72×10^{-6}	8.18×10^{-6}	3.67×10^{-6}	3.86×10^{-6}	4.56×10^{-6}	2.60×10^{-6}	1.67×10^{-6}	5.33×10^{-6}
时间(h)	17	18	19	20	21	22	23	24
风险预测值	9.40×10^{-6}	1.27×10^{-5}	1.50×10^{-5}	6.57×10^{-6}	7.88×10^{-6}	3.75×10^{-6}	3.19×10^{-6}	6.00×10^{-6}

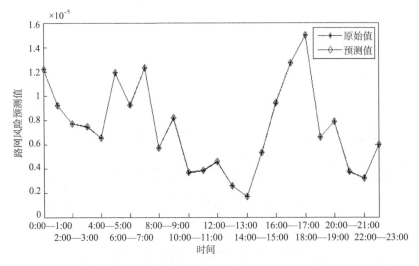

图 4-45 基于组合预测模型的路网风险预测值

为了进一步检验预测效果优劣,分别计算 4 项评价指标,组合预测模型的平均绝对误差 $MAE = 8.08 \times 10^{-8}$,平均绝对百分比误差 $MAPE = 0.00950$,Theil 不等系数 $U = 0.00788$,有效度 $S = 0.99077$,说明预测模型的精度较高,预测误差较稳定。

在这里,采用有效度指标来比较 $GM(1, N)$ 预测模型、小波神经网络预测模型以及基于二者的组合预测模型的预测精度,比较结果见表4-15。从比较结果来看,组合预测模型的精度要高于任意单个预测模型的精度,能够更为准确地预测未来的运营状态,从而为主动防控运营风险提供有力的理论支撑。

预测模型精度比较　　　　　　　　表4-15

模型	精度
灰色预测模型	0.982951
小波神经网络模型	0.8917653
组合预测模型	0.990767

4.6　本章小结

本章首先对路网状态特征进行分析,主要考虑了路网的实时流量边、实时速度、实时占有率和实时交通状态,并以北京市部分道路交通网络为例对路网结构特征分析指标进行实例分析;接着给出了道路交通网络状态时序分析方法,并以北京市部分道路交通网络为例给出了其时序分析的结果,并对结果进行了讨论分析;然后对路网状态风险进行分析,包含3个测度指标,分别为路网非均匀性测度指标、路网连通性测度指标和路网抗毁性测度指标;最后构建了路网风险评估层次关联结构,并运用多重 Choquet 积分计算得到了路网风险评估值,借助待评估路网近两年的事故统计数据以及 K-means 聚类划分了路网安全性和风险的等级,提出了基于灰色-小波神经网络的多因素路网风险组合预测模型。

第5章 道路交通网络关键节点分析

5.1 概述

道路交通网络的物理结构是由节点和连接节点之间的路段构成的,即道路交通网络的组分主要为交叉口和路段。在道路交通网络的建设时期,其拓扑连接是主要考虑的因素,并且决定了网络的结构布局,关于道路交通网络关键节点的识别多数是在拓扑连接的基础上进行交叉口的重要度评价,即寻找严重影响道路交通网络拓扑连通性的路网节点。在道路交通网络关键节点的识别过程中,在不同侧重点下对交叉口的重要度进行评价时基于的评价指标是不同的,比如在分析道路交通网络拓扑连通性时,关键组分的识别主要考虑了交叉口的局部连通性及对全局连通性的影响程度;在考虑道路交通网络的静态功能属性时,关键节点的识别主要是分析节点的重要程度。

5.2 基于拓扑连接的关键节点分析方法

5.2.1 基于节点连通度的关键节点分析

道路交通网络中交叉口的局部连通性是指该交叉口与其直接相连的交叉口之间的连通程度,可通过节点连通度的大小来确定交叉口的重要度,也可通过节点失效后相邻节点连通度的变化来计算交叉口的重要度。

5.2.1.1 考虑节点连通度

节点连通度为节点与其直接相连的节点的个数,如果路网的一个交叉口直接相连的交叉口越多,说明该交叉口对连通性的贡献程度越大,即交叉口重要度越大。在考虑节点连通度的情况下,交叉口 i 的重要度描述为 $I^n(i)$,可通过下面的公式计算得到。

$$I^n(i) = \frac{d(i) - d_{\min}}{d_{\max} - d_{\min}} \tag{5-1}$$

式中,$d_{\max} = \max\{d(z) \mid z \in N\}$ 为最大的节点连通度;$d_{\min} = \min\{d(z) \mid z \in N\}$ 为最小的节点连通度。

5.2.1.2 考虑节点失效后相邻节点连通度的变化

网络中某个节点失效后,整个路网的拓扑连接结构发生变化,尤其是与该节点直接相连的节点,如果路网中一个交叉口禁止通行,则与之直接相连的交叉口都无法通过该交叉口到达其他交叉口。判断该失效交叉口的重要程度需要分析与之直接相连的交叉口对该交叉口在连通性方面的依赖程度,即失效交叉口直接相连的路段对邻接交叉口在连通性方面的影响程度。失效交叉口 i 对邻接交叉口连通性方面的影响程度描述为 $\text{cid}^{n'}(i)$,可通过下面的公式计算得到。

$$\text{cid}^{n'}(i) = \frac{d(i)}{\sum_{z \in vn(i)} d(z)} \tag{5-2}$$

考虑节点失效后相邻节点连通度的变化,变化程度越大,则节点的重要度越大,交叉口 i 的重要度可描述为 $I^{n'}(i)$,通过下面的公式计算得到。

$$I^{n'}(i) = \frac{\text{cid}^{n'}(i) - \text{cid}^{n'}_{\min}}{\text{cid}^{n'}_{\max} - \text{cid}^{n'}_{\min}} \tag{5-3}$$

式中,$\text{cid}^{n'}_{\max} = \max\{\text{cid}^{n'}(z) \mid z \in N\}$ 为所有单一交叉口失效后对邻接交叉口在连通性方面影响程度的最大值;$\text{cid}^{n'}_{\min} = \min\{\text{cid}^{n'}(z) \mid z \in N\}$ 为所有单一交叉口失效后对邻接交叉口在连通性方面影响程度的最小值。

5.2.2 基于节点平均最短路径距离的关键节点分析

道路交通网络中交叉口的全局连通性是指路网中所有两个交叉口之间的连通程度,可通过节点平均最短路径距离的大小来确定交叉口的重要度,也可通过节点失效后网络平均最短路径距离的变化来计算交叉口的重要度。

5.2.2.1 考虑节点平均最短路径距离

节点平均最短路径距离为网络中的节点到任意一个其他的节点平均最少需要经过的边数,路网的一个交叉口的平均最短路径距离越小,说明该交叉口到任意一个其他的交叉口平均最少需要经过的边数越少,即交叉口重要度越大。考虑节点平均最短路径距离的情况下交叉口 i 的重要度可描述 $I^N(i)$,通过下面的公式计算得到。

$$I^N = \frac{\text{asp}_{\max} - \text{asp}(i)}{\text{asp}_{\max} - \text{asp}_{\min}} \tag{5-4}$$

式中,$\text{asp}_{\max} = \max\{\text{asp}(z) \mid z \in N\}$ 为所有节点平均最短路径距离的最大值;$\text{asp}_{\min} = \min\{\text{asp}(z) \mid z \in N\}$ 为所有节点平均最短路径距离的最小值。

5.2.2.2 考虑节点失效后网络平均最短路径距离的变化

网络中某个节点失效后,整个路网的连通结构发生变化,有可能使一个全连通网络变成两个或者多个相互不连通的子连通网络,如果路网中一个交叉口禁止通行,则经过该交叉口的最短路径距离将通过选择其他交叉口使得最短路径增加,从而造成网络平均最短路径距离的增大。判断该失效交叉口的重要程度需要分析网络平均最短路径距离增大的程度,失效交叉口 i 对网络平均最短路径距离增大的程度描述为 $\text{pad}^N(i)$,可通过下面的公式计算得到。

$$\mathrm{pad}^{N'}(i) = \frac{\mathrm{asp}^*(\mathrm{URTN}_0^i) - \mathrm{asp}^*(\mathrm{URTN}_0)}{\mathrm{asp}^*(\mathrm{URTN}_0)} \tag{5-5}$$

式中，RTN_0^i 为路网 RTN_0 的交叉口 i 失效后的路网；$\mathrm{asp}^*(\mathrm{RTN}_0^i)$ 为路网 RTN_0^i 的平均最短路径距离；$\mathrm{asp}^*(\mathrm{RTN}_0^i)$ 的计算公式如下。

$$\mathrm{asp}^*(\mathrm{RTN}_0^i) = \frac{1}{n-1}\sum_{z=1, z \neq i}^n \mathrm{asp}^i(z) \tag{5-6}$$

式中，$\mathrm{asp}^i(z)$ 为路网 RTN_0^i 中交叉口 z 的平均最短路径距离，可通过下面的式子计算得到。

$$\mathrm{asp}^i(z) = \frac{1}{n-2}\sum_{y=1, y \neq z, y \neq i}^n \mathrm{sp}_{z \text{-} y} \tag{5-7}$$

式中，$\mathrm{sp}_{z\text{-}y}$ 为节点 z 到节点 y 的最短路径所经过的边数，若节点 z 到节点 y 是连通的，则 $\mathrm{sp}_{z\text{-}y}$ 可通过 Dijkstra 算法得到；若节点 z 到节点 y 是不连通的，则假设 $\mathrm{sp}_{z\text{-}y} = n$。

考虑节点失效后网络最短路径距离的变化，其增加程度越大，则节点的重要度越大，交叉口 i 的重要度可描述为 $I^{N'}(i)$，通过下面的公式计算得到。

$$I^{N'}(i) = \frac{\mathrm{pad}^{N'}(i) - \mathrm{pad}^{N'}_{\min}}{\mathrm{pad}^{N'}_{\max} - \mathrm{pad}^{N'}_{\min}} \tag{5-8}$$

式中，$\mathrm{pad}^{N'}_{\max} = \max\{\mathrm{pad}^{N'}(z) \mid z \in N\}$ 为所有单一交叉口失效后造成路网平均最短路径距离增加程度的最大值；$\mathrm{pad}^{N'}_{\min} = \min\{\mathrm{pad}^{N'}(z) \mid z \in N\}$ 为所有单一交叉口失效后造成路网平均最短路径距离增加程度的最小值。

5.2.3 实例分析

基于北京市部分道路抽象网络模型进行关键交叉口识别时，考虑节点连通度的节点重要度分析结果如图 5-1 所示，可见重要度较大的交叉口有 4 个，见表 5-1。其中，重要度最大的西直门桥有 6 个交叉口与其直接相连，而其他 3 个交叉口的邻接交叉口都有 5 个，这 4 个交叉口是北京市部分道路抽象网络模型中相邻交叉口个数大于 4 的所有交叉口，在局部连通方面，这 4 个交叉口表现出较大的重要性。

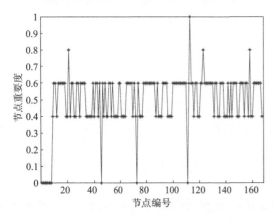

图 5-1 考虑节点连通度的节点重要度分析

考虑节点连通度的前 4 个重要度较大的节点　　　　表 5-1

节点编号	节点名称	节点重要度
113	西直门桥	1
21	上清桥	0.8
123	建国门桥	0.8
158	崇文门	0.8

基于北京市部分道路抽象网络模型进行关键交叉口识别时,考虑节点失效后相邻节点连通度变化的节点重要度分析结果如图 5-2 所示,可见重要度较大的交叉口有 8 个,见表 5-2。其中,重要度最大的交叉口为酸枣岭立交桥,因为其相邻交叉口的连通度低于网络的平均连通度,即该交叉口及其相邻交叉口构成的小网络与整个网络其余部分的连通性较低,这 8 个交叉口中有 5 个交叉口都相邻一个连通度为 1 的交叉口,说明连接边界点的交叉口有较大的重要性,另外 3 个交叉口都为连通度为 3 的交叉口,且其相邻的交叉口的连通度也都为 3,其局部小网络的连通度与整个网络的连通度相比要小得多。

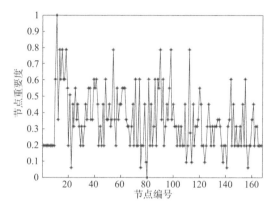

图 5-2　考虑节点失效后相邻节点连通度变化的节点重要度分析

考虑节点失效后相邻节点连通度变化的前 8 个重要度较大的节点　　表 5-2

节点编号	节点名称	节点重要度
11	酸枣岭立交桥	1
13	三惠桥	0.785714
15	徐庄桥	0.785714
18	六环桥	0.785714
54	红领巾桥	0.785714
90	农展桥	0.785714
98	周家庄路西口	0.785714
112	车道沟桥	0.785714

基于北京市部分道路抽象网络模型进行关键交叉口识别时,考虑节点平均最短路径距离的节点重要度分析结果如图 5-3 所示,其中前 10 个重要度较大的交叉口见表 5-3。重要度最大的交叉口为百葛桥,虽然该交叉口位于西北六环上,但是它可以通过六环经过较少的交叉口到达南部和东部的交叉口,从而造成百葛桥与路网其他所有交叉口的最短路径距离的均值较小。由图 5-3 可以看出,重要度较大的交叉口主要分布在二环内(路网中心的位置)和五环、六环上(路网接近边缘的位置),路网中心的交叉口有较小的平均最短路径距离很容易理解,而路网接近边缘的交叉口有较小的平均最短路径距离的原因为路网边缘的交

叉口十分稀疏,经过较少的路段可以达到路网其他较远位置的交叉口,由表 5-3 可知,前 10 个重要度较大的交叉口有 9 个位于五环、六环上和二环内。

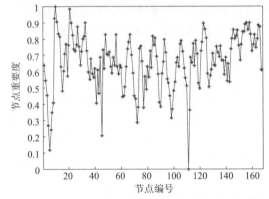

图 5-3　考虑节点平均最短路径距离的节点重要度分析

考虑节点平均最短路径距离的前 10 个重要度较大的节点　　　　　　　　　表 5-3

节点编号	节点名称	节点重要度
10	百葛桥	1
21	上清桥	0.984671
9	西六环与京原路交叉口	0.925608
11	酸枣岭立交桥	0.903705
33	衙门口桥	0.899346
156	东单	0.899346
158	崇文门	0.899346
22	仰山桥	0.89713
123	建国门桥	0.894951
158	崇文门	0.800000

基于北京市部分道路抽象网络模型进行关键交叉口识别时,节点失效后网络平均最短路径距离变化如图 5-4 所示,可见有 11 个交叉口失效后网络的平均最短路径距离增长特别大,原因是这 11 个交叉口连接着 11 个连通度为 1 的交叉口,这 11 个交叉口失效后,路网直接变为不连通的网络。在之前的分析中,假设两个不连通的节点之间的最短路径距离定义为网络节点个数,于是得到的结果使得这 11 个交叉口显得比较重要。节点重要度分析结果如图 5-5 所示,从图中还可以看到编号为 45 的交叉口(志新桥)失效后网络的平均最短路径距离较原始网络稍有减小,其原因为该交叉口为边界点,失效后网络的节点个数减 1,而边的个数也减 1,使得失效后网络的连通情况稍有改善,也说明了网络的边界点造成网络的平均最短路径距离增大,边界点越多,网络平均最短路径距离增大。该 11 个重要度较大的交叉口如表 5-4 所示,除林业大学、北太平桥和车道沟桥,其他 8 个交叉口都在六环上,林业大学相邻的双清路、北太平桥相邻的志新桥和车道沟桥相邻的八里庄桥因数据源问题在本书的北京市部分道路交通网络模型中均为断头路的终点。

第 5 章 道路交通网络关键节点分析

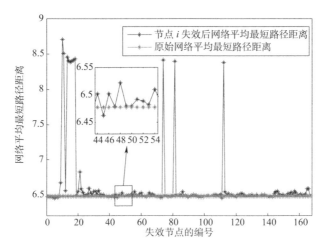

图 5-4 节点失效后网络平均最短路径距离变化

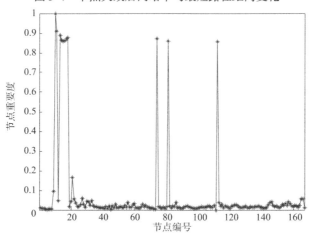

图 5-5 考虑节点失效后网络平均最短路径距离变化的节点重要度分析

考虑节点失效后网络平均最短路径距离变化的前 11 个重要度较大的交叉口　表 5-4

节点编号	节点名称	节点重要度
10	百葛桥	1
11	酸枣岭立交桥	0.910608
13	三惠桥	0.889703
18	六环桥	0.877097
74	林业大学	0.87075
17	双源桥	0.869818
14	施园桥	0.86387
16	马驹桥	0.86245
81	北太平桥	0.860542
15	徐庄桥	0.858988
112	车道沟桥	0.856059

5.3 基于静态功能属性的关键节点分析方法

基于静态功能属性网络模型的关键交叉口识别主要是针对路网的静态功能属性进行相关的分析,即考虑了路网中路段的长度和通行能力。本节首先针对节点静态功能属性进行关键交叉口的识别,然后针对路网节点介数进行关键交叉口的识别。

5.3.1 基于节点度的关键节点分析

道路交通网络中交叉口的静态功能属性是指该交叉口的里程度、通行能力度和通行能效度,这些静态功能属性决定了网络能够提供车辆通行里程的大小、同时通行车辆的多少或者车辆通行效率的高低。交叉口的静态功能属性确定了该交叉口对整个网络实现车辆通行目标的贡献程度,可根据贡献程度的多少确定交叉口重要度的大小。可考虑节点里程度、节点通行能力度和节点通行能效度分别进行关键交叉口的识别。

5.3.1.1 考虑节点里程度

节点里程度为节点与其直接相连的边的里程之和,路网的一个交叉口直接相连的路段的里程之和越大,说明该交叉口对路网的通行里程的贡献程度越大,即可认为交叉口重要度越大。在考虑节点里程度的情况下,交叉口 i 的重要度描述为 $I_l(i)$,可通过下面的公式计算得到。

$$I_l(i) = \frac{d_l(i) - d_l^{\min}}{d_l^{\max} - d_l^{\min}} \tag{5-9}$$

式中,$d_l^{\max} = \max\{d_l(z) \mid z \in N\}$ 为最大的节点里程度;$d_l^{\min} = \min\{d_l(z) \mid z \in N\}$ 为最小的节点里程度。

5.3.1.2 考虑节点通行能力度

节点通行能力度为节点与其直接相连的边的通行能力之和,如果路网的一个交叉口直接相连的边的通行能力之和越大,说明该交叉口对路网同时容纳车辆通行能力的贡献程度越大,即交叉口重要度越大,考虑节点通行能力度的情况下,交叉口 i 的重要度描述为 $I_c(i)$,可通过下面的公式计算得到。

$$I_c(i) = \frac{d_c(i) - d_c^{\min}}{d_c^{\max} - d_c^{\min}} \tag{5-10}$$

式中,$d_c^{\max} = \max\{d_c(z) \mid z \in N\}$ 为路网中所有交叉口的通行能力度的最大值;$d_c^{\min} = \min\{d_c(z) \mid z \in N\}$ 为路网中所有交叉口的通行能力度的最小值。

5.3.1.3 考虑节点通行能效度

节点通行能效度为节点与其直接相连的边的通行能效之和,如果路网的一个交叉口直接相连的边的通行能效之和越大,说明该交叉口对路网完成车辆通行效率的贡献程度越大,即交叉口重要度越大,考虑节点通行能效度的情况下,交叉口 i 的重要度描述为 $I_e(i)$,可通过下面的公式计算得到。

$$I_e(i) = \frac{d_e(i) - d_e^{\min}}{d_e^{\max} - d_e^{\min}} \tag{5-11}$$

式中，$d_e^{max} = \max\{d_e(z) | z \in N\}$ 为路网中所有交叉口的通行能效度的最大值；$d_e^{min} = \min\{d_e(z) | z \in N\}$ 为路网中所有交叉口的通行能效度的最小值。

5.3.2 基于节点介数的关键节点分析

道路交通网络中，车辆从一个交叉口到另一个交叉口的通行通常选择一条最优的路径，整个路网任意两个交叉口的通行都存在一条最优路径，交叉口介数即为所有最优路径经过该交叉口的条数与总最优路径条数的比值，介数越大说明经过该交叉口的车辆越多，该交叉口就越重要。但是，确定最优路径时所考虑的因素不同，造成最优路径的结果也不同，仅考虑路段长度时，最优路径即为最短里程路径；如果考虑路段长度和通行能力，即将路段长度转化为一个修正的长度，再进行最优路径的计算。

5.3.2.1 考虑路段长度

考虑道路长度计算交叉口介数时，即假设城市居民从一个交叉口到另一个交叉口所选择的最优路径为里程最短的路径。在考虑路段长度的情况下，交叉口 i 的介数可定义为节点长度介数，可用 $bn_l(i)$ 来描述，计算公式如下。

$$bn_l(i) = \frac{1}{n(n-1)} \sum_{y,z \in N} (n_{yz}^l(i) + n_{yz}^l(i)) \tag{5-12}$$

式中，$n_{yz}^l(i)$ 描述了从交叉口 y 到交叉口 z 的最短里程路径是否经过交叉口 i，当从交叉口 y 到交叉口 z 的最短里程路径经过交叉口 i 时，$n_{yz}^l(i) = 1$；当从交叉口 y 到交叉口 z 的最短里程路径不经过交叉口 i 时，$n_{yz}^l(i) = 0$。

基于交叉口长度介数进行交叉口 i 的重要度评价时，交叉口 i 的重要度描述为 $I_{bl}(i)$，可通过下面的公式计算得到。

$$I_{bl}(i) = \frac{bn_l(i) - bn_l^{min}}{bn_l^{max} - bn_l^{min}} \tag{5-13}$$

式中，$bn_l^{max} = \max\{bn_l(z) | z \in N\}$ 为路网中所有交叉口的长度介数的最大值；$bn_l^{min} = \min\{bn_l(z) | z \in N\}$ 为路网中所有交叉口的长度介数的最小值。

5.3.2.2 考虑路段长度和通行能力

考虑道路长度和通行能力计算交叉口介数时，即假设城市居民从一个交叉口到另一个交叉口所选择的最优路径为修正长度最短的路径。在考虑路段长度和通行能力的情况下，交叉口 i 的介数可定义为节点能效介数，可用 $bn_{el}(i)$ 来描述，计算公式如下。

$$bn_e(i) = \frac{1}{n(n-1)} \sum_{y,z \in N} (n_{yz}^e(i) + n_{yz}^e(i)) \tag{5-14}$$

式中，$n_{yz}^e(i)$ 描述了从交叉口 y 到交叉口 z 的最优路径是否经过交叉口 i，当从交叉口 y 到交叉口 z 的最优路径经过交叉口 y 时，$n_{yz}^e(i) = 1$，当从交叉口 y 到交叉口 z 的最优路径不经过交叉口 i 时，$n_{yz}^e(i) = 0$。

基于交叉口能效介数进行交叉口 i 的重要度评价时，交叉口 i 的重要度描述为 $I_{be}(i)$，可通过下面的公式计算得到。

$$I_{be}(i) = \frac{bn_e(i) - bn_e^{min}}{bn_e^{max} - bn_e^{min}} \tag{5-15}$$

式中，$bn_e^{max} = \max\{bn_e(z) | z \in N\}$ 为路网中所有交叉口的能效介数的最大值；$bn_e^{min} = \min\{bn_e(z) | z \in N\}$ 为路网中所有交叉口的能效介数的最小值。

5.3.3 实例分析

5.3.3.1 城镇为节点的路网

图 5-6 中大圆点是路网中节点能效指标排名前 20 位的城镇节点，说明在路网正常的运营中，以上这些节点是支撑路网连通重要性和功能有效性的关键节点。由于实际运行中影响节点效率指标的因素较多，因此，本书采取节点能效介数作为指标评估节点在路网中支撑网络能效发挥的作用。该指标排除了时间和速度等影响因素，对路网管理者和决策者更具有实际参考价值。

5.3.3.2 交叉口为节点的路网

基于北京市部分道路静态功能属性网络模型进行关键交叉口识别时，考虑节点里程度的节点重要度分析结果如图 5-6 所示。可以看出，四环外的交叉口重要度都较大，尤其是五环外的交叉口；越接近二环，节点的重要度越小，说明北京市里程度大的交叉口都在城市外环，即里程较大的路段都在城市郊区，而越靠近城市中心的路段里程越短，同时也说明了城市郊区的交叉口分布较稀，越靠近市中心交叉口分布越密。前 10 个重要度较大的交叉口见表 5-5，其中有 8 个交叉口位于六环上。

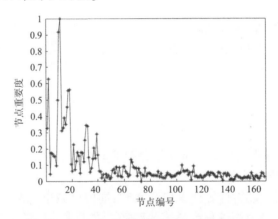

图 5-6 考虑节点里程度的节点重要度分析

考虑节点里程度的前 10 个重要度较大的交叉口 表 5-5

节点编号	节点名称	节点重要度
11	酸枣岭立交桥	1
10	百葛桥	0.917629
2	北庄二桥	0.628858
18	六环桥	0.563292
17	双源桥	0.554588
9	西六环与京原路交叉口	0.499842

续上表

节点编号	节点名称	节点重要度
16	马驹桥	0.457171
14	施园桥	0.389918
15	徐庄桥	0.350606
31	西红门南桥	0.344744

基于北京市部分道路静态功能属性网络模型进行关键交叉口识别时,考虑节点通行能力度的节点重要度分析结果如图 5-7 所示。可以看出,二环内和五环外的交叉口重要度较小,其他交叉口的重要度都较大,且环线上交叉口的重要度要比环线之间的交叉口的重要度大一些,且同一环线上,地理位置不同,重要度略有不同,北环上交叉口的重要度比南环上交叉口的重要度又大一些,其中 3 个为断头路终点的交叉口的重要度较低。前 10 个重要度较大的交叉口见表 5-6,西直门是重要度最大的交叉口,说明它需要承担路网的交通量最大,其余 9 个交叉口中有 5 个交叉口位于四环上,主要集中在北四环;另外 4 个交叉口位于三环上,也集中在北三环。

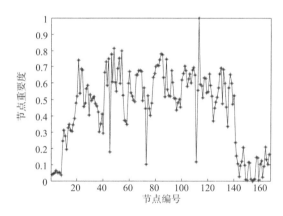

图 5-7　考虑节点通行能力度的节点重要度分析

考虑节点通行能力度的前 10 个重要度较大的交叉口　　　　表 5-6

节点编号	节点名称	节点重要度
113	西直门桥	1
48	安慧桥	0.814173
54	红领巾桥	0.799685
84	安贞桥	0.780248
46	健翔桥	0.775858
85	和平西街	0.774740
52	四元桥	0.751911
44	学院桥	0.750713

续上表

节点编号	节点名称	节点重要度
88	三元桥	0.745964
83	安华桥	0.743090

　　基于北京市部分道路静态功能属性网络模型进行关键交叉口识别时,考虑节点通行能效度的节点重要度分析结果如图5-8所示。可以看出,重要度较大的交叉口主要分布在二环上、三环上和四环上,其中二环上的个数最多,说明这些交叉口与邻接交叉口之间的通行能效较大,也可以理解为这些交叉口与邻接交叉口之间的里程短而通行能力大。前10个重要度较大的交叉口见表5-7,重要度最大的是安慧桥,虽然它的通行能力不大,但因其与邻接交叉口的里程较短,使其成为通行能效最大的交叉口;其他9个交叉口中5个交叉口位于二环上,3个交叉口位于三环上,1个交叉口位于四环上。

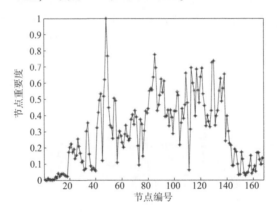

图5-8　考虑节点通行能效度的节点重要度分析

考虑节点通行能效度的前10个重要度较大的节点　　　　　表5-7

节点编号	节点名称	节点重要度
48	安慧桥	1
85	和平西街	0.777594
49	惠新西桥	0.766828
130	开阳桥	0.737291
129	陶然亭	0.727169
113	西直门桥	0.695699
86	和平东桥	0.693997
121	东四十条桥	0.690592
117	安定门桥	0.685485
109	花园桥	0.660732

　　基于北京市部分道路静态功能属性网络模型的关键交叉口识别,针对路网节点介数进

行交叉口重要度分析时,因其最短路径的定义不同造成介数的计算结果不同。第一,考虑路段长度进行交叉口长度介数计算,然后基于所有交叉口的长度介数计算交叉口的重要度,结果如图5-9所示。由图5-9可以看出,节点重要度较大的交叉口都在二环内,重要度最小的交叉口都在六环外,总体来说,随着交叉口位置越靠近市中心,节点重要度越大。第二,考虑路段长度和通行能力进行交叉口能效介数计算,然后基于所有交叉口的能效介数计算交叉口的重要度,结果表明,节点重要度较大的交叉口主要位于二环上,其次是三环和四环上的交叉口,这与北京真实的交通情况一致。

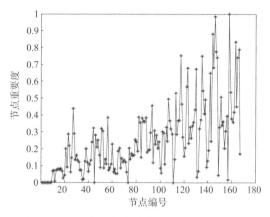

图 5-9 考虑节点长度介数的节点重要度分析

5.4 本章小结

本章首先给出基于抽象网络模型的关键交叉口识别方法,分为针对局部连通性和针对全局连通性的两类交叉口重要度分析方法,其中针对局部连通性的分析为考虑节点的连通度和节点失效后局部连通性的变化,针对全局连通性的分析为考虑节点的平均最短路径距离和节点失效后路网平均最短路径距离的变化;其次给出基于静态功能属性网络模型的关键交叉口识别方法,分为针对静态功能属性和针对路网节点介数的两类交叉口重要度分析方法,其中针对静态功能属性包括考虑节点里程度、考虑节点能力度和考虑节点能效度,针对节点介数的交叉口重要度分析方法因其最短路径的计算不同,分为仅考虑路段长度计算最短路径及考虑路段长度和通行能力计算最短路径两种子方法。

第6章 道路交通网络关键路段分析

6.1 概述

道路交通网络关键路段的识别与关键节点的识别类似,除了抽象网络和静态网络模型下的关键路段识别,主要分析动态属性网络模型的关键路段识别方法,主要考虑路段的交通情况,通过分析路段交通状态对全局交通状态的影响来计算其重要度,在对局部交通拥堵状况的影响下通过分析路段的拥堵状态及邻接路段的拥堵状态来确定其关键性。

6.2 基于静态功能属性的关键路段分析方法

6.2.1 基于路段介数的关键路段分析

路段能效介数:路网中经过路段 e 连通的节点间最短路径的能效之和与路网中所有节点间最短路径的能效之和的比值。能效介数越大,表明经过路段 e 连通的节点间最短路径能效就越大,路段 e 对全网的能效发挥就越重要。计算公式为:

$$b_e(E) = \frac{\sum_{j,k \in V, j \neq k} \sum_{m=1}^{M_1} n_{jk}^m(e) E_{jk}^m(e)}{\sum_{j,k \in V, j \neq k} \sum_{m=1}^{M_2} n_{jk}^m E_{jk}^m} \tag{6-1}$$

式中,j,k 为节点标识;e 为路段标识;$b_e(E)$ 为路段 e 的能效介数,E 是能效标识;$n_{jk}^m(e) \in \{1,0\}$ 为连接节点 j 和节点 k 且经过路段 e 的第 m 条最短路径存在的标识变量,若第 m 条最短路径存在,则 $n_{jk}^m(e)$ 为1,否则为0;$E_{jk}^m(e)$ 为连接节点 k 和节点 k 且经过路段 e 的第 m 条最短路径的能效;M_1 为连接节点 j 和节点 k 且经过路段 e 的最短路径数;$n_{jk}^m(e) \in \{1,0\}$ 为连接节点 j 和节点 k 的第 m 条最短路径存在的标识变量,若第 m 条最短路径存在,则 n_{jk}^m 为1,否则为0;E_{jk}^m 为连接节点 j 和节点 k 的第 m 条最短路径的能效;M_2 为连接节点 j 和节点 k 的最短路径数。

6.2.2 实例分析

图 6-1 给出了基于路段能效介数排序的路网示意图,这些路段在路网中的连通性和承

载网络能效方面发挥着重要的连通和枢纽作用。通过与实际情况对比分析,本书所筛选出的路段在实际运行过程中,确实属于车流量大、拥堵常发路段,其中排名第 1 位的 62 号路段和第 4 位的 88 号路段为理论上承载能效最高的一条路段,即京沪高速公路(G2)无锡—苏州(62 号路段)、苏州—上海段(88 路段)。据国家路网中心数据,2010 年京沪高速公路(G2)(江苏到上海段)的拥挤度达 0.83。

6.3 基于动态交通状态的关键路段分析方法

6.3.1 基于路段交通状态的关键路段分析

基于动态功能属性网络模型的关键路段识别主要是针对路网中路段实时变化的交通流属性进行相关的分析,即考虑了路网实时流量、路网实时速度、路网实时占有率或实时交通状态。本小节分别针对这四种不同的动态功能属性进行关键路段的识别。

6.3.1.1 针对路网实时流量的分析

道路交通网络的每一个路段,随着时间的变化,其流量也在不断变化,在某一时刻,某条路段的流量越大,则表示该路段对路网整体流量的贡献程度越大,也就体现了较大的重要性。因为道路交通网络实时流量的变化存在周期性,在每个周期内实时流量随时间不断变化,所以在针对路网实时流量进行路段重要程度分析时,应考虑一个周期内所有时刻所有路段的实时流量。针对路网实时流量,路段 e_{ij} 的重要度描述为 $I^f(e_{ij})$,可通过下面的公式计算得到。

$$I^f(e_{ij}) = \frac{cd_f(e_{ij}) - cd_f^{\min}}{cd_f^{\max} - cd_f^{\min}} \tag{6-2}$$

式中,$cd_f(e_{ij})$ 为针对路网实时流量考虑时路段 e_{ij} 对路网整体流量的贡献程度;$cd_f^{\max} = \max\{cd_f(e_{yz}) | e_{yz} \in E'\}$ 为路网中所有路段对路网整体流量贡献程度的最大值;$cd_f^{\min} = \min\{cd_f(e_{yz}) | e_{yz} \in E'\}$ 为路网中所有路段对路网整体流量贡献程度的最小值。$cd_f(e_{ij})$ 可通过下面的公式计算得到。

$$cd_f(e_{ij}) = \sum_{t=1}^{n} \frac{\omega_f^{E'}(t) \omega_f(e_{ij}, t)}{wf^{E'}(t)} \tag{6-3}$$

式中,$wf^{E'}(t)$ 为时刻 t 时路网所有真实存在路段的实时流量之和;$\omega_f^{E'}(t)$ 为针对路网实时流量考虑时时刻 t 在一个时间周期 T 内的权重。$wf^{E'}(t)$ 和 $\omega_f^{E'}(t)$ 可通过下面的公式计算得到。

$$wf^{E'}(t) = \sum_{e_{yz} \in E'} w_f(e_{yz}, t) \tag{6-4}$$

$$\omega_f^{E'}(t) = \frac{wf^{E'}(t)}{\sum_{t'=1}^{tt} wf^{E'}(t')} \tag{6-5}$$

6.3.1.2 针对路网实时速度的分析

道路交通网络的每一个路段,随着时间的变化,其速度也在不断变化,在某一时刻,某条路段的速度越小,则表示该路段对整个路网可能性拥堵发生的影响越大,也就体现了较大的重要性。因为道路交通网络实时速度的变化同样存在一个周期性,在每个周期内实时速度也随着时间不断变化,所以在针对路网实时速度进行路段重要程度分析时,应考虑一个周期内所有时刻所有路段的实时速度。针对路网实时速度,路段 e_{ij} 的重要度描述为 $I^v(e_{ij})$,可通过下面的公式计算得到。

$$I^v(e_{ij}) = \frac{cd_v(e_{ij}) - cd_v^{min}}{cd_v^{max} - cd_v^{min}} \tag{6-6}$$

式中,$cd_v(e_{ij})$ 为针对路网实时速度考虑时路段 e_{ij} 对整个路网可能性拥堵发生的影响程度;$cd_v^{max} = \max\{cd_v(e_{yz}) | y,z \in N\}$ 为路网中所有路段对整个路网可能性拥堵发生的影响程度的最大值;$cd_v^{min} = \min\{cd_v(e_{yz}) | y,z \in N\}$ 为路网中所有路段对整个路网可能性拥堵发生的影响程度的最小值,$cd_v(e_{ij})$ 可通过以下公式计算得到。

$$cd_v(e_{ij}) = \sum_{t=1}^{n} \frac{\omega_v^{E'}(t)(wv^{E'}(t) - w_v(e_{ij},t))}{(m-1)wv^{E'}(t)} \tag{6-7}$$

式中,$wv^{E'}(t)$ 为时刻 t 时路网所有真实存在路段的实时速度之和;$\omega_v^{E'}(t)$ 为针对路网实时速度考虑时时刻 t 在一个时间周期 T 内的权重;$wv^{E'}(t)$ 和 $\omega_v^{E'}(t)$ 可通过以下公式得到。

$$wv^{E'}(t) = \sum_{e_{yz} \in E'} w_v(e_{yz},t) \tag{6-8}$$

$$\omega_v^{E'}(t) = \frac{\sum_{t'=1}^{tt} \omega_v^{E'}(t') - \omega_v^{E'}(t)}{(tt-1)\sum_{t'=1}^{tt} \omega_v^{E'}(t')} \tag{6-9}$$

6.3.1.3 针对路网实时占有率的分析

道路交通网络的每一个路段,随着时间的变化,其占有率也在不断变化,在某一时刻,某条路段的占有率越大,则表示该路段对整个路网可能性拥堵发生的影响越大,也就体现了较大的重要性。因为道路交通网络实时占有率的变化同样存在周期性,在每个周期内实时占有率也随着时刻不断变化,所以在针对路网实时占有率进行路段重要程度分析时,应考虑一个周期内所有时刻所有路段的实时占有率。针对路网实时占有率,路段 e_{ij} 的重要度描述为 $I^o(e_{ij})$,可通过下面的公式计算得到。

$$I^o(e_{ij}) = \frac{cd_o(e_{ij} - cd_o^{min})}{cd_o^{max} - cd_o^{min}} \tag{6-10}$$

式中,$I^o(e_{ij})$ 为针对路网实时占有率考虑时路段 e_{ij} 对整个路网可能性拥堵发生的影响程度;$cd_o^{max} = \max\{cd_o(e_{yz}) | e_{yz} \in E'\}$ 为路网中所有路段对整个路网可能性拥堵发生的影响程度的最大值;$cd_o^{min} = \min\{cd_o(e_{yz}) | e_{yz} \in E'\}$ 为路网中所有路段对整个路网可能性拥堵发生的影响程度的最小值;$cd_o(e_{ij})$ 可通过下面的公式计算得到。

$$cd_o(e_{ij}) = \sum_{t=1}^{tt} \frac{\omega_o^{E'}(t)w_o(e_{ij},t)}{wo^{E'}(t)} \tag{6-11}$$

式中,$wo^{E'}(t)$ 为时刻 t 时路网所有真实存在路段的实时占有率之和;$\omega_o^{E'}(t)$ 为针对路网实时占有率考虑时时刻 t 在一个时间周期 T 内的权重；$\mathrm{wo}^{E'}(t)$ 和 $\omega_\mathrm{o}^{E'}(t)$ 可通过下面的公式计算得到。

$$\mathrm{wo}^{E'}(t) = \sum_{e_{yz} \in E'} w_\mathrm{o}(e_{yz}, t) \tag{6-12}$$

$$\omega_\mathrm{o}^{E'}(t) = \frac{\mathrm{wo}^{E'}(t)}{\sum_{t'=1}^{\mathrm{tt}} \mathrm{wo}^{E'}(t')} \tag{6-13}$$

6.3.1.4 针对路网实时交通状态的分析

道路交通网络的每一个路段，随着时间的变化，其交通状态也在不断变化，在某一时刻，某条路段的交通状态越好，则表示该路段对路网整体良好交通状态的贡献程度越大，也就体现了较大的重要性。因为道路交通网络实时交通状态的变化同样存在周期性，在每个周期内实时交通状态也随着时间不断变化，所以在针对路网实时交通状态进行路段重要程度分析时，应考虑一个周期内所有时刻所有路段的实时交通状态。针对路网实时交通状态，路段 e_{ij} 的重要度描述为 $I^\mathrm{s}(e_{ij})$，可通过下面的公式计算得到。

$$I^\mathrm{s}(e_{ij}) = \frac{\mathrm{cd}_\mathrm{s}(e_{ij}) - \mathrm{cd}_\mathrm{s}^{\min}}{\mathrm{cd}_\mathrm{s}^{\max} - \mathrm{cd}_\mathrm{s}^{\min}} \tag{6-14}$$

式中，$\mathrm{cd}_\mathrm{s}(e_{ij})$ 为针对路网实时交通状态考虑时路段 e_{ij} 对路网整体良好交通状态的贡献程度；$\mathrm{cd}_\mathrm{s}^{\max} = \max\{\mathrm{cd}_\mathrm{s}(e_{yz}) \mid e_{yz} \in E'\}$ 为网络中所有路段对路网整体良好交通状态贡献程度的最大值；$\mathrm{cd}_\mathrm{s}^{\min} = \min\{\mathrm{cd}_\mathrm{s}(e_{yz}) \mid e_{yz} \in E'\}$ 为网络中所有路段对路网整体良好交通状态贡献程度的最小值；$\mathrm{cd}_\mathrm{s}(e_{ij})$ 可通过下面的公式计算得到。

$$\mathrm{cd}_\mathrm{s}(e_{ij}) = \sum_{t=1}^{\mathrm{tt}} \frac{\omega_\mathrm{s}^{E'}(t) w_\mathrm{s}(e_{ij}, t)}{\mathrm{ws}^{E'}(t)} \tag{6-15}$$

式中，$\mathrm{ws}^{E'}(t)$ 为时刻 t 时路网所有真实存在路段的实时交通状态之和；$\omega_\mathrm{s}^{E'}(t)$ 为针对路网实时交通状态考虑时时刻 t 在一个时间周期 T 内的权重；$\mathrm{ws}^{E'}(t)$ 和 $\omega_\mathrm{s}^{E'}(t)$ 可通过下面的公式计算得到。

$$\mathrm{ws}^{E'}(t) = \sum_{e_{yz} \in E'} w_\mathrm{s}(e_{yz}, t) \tag{6-16}$$

$$\omega_\mathrm{s}^{E'}(t) = \frac{\mathrm{ws}^{E'}(t)}{\sum_{t'=1}^{\mathrm{tt}} \mathrm{ws}^{E'}(t')} \tag{6-17}$$

6.3.2 基于邻接关系和拥堵状态时间分布的关键路段识别

基于邻接关系和拥堵状态时间分布的关键路段识别主要是针对局部范围内路段的交通拥堵状态在时间上的分布进行相关分析，主要考虑目标路段与其相邻路段的交通拥堵状态的时间分布之间的关系。本小节首先给出路段交通拥堵状态的辨识方法，然后给出路段交通拥堵状态的时间分布计算方法，最后根据目标路段及相邻路段交通拥堵状态的时间分布关系来确定目标路段是否为关键路段。

6.3.2.1 堵状态的辨识

为了辨识路段是否处于交通拥堵状态，需要给出一个评判交通拥堵状态的统一标准，通过 K 均值聚类的方法可以对路网所有路段的历史交通流数据进行分类,通过聚类的个数即确定了交通状态的等级个数。可以占有率最大而速度最小的数据类的中心点作为评判路网拥堵状态的评价标准。为了保证拥堵状态评价标准的准确性,需要大量的数据进行聚类分析,但大量的数据会造成计算效率低下,于是可以考虑先进行各个路段的聚类分析,找到各个路段较大交通负荷量的交通状态的评价标准,因为较大的交通负荷量是引起交通拥堵的直接原因,然后通过这些评价标准找到判断路网各个路段交通拥堵状态的统一标准。

因交通流数据的周期性,本书选取一天的数据对每一个路段进行 K 均值聚类分析。对路段 e_{ij} 历史交通流数据进行聚类分析的数据集描述如下。

$$CD(e_{ij}) = \{(rf_{ij,1}, rv_{if,1}, ro_{if,1}), (rf_{ij,2}, rv_{if,2}, ro_{if,2}), \cdots, (rf_{ij,r}, rv_{if,r}, ro_{if,r})\} \quad (6\text{-}18)$$

式中,$rf_{ij,q}$ 为路段 e_{ij} 的第 q 个统计时刻的流量;$rv_{ij,q}$ 路段 e_{ij} 的第 q 个统计时刻的速度;$ro_{ij,q}$ 为路段 e_{ij} 的第 q 个统计时刻的占有率,$q \in \{1,2,\cdots,r\}$,i 为一天交通流数据的统计时刻数。

将以上数据集进行聚类可得 k 个类,即得到 k 个交通状态集,每一个类都有一个类中心点,这 k 个类中心点为可用于评价路段 e_{ij} 不同交通状态的标准,该 k 个类中心点描述如下。

$$Cc(e_{ij}) = \{(rf_{ij,c_1}, rv_{if,c_1}, ro_{if,c_1}), (rf_{ij,c_2}, rv_{if,c_2}, ro_{if,c_2}), \cdots, (rf_{ij,c_k}, rv_{if,c_k}, ro_{if,c_k})\} \quad (6\text{-}19)$$

式中,rf_{ij,c_p} 是路段 e_{ij} 第 p 个交通状态的平均流量;rv_{ij,c_p} 是路段 e_{ij} 第 p 个交通状态的平均速度;ro_{ij,c_p} 是路段 e_{ij} 第 p 个交通状态的平均占有率,$p \in \{1,2,\cdots,k\}$。

可选取速度最小或者占有率最大的类中心点作为评价路段 e_{ij} 较大交通负荷量的评价标准,路段 e_{ij} 较大交通负荷量的评价规则如下。

$$mls(e_{ij},q) = \begin{cases} 1, rv_{ij,q} < rv_{ij,c_{\min}} \text{ 或 } ro_{ij,q} > ro_{ij,c_{\max}} \\ 0, \text{其他} \end{cases} \quad (6\text{-}20)$$

式中,$rv_{ij,c_{\min}} = \min\{rv_{if,c_1}, rv_{ij,c_2}, \cdots, rv_{ij,c_k}\}$ 为 k 类中心点所有速度的最小值,$ro_{ij,c_{\max}} = \max\{ro_{ij,c_1}, ro_{ij,c_2}, \cdots, ro_{ij,c_k}\}$ 为 k 类中心点所有占有率的最大值。实际上,基于交通流原理,速度最小的中心点和占有率最大的中心点通常为同一个中心点,于是路段 e_{ij} 较大交通负荷量的评价标准可记为 $(rv_{ij,c_{\min}}, ro_{ij,c_{\max}})$。

道路交通网络中的路段因其分布在不同的地理位置和拓扑位置,使其完成交通运输的能效有所不同,即承担路网的交通流的比重分配有较大的差别。有些路段因其承担的交通流通常大于其通行能力,其较大的交通负荷量常造成交通拥堵,而有些路段的交通流很少达到其通行能力,其较大的交通负荷量很少引起交通拥堵。于是,将各个路段较大交通负荷量的交通状态的评价指标值再次进行聚类,从而找出适合评价路网所有路段拥堵状态的统一评价标准。

路网中所有路段较大交通负荷量的交通状态的评价指标值的集合描述如下。

$$MLS = \{(rv_{ij,c_{\min}}, ro_{ij,c_{\max}}) \mid e_{ij} \in E'\} \quad (6\text{-}21)$$

将以上数据集进行 K 均值聚类可得 l 类,每一个类都有一个类中心点,这 l 类的中心点为可用于评价所有路段是否位于交通拥堵状态的标准,该 l 类中心点描述如下。

$$CSc = \{(rv_{c_1}, ro_{c_1}), (rv_{c_2}, ro_{c_2}), \cdots, (rv_{c_l}, ro_{c_l})\} \quad (6\text{-}22)$$

式中,rv_{c_s} 为第 s 类较大交通负荷量的交通状态的平均速度;rv_{c_s} 为第 s 类较大交通负荷量的交通状态的平均占有率,$s \in \{1,2,\cdots,l\}$。

通常情况下,l 可取奇数值,将这 l 类中心点的取值依据速度或者占有率的大小进行排序,可选取中间值作为评价路网中所有路段拥堵状态的评价标准值。该中间值可描述为 (rv^c, ro^c),于是路段 e_{ij} 拥堵状态的评价规则如下。

$$\operatorname{cs}(e_{ij}, q) = \begin{cases} 1, rv_{ij,q} < rv^c \text{ 且 } ro_{ij,q} > ro^c \\ 0, \text{其他} \end{cases} \tag{6-23}$$

6.3.2.2 交通拥堵状态的时间分布

基于以上路段 e_{ij} 拥堵状态的评价规则可得到一个 r 维的 0-1 向量,该向量描述如下。

$$\operatorname{cs}(e_{ij}) = (rc_{ij,1}, rc_{ij,2}, \cdots, rc_{ij,r}) \tag{6-24}$$

式中,$rc_{ij,q}$ 为路段 e_{ij} 在第 q 个统计时刻的交通拥堵状态值,$rc_{ij,q} = 1$ 表示在第 q 个统计时刻路段 e_{ij} 为拥堵状态;$rc_{ij,q} = 0$ 表示在第 q 个统计时刻路段 e_{ij} 不为拥堵状态。

通过中值滤波的方法对以上向量进行滤波,将一个时间段内偶尔出现的交通状态转化为多数时刻出现的交通状态,于是,以上向量将转化为类似下面五种形式的向量。

$$\operatorname{cs}(e_{ij}) = \begin{cases} (0 \quad 01 \quad 10 \quad 01 \quad 10 \quad 0) \\ (0 \quad 01 \quad 11 \quad 11 \quad 10 \quad 0) \\ (0 \quad 01 \quad 10 \quad 00 \quad 00 \quad 0) \\ (0 \quad 00 \quad 00 \quad 01 \quad 10 \quad 0) \\ (0 \quad 00 \quad 00 \quad 00 \quad 00 \quad 0) \end{cases} \tag{6-25}$$

式中,第一种形式描述了路段 e_{ij} 在一天出现两次拥堵状态,分别为上午和下午;第二种形式描述了路段 e_{ij} 在一天出现一次拥堵状态,但是这个拥堵状态跨越中午,从上午持续到下午;第三种形式描述了路段 e_{ij} 在一天中仅上午出现一次拥堵状态;第四种形式描述了路段 e_{ij} 在一天中仅下午出现一次拥堵状态;第五种形式描述了路段 e_{ij} 在一天没有出现拥堵状态。

以上的五种情况都可以用两个时间区间描述,分别为 $\operatorname{ctv}^m(e_{ij}) = [t_{ij}^{ms}, t_{ij}^{me}]$ 和 $\operatorname{ctv}^e(e_{ij}) = [t_{ij}^{es}, t_{ij}^{ee}]$,即为路段 e_{ij} 在上午和下午处于拥堵状态的时间区间。t_{ij}^{ms} 为上午拥堵状态的开始时刻,t_{ij}^{me} 为上午拥堵状态的结束时刻;t_{ij}^{es} 为下午拥堵状态的开始时刻,t_{ij}^{ee} 为下午拥堵状态的结束时刻。如果拥堵状态从上午持续到下午,则 $t_{ij}^{em} = [r/2]$,$t_{ij}^{ee} = [r/2] + 1$;如果上午不存在拥堵状态,则 $t_{ij}^{ms} = t_{ij}^{me} = 0$;如果下午不存在拥堵状态,则 $t_{ij}^{es} = t_{ij}^{ee} = 0$。这五种情况下,$t_{ij}^{ms}$、$t_{ij}^{me}$、$t_{ij}^{es}$ 和 t_{ij}^{ee} 的取值范围如下。

$$\begin{cases} 1 \leqslant t_{ij}^{ms} < t_{ij}^{me} \leqslant r/2 \\ r/2 < t_{ij}^{es} < t_{ij}^{ee} \leqslant r \end{cases} \tag{6-26}$$

$$\begin{cases} 1 \leqslant t_{ij}^{ms} < r/2 \\ t_{ij}^{me} = [r/2] \\ t_{ij}^{ee} = [r/2] + 1 \\ r/2 < t_{ij}^{es} \leqslant r \end{cases} \tag{6-27}$$

$$\begin{cases} 1 \leqslant t_{ij}^{ms} < t_{ij}^{me} \leqslant r/2 \\ t_{ij}^{es} = t_{ij}^{ee} = 0 \end{cases} \tag{6-28}$$

$$\begin{cases} t_{ij}^{es} = t_{ij}^{ee} = 0 \\ r/2 < t_{ij}^{es} = t_{ij}^{ee} \leqslant r \end{cases} \tag{6-29}$$

$$t_{ij}^{\mathrm{ms}} = t_{ij}^{\mathrm{me}} = t_{ij}^{\mathrm{es}} = t_{ij}^{\mathrm{es}} = 0 \tag{6-30}$$

6.3.2.3 关键路段的识别

当某个路段的拥堵状态时间区间能够覆盖直接相邻的上游路段之一和下游路段之一，就表示该路段为拥堵路段。其物理含义为，该路段拥堵发生时，其相邻的上游路段和下游路段分别存在至少一条还没有拥堵的路段，而当拥堵消散时，其相邻的上游路段和下游路段分别存在至少一条已经拥堵消散的路段，即可理解为该路段是局部拥堵的主要来源。

存在两个时间区间 $\mathrm{tv}_1 = [t_{x1}, t_{y1}]$ 和 $\mathrm{tv}_2 = [t_{x2}, t_{y2}]$，如果 $t_{x1} \neq 0$ 且 $t_{x2} \neq 0$，当满足条件 $t_{x1} < t_{x2} < t_{y2} < t_{y1}$ 时间区间 tv_1 覆盖时间区间 tv_2，记为 $\mathrm{tv}_1 \square \mathrm{tv}_2$，如果 $t_{x1} \neq 0$，则时间区间 tv_1 都可以覆盖时间区间 $\mathrm{tv}^0 = [0, 0]$。

图 6-1 为关键路段辨识的示意图，图中路段 $\overrightarrow{BE}$ 为目标路段，箭头表示交通流的流向，其中路段 $\overrightarrow{DB}$、$\overrightarrow{AB}$ 和 $\overrightarrow{CB}$ 为其相邻的上游路段，$\overrightarrow{EG}$ 和 $\overrightarrow{EF}$ 为其相邻的下游路段，路段 $\overrightarrow{BE}$ 的拥堵状态时间区间为 $[t_{BE}^{\mathrm{ms}}, t_{BE}^{\mathrm{me}}]$ 和 $[t_{BE}^{\mathrm{es}}, t_{BE}^{\mathrm{ee}}]$。当满足下面条件之一时，路段 $\overrightarrow{BE}$ 则为关键路段。

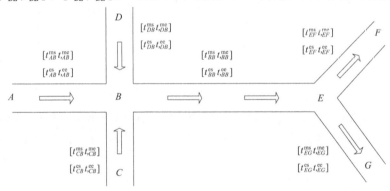

图 6-1 关键路段辨识示意图

$$\begin{cases} ([t_{BE}^{\mathrm{ms}}, t_{BE}^{\mathrm{me}}] \square [t_{DB}^{\mathrm{ms}}, t_{DB}^{\mathrm{me}}]) \wedge ([t_{BE}^{\mathrm{ms}}, t_{BE}^{\mathrm{me}}] \square [t_{EF}^{\mathrm{ms}}, t_{EF}^{\mathrm{me}}]) \\ ([t_{BE}^{\mathrm{ms}}, t_{BE}^{\mathrm{me}}] \square [t_{DB}^{\mathrm{ms}}, t_{DB}^{\mathrm{me}}]) \wedge ([t_{BE}^{\mathrm{ms}}, t_{BE}^{\mathrm{me}}] \square [t_{EG}^{\mathrm{ms}}, t_{EG}^{\mathrm{me}}]) \\ ([t_{BE}^{\mathrm{ms}}, t_{BE}^{\mathrm{me}}] \square [t_{AB}^{\mathrm{ms}}, t_{AB}^{\mathrm{me}}]) \wedge ([t_{BE}^{\mathrm{ms}}, t_{BE}^{\mathrm{me}}] \square [t_{EF}^{\mathrm{ms}}, t_{EF}^{\mathrm{me}}]) \\ ([t_{BE}^{\mathrm{ms}}, t_{BE}^{\mathrm{me}}] \square [t_{AB}^{\mathrm{ms}}, t_{AB}^{\mathrm{me}}]) \wedge ([t_{BE}^{\mathrm{ms}}, t_{BE}^{\mathrm{me}}] \square [t_{EG}^{\mathrm{ms}}, t_{EG}^{\mathrm{me}}]) \\ ([t_{BE}^{\mathrm{ms}}, t_{BE}^{\mathrm{me}}] \square [t_{CB}^{\mathrm{ms}}, t_{CB}^{\mathrm{me}}]) \wedge ([t_{BE}^{\mathrm{ms}}, t_{BE}^{\mathrm{me}}] \square [t_{EF}^{\mathrm{ms}}, t_{EF}^{\mathrm{me}}]) \\ ([t_{BE}^{\mathrm{ms}}, t_{BE}^{\mathrm{me}}] \square [t_{CB}^{\mathrm{ms}}, t_{CB}^{\mathrm{me}}]) \wedge ([t_{BE}^{\mathrm{ms}}, t_{BE}^{\mathrm{me}}] \square [t_{EG}^{\mathrm{ms}}, t_{EG}^{\mathrm{me}}]) \\ ([t_{BE}^{\mathrm{es}}, t_{BE}^{\mathrm{ee}}] \square [t_{DB}^{\mathrm{es}}, t_{DB}^{\mathrm{ee}}]) \wedge ([t_{BE}^{\mathrm{es}}, t_{BE}^{\mathrm{ee}}] \square [t_{EF}^{\mathrm{es}}, t_{EF}^{\mathrm{ee}}]) \\ ([t_{BE}^{\mathrm{es}}, t_{BE}^{\mathrm{ee}}] \square [t_{DB}^{\mathrm{es}}, t_{DB}^{\mathrm{ee}}]) \wedge ([t_{BE}^{\mathrm{es}}, t_{BE}^{\mathrm{ee}}] \square [t_{EG}^{\mathrm{es}}, t_{EG}^{\mathrm{ee}}]) \\ ([t_{BE}^{\mathrm{es}}, t_{BE}^{\mathrm{ee}}] \square [t_{AB}^{\mathrm{es}}, t_{AB}^{\mathrm{ee}}]) \wedge ([t_{BE}^{\mathrm{es}}, t_{BE}^{\mathrm{ee}}] \square [t_{EF}^{\mathrm{es}}, t_{EF}^{\mathrm{ee}}]) \\ ([t_{BE}^{\mathrm{es}}, t_{BE}^{\mathrm{ee}}] \square [t_{AB}^{\mathrm{es}}, t_{AB}^{\mathrm{ee}}]) \wedge ([t_{BE}^{\mathrm{es}}, t_{BE}^{\mathrm{ee}}] \square [t_{EG}^{\mathrm{es}}, t_{EG}^{\mathrm{ee}}]) \\ ([t_{BE}^{\mathrm{es}}, t_{BE}^{\mathrm{ee}}] \square [t_{CB}^{\mathrm{es}}, t_{CB}^{\mathrm{ee}}]) \wedge ([t_{BE}^{\mathrm{es}}, t_{BE}^{\mathrm{ee}}] \square [t_{EF}^{\mathrm{es}}, t_{EF}^{\mathrm{ee}}]) \\ ([t_{BE}^{\mathrm{es}}, t_{BE}^{\mathrm{ee}}] \square [t_{CB}^{\mathrm{es}}, t_{CB}^{\mathrm{ee}}]) \wedge ([t_{BE}^{\mathrm{es}}, t_{BE}^{\mathrm{ee}}] \square [t_{EG}^{\mathrm{es}}, t_{EG}^{\mathrm{ee}}]) \end{cases} \tag{6-31}$$

6.3.3 实例分析

6.3.3.1 基于路段交通状态的关键路段

基于北京市部分道路动态功能属性网络模型进行关键路段识别时,考虑路段实时流量可进行路段重要度分析,即认为路段在整个路网中承担的流量越大,其重要性越大,实验数据为2012年10月15日(星期一)全天各路段每2min的流量。

图 6-2 为考虑路网实时流量一天各时刻的权重,可以看出,一天中 3:00—6:00 时间段的流量最小,8:00—19:00 时间段的流量最大,流量最小的时刻为 4:30 左右,7:00 开始流量迅

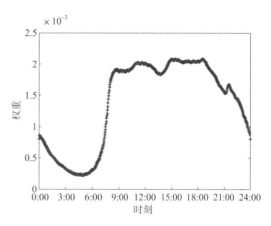

图 6-2 考虑实时流量各时刻的权重分析

速增加,8:00 到达峰值,大约持续到 12:00 开始有所下降,14:00 到达谷值,15:30 又增加到峰值,持续到 19:00 后再持续下降,直到第二天 4:30 左右的最低值。考虑节点介数的前 10 个重要度较大的节点见表 6-1。

考虑节点介数的前 10 个重要度较大的节点   表 6-1

考虑路段长度			考虑路段长度和通行能力		
节点编号	节点名称	节点重要度	节点编号	节点名称	节点重要度
158	崇文门	1	113	西直门桥	1
146	交道口	0.984818	138	车公庄桥	0.869620
144	平安里	0.878745	137	阜成门桥	0.827980
163	长椿街	0.831984	119	小街桥东	0.675765
166	磁器口	0.788259	133	广安门桥	0.667894
147	张自忠路	0.775304	134	天宁寺桥	0.661673
117	安定门桥	0.753239	114	积水潭桥	0.659515
135	西便门	0.749190	115	德胜门桥	0.659515
148	东四	0.740283	136	复兴门桥	0.656214
165	菜市口	0.740081	118	雍和宫桥	0.635902

图 6-3 所示为考虑实时流量的路段重要度分析结果,图中颜色越深的路段其重要度越高,颜色越浅的路段其重要度越低。明显可知,二环内和五环外的路段重要性比较低,它们承担北京市交通量的份额较小;重要度较高的路段分布在二环、三环和四环上,说明北京的交通量在二、三和四环上较大;同一环线上位于北环的路段一般比位于南环的路段的重要度要大,说明北京市部分道路交通网络北部的流量要大于南部的流量。

基于北京市部分道路动态功能属性网络模型进行关键路段识别时,考虑路段实时速度

可进行路段重要度分析,当路段上的车流速度较低时,说明该路段发生拥堵的可能性越大,即有较大的可能性影响路网整体交通流通畅情况,实验数据为 2012 年 10 月 15 日(星期一)全天各路段每 2min 的速度。

图 6-3　考虑实时流量的路段重要度分析

图 6-4 为考虑路网实时速度一天各时刻的权重,可以看出一天中 0:00—7:30 时刻的速度权重较小,即说明这个时间段的路网的平均速度较大;9:00 和 19:00 这两个时刻的速度权重达到最大值,说明这两个时刻整个路网的平均速度很低,其拥堵情况最严重;14:00 左右的权重为一个谷值,说明该时刻附近的交通情况较好,路网的交通速度要快一些。

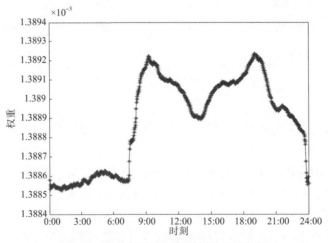

图 6-4　考虑实时速度各时刻的权重分析

图 6-5 为考虑实时速度的路段重要度分析结果,可以看出,越靠近市中心路段的重要度越高,越靠近郊区路段的重要度越低,即说明北京市市中心的路段的速度一般都比较低。尤其是二环内,说明路段的速度不仅与路网的交通流分布有关,同时与路段自身的能力即道路等级有关。

图 6-5 考虑实时速度的路段重要度分析

基于北京市部分道路动态功能属性网络模型进行关键路段识别时,考虑路段实时占有率可进行路段重要度分析,当路段上车辆的占有率较大时,说明该路段发生拥堵的可能性越大,从而更容易影响路网交通流的畅通情况。实验数据为 2012 年 10 月 15 日(星期一)全天各路段每 2min 的时间占有率。

图 6-6 为考虑路网实时占有率一天各时刻的权重,可以看出,一天中各时刻的占有率从 0:00 时刻开始下降,在 6:00 左右达到最低值,说明这个时刻整个路网的车辆最少,之后路网的时间占有率开始增加,到 9:00 左右达到第一个峰值,接着开始下降,14:00 左右达到一谷值,可认为这个时刻是路网白天占有率的最低值。然后,路网占有率随时间增加,在 19:00 左右达到第二个峰值,然后时间占有率开始下降,直到第二天的 6:00 左右。9:00 和 19:00 这两个时刻的峰值说明北京市部分道路交通网络在这两个时刻最拥堵。

图 6-7 为考虑实时占有率的路段重要度分析结果,可以看出,越靠近市中心路段的重要度越高,越靠近郊区路段的重要度越低,即说明北京市市中心的路段的占有率一般比较大,尤其是市中心东西方向的道路,如长安街、阜外大街和朝外大街等,因为这些道路一般存在较多的交叉口,交通信号灯引起的排队造成较大的车辆占有率。

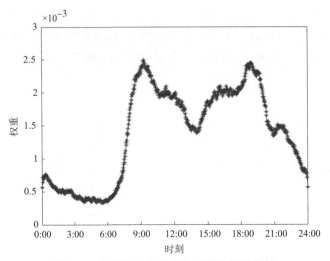

图 6-6 考虑实时占有率各时刻的权重分析

图 6-7 考虑实时占有率的路段重要度分析

基于北京市部分道路动态功能属性网络模型进行关键路段识别时,考虑路段实时交通状态可进行路段重要度分析,如果某个路段一天当中的交通状态都比较好,则说明该路段的重要度较高。实验数据为 2012 年 10 月 15 日(星期一)全天各路段每 2min 的流量、速度和占有率。

参数 α 取值不同,在相同的流量、速度和占有率下计算得到的交通状态不同,因为不同交通参与者关注交通状态的侧重点不同,从而对参数 α 选取不同的取值,计算侧重不同方面的交通状态。图 6-8 ~ 图 6-10 分别为 $\alpha=0$、$\alpha=0.5$ 和 $\alpha=1$ 时各时刻的交通状态与路网一天平均交通状态相比得到的权重。

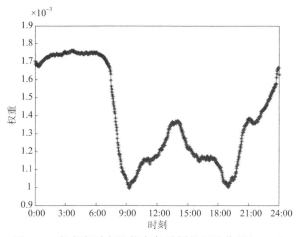

图 6-8　考虑实时交通状态各时刻的权重分析($\alpha=0$)

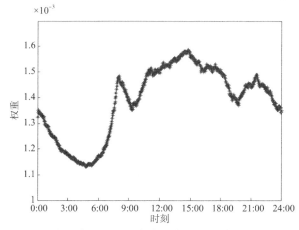

图 6-9　考虑实时交通状态各时刻的权重分析($\alpha=0.5$)

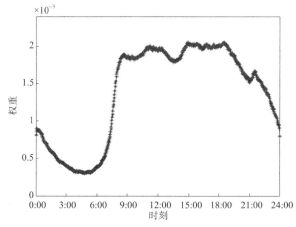

图 6-10　考虑实时交通状态各时刻的权重分析($\alpha=1$)

当 $\alpha=0$ 时,路段好的交通状态表示该路段较低的占有率,以及速度接近其最高速度的程度。可知,9:00 和 19:00 左右,路网的交通状态最差,即交通出行者在这两个附近出行时会耗费较多的成本,最好的交通状态在0:00~7:00之间,14:00左右出现一个峰值,说明这个时刻的交通状态较好,适合交通出行者出行。

当 $\alpha=0.5$ 时,路段好的交通状态表示该路段较低的占有率、较大的速度和较大的交通流量,即说明交通出行者期望有低占有率和大速度的交通状态,而交通管理者希望有大流量的交通状态。实际上,当占有率很低而速度很大时,交通量一般不会很大,同样地,占有率很大而速度很低时,交通量也不会特别小,所以 $\alpha=0.5$ 时,好的交通状态为流量相对较大、速度相对较大且占有率相对较低的交通状态。由图6-9可以看出,存在三个峰值,分别位于7:30、14:00和21:00附近,也就说明这三个时刻附近北京市部分道路交通网络的交通量较大且出现拥堵的可能性较小,在9:00和19:00附近出现了两个谷值,这两个谷值是因为交通拥堵引起交通状态变差。

当 $\alpha=1$ 时,路段好的交通状态表示该路段流量接近其最高流量。结果与考虑实时流量时各时刻的权重分析结果一致,即3:00—6:00时间段内交通状态较差,8:00—19:00时间段内的交通状态较好,14:00左右交通状态有一个较低的谷值,表明该时刻左右,路网大多数路段的流量都离其最高流量有一定的差距。

当 $\alpha=0$ 时,图6-11为考虑实时交通状态的路段重要度分析结果。容易看出,四环外和二环内的路段有较高的重要度,四环外的路段一般速度都较大,多数时刻能达到其限制的最高速度,且一般占有率较小,而二环内的重要度高,其主要原因不是因为较低的占有率,是因为其限制的最高速度较低,造成计算的交通状态较好,即有较大的重要度;二环和三环上的路段重要度最低,其原因是经常发生拥堵,使其占有率较大,且路段速度无法达到其最高速度。

图6-11 考虑实时交通状态的路段重要性分析($\alpha=0$)

当 $\alpha=0.5$ 时,图6-12为考虑实时交通状态的路段重要度分析结果。容易看出,三环和四环上路段的重要度较高,因为其速度相对较大,且发生拥堵的时间较少,而二环上路段的重要度较低,其原因为该路段经常发生拥堵,其占有率较大且速度较低,五环外路段的重要度也较低,主要原因是这些路段的交通量多数时刻都达不到其最大通行能力。

图 6-12 考虑实时交通状态的路段重要性分析($\alpha=0.5$)

当 $\alpha=1$ 时,图 6-13 为考虑实时交通状态的路段重要度分析结果,可以看出,二环内的路段的重要度较低,即说明二环内路段的交通量经常达不到其最大交通量,二环外的路段,越靠近二环,路段的重要度越高,越靠近六环,路段的重要度越低,说明越靠近市中心的道路其交通量达到其最大值的概率越大。

图 6-13 考虑实时交通状态的路段重要性分析($\alpha=1$)

6.3.3.2 基于邻接关系和拥堵状态时间分布的关键路段

基于路段的邻接关系和其拥堵状态的时间分布进行关键路段识别时,首先要计算北京市部分道路每个路段的拥堵状态的时间区间,而拥堵状态时间区间确定的前提是先给出拥堵状态的判别标准。本书以北京市部分道路 2012 年 10 月 15 日(星期一)全天所有路段每 2min 的流量、速度和占有率为基础数据进行实例分析。

北京市部分道路交通网络的每条路段都需要进行聚类分析,聚类数据为路段一天内所有的流量、速度和占有率,因常见的交通服务水平等级为 6 级,即将交通状态分为 6 类,找到其交通最饱和状态下的交通流参数值,即该交通状态类的中心值。以路段 113—114(西直门桥—积水潭桥)为例,结果如图 6-14 所示。图中浅色为交通最饱和状态下交通流参数值,该交通状态下占有率最大且速度最小,交通量也处于稍低的值,可认为该交通状态为该路段的最饱和交通流状态。这类交通状态的流量、速度和占有率的中心值分别为 2960.3pcu/h、42.285km/h 和 0.23167,图 6-15 为仅显示速度和占有率的交通状态分类图。

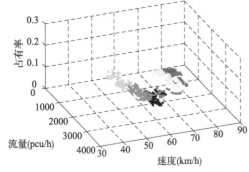

图 6-14 路段 113—114 的交通流数据
(流量、速度和占有率)聚类分析

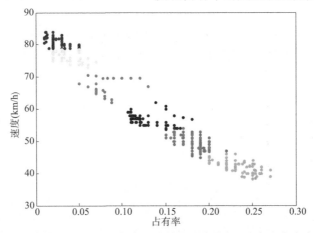

图 6-15 路段 113—114 的交通流数据聚类分析(速度和占有率)

路段 113—114 一天各个时刻上的交通状态类别如图 6-16 所示,交通最饱和的状态在 8:00—9:00 及 18:00—20:00 区间,这两个时间段也是路段 113—114 一天中最拥堵的时间段。

对北京市部分道路交通网络中的每一条路段计算其交通最饱和状态下的交通流参数的中心值,然后再次进行聚类分析,此次聚类的数据仅选择占有率和速度,因为通过占有率和速度能够更直接地确定路段是否处于拥堵状态,这里考虑到有些路段几乎从来不拥堵,而有些路段经常拥堵,于是将所有路段交通最饱和状态交通流参数的中心值再聚类为 5 类,选取这 5 类的中心值的中值作为判断北京市部分道路交通网络中所有路段所有时刻是否为拥堵状态的标准,5 个中心值的结果如表 6-2 所示,于是选取速度为 48.518km/h 且占有率为 0.1878 作为判断整个路网所有路段所有时刻是否为拥堵状态的判断标准,即速度小于

48.518km/h 且占有率大于 0.1878 的交通状态为拥堵状态。以路段 113—114 为例,结果如图 6-17 所示。

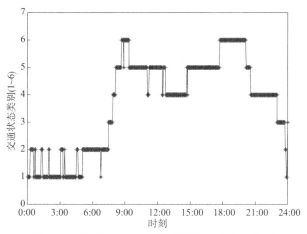

图 6-16　路段 113—114 各时刻的交通状态类别

所有路段交通最饱和状态的中心值聚类后的 5 个中心值　　表 6-2

速度(km/h)	占有率	速度(km/h)	占有率
27.740	0.34957	55.842	0.14721
41.955	0.26839	64.839	0.11678
48.518	0.18780		

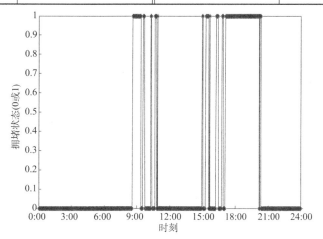

图 6-17　路段 113—114 各时刻拥堵状态识别

将以上所得到的拥堵状态时间分布进行中值滤波,含义是将波动的交通状态变为一个时间段内多数时刻的交通状态,其结果如图 6-18 所示。其拥堵状态的分布在两个时间区间,分别为 8:22—10:24 和 15:02—20:20。

对路网中每一个路段进行拥堵状态识别,基于目标路段拥堵状态时间区间及目标路段相邻路段拥堵状态时间区间的覆盖关系,来识别目标路段是否为关键路段。以路段 113—114 为例,其上游路段分别为 80—113、79—113、110—113、138—113 和 141—113 这 5 个路段,下游路段分别为 114—81、114—115 和 114—143 这 3 个路段,它们的拥堵状态时间区间如图 6-19 所示，因为[15:02,20:20]⊂[15:24,20:04]且[15:02,20:20]⊂[15:24,20:12]，所以路段 113—114 为关键路段。

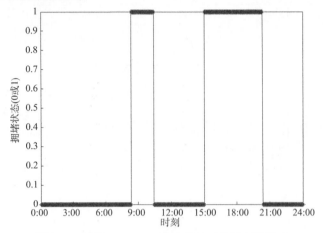

图 6-18　路段 113—114 滤波后各时刻的拥堵状态

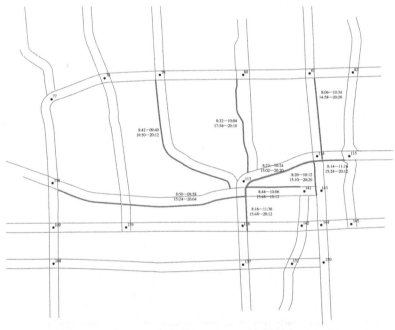

图 6-19　关键路段 113—114 的辨识

基于路段的邻接关系和拥堵状态的时间分布对北京市部分道路交通网络进行关键路段识别的结果如图 6-20、图 6-21 所示。由图 6-20、图 6-21 可以看出，四环外没有关键路段，这是由于首先四环外的路段很少发生拥堵情况，偶尔的拥堵由于不是交通常态现象，在滤波过程中会转化为非拥堵状态，其次四环外路段较长，相邻路段的关联性较差，基本不会出现在同一个时间区间内发生拥堵；三环内的关键路段较多，如西三环上的路段 108—107（航天桥—新兴桥）、北三环上的路段 80—79（蓟门桥—联想桥）、西二环上路段 138—113（车公庄桥—西直门桥）、北二环上的路段 113—114（西直门桥—积水潭桥）、东二环上路段 120—121（东直门桥—东四十条桥）、二环内的路段 153—152（西单—闹市口）等，这些路段在现实中也是经常发生拥堵,且在早晚高峰下发生拥堵的时间较长;北四环上也存在关键路段,如路段 48—49(安慧桥—惠新西桥)等,这些路段的日常早晚高峰时常发生拥堵,且比上游和下游路口先拥堵,且拥堵结束也较晚。

图 6-20　北京市部分道路网络关键路段识别

图 6-21　北京市部分道路局部路网关键路段识别

通过路段的邻接关系和其拥堵状态的时间分布辨识的关键路段通常是局部路网畅通的瓶颈所在,对这些路段进行交通管理的优化或者对路网基础设施的改善,能够有效地改善拥堵问题,从而能够有效地改善北京市部分道路交通网络的整体运行情况。

6.4 本章小结

本章首先给出基于静态功能属性网络模型的关键路段识别方法,主要考虑路段介数的关键路段识别过程;然后给出动态功能属性网络模型的关键路段识别方法,分为针对路网实时流量、路网实时速度、路网实时占有率和路网实时交通状态的4种路段重要度分析方法,并给出基于路段邻接关系和路段拥堵状态时间分布的关键路段识别方法。

参 考 文 献

[1] 毛其智. 中国城市发展现状及展望[J]. 中国科学院院刊, 2009, 24(4):379-385.
[2] 曾松, 杨佩昆. 道路交通网络结构布局相对评价指标研究[J]. 中国公路学报, 2000, 13(3):93-96.
[3] 赵波平, 孔令斌. 城市交通-中国面临的挑战[J]. 城市规划, 1999(3):45-48.
[4] 唐洪. 中外道路交通安全研究比较分析[J]. 中国市场, 2006, 32:74-75.
[5] 仇保兴. 中国城市交通发展展望[J]. 城市交通, 2007, 5(5):6-12.
[6] ZHANG K, BATTERMAN S, DION F. Vehicle emissions in congestion: Comparison of work zone, rush hour and free-flow conditions [J]. Atmospheric Environment, 2011, 45(11): 1929-1939.
[7] PORTA S, CRUCITTI P, LATORA V. The network analysis of urban streets: a primal approach [J]. Environment & Planning B Planning & Design, 2005, 33(5):705-725.
[8] 赵玲, 邓敏, 王佳璆, 等. 基于复杂网络理论的城市路网结构特性分析[J]. 地理与地理信息科学, 2010, 26(5):11-15.
[9] PORTA S, CRUCITTI P, LATORA V. The network analysis of urban streets: A dual approach [J]. Physica A Statistical Mechanics & Its Applications, 2006, 369(2):853-866.
[10] 陈海玲. 城市道路模型研究[D]. 北京:北京邮电大学, 2010.
[11] BUHL J, GAUTRAIS J, REEVES N, et al. Topological patterns in street networks of self-organized urban settlements [J]. Physics of Condensed Matter, 2006, 49(4):513-522.
[12] JIANG B, CLARAMUNT C. Topological Analysis of Urban Street Networks [J]. Environment & Planning B Abstract, 2004, 31(1):151-162.
[13] A PAOLO M, KIRIL S, MICHAEL B. Exploring the evolution of London's street network in the information space: a dual approach [J]. Physical Review E, 2014, 89(1-1):12805.
[14] KALAPALA V, SANWALANI V, CLAUSET A, et al. Scale invariance in road networks [J]. Physical Review E, 2006, 73(2 pt 2):88-99.
[15] NEWMAN M E J. Analysis of weighted networks [J]. Physical Review E Statistical Nonlinear & Soft Matter Physics, 2004, 70(5pt 2): 56131.
[16] ONNELA J P, SWAMAKI J, HYVONEN J, et al et al. Structure and tie strengths in mobile communication networks [J]. Journal of the Canadian Dental Association, 2007, 104(18): 7332.
[17] NEWMAN M E J, WATTS D J. Renormalization group analysis of the small-world network model [J]. Physics Letters A, 1999, 263(s 4-6):341-346.
[18] NEWMAN M E J. Scientific collaboration networks. II. Shortest paths, weighted networks, and centrality [J]. Physical Review E, 2001, 64(1pt 2):132-158.
[19] BARRAT A, BARTHéLEMY M, PASTOR-SATORRAS R, et al. The architecture of com-

plex weighted networks [J]. Proceedings of the National Academy of Sciences, 2004, 101 (11):3747-3752.

[20] WU Z H, BRAUNSTEIN L A, VITTORIA C, et al. Optimal paths in complex networks with correlated weights: the worldwide airport network [J]. Physical Review E, 2006, 74 (5pt 2):121-137.

[21] FAN Y, LI M H, CHEN J W, et al. Network of Econophysicists: A Weighted Network to Investigate the Development of Econophysics [J]. International Journal of Modern Physics B, 2004, 18(17):2505-2511.

[22] LI M, FAN Y, CHEN J, et al. Weighted networks of scientific communication: Themeasurement and topological role of weight [J]. Physica A Statistical Mechanics & Its Applications, 2005, 350(2): 643-656.

[23] 姚尊强, 尚可可, 许小可. 加权网络的常用统计量[J]. 上海理工大学学报, 2012, 34(1): 18-26.

[24] MONTIS A D, BARTHéLEMY M, CHESSA A, et al. The structure of interurban traffic: a weighted network analysis [J]. Environment & Planning B Planning & Design, 2007, 34(5):905-924.

[25] BARTHELEMY M. Spatial Networks [J]. Physics Reports, 2010, 499(1):1-101.

[26] GASTNER M T, NEWMAN M E J. The spatial structure of networks [J]. Physics of Condensed Matter, 2006, 49(2):247-252.

[27] ALESSIO C, SALVATORE S, VITO L, et al. Structural properties of planar graphs of urban street patterns [J]. Physical Review E Statistical Nonlinear & Soft Matter Physics, 2006, 73(2): 95-104.

[28] MUKHERJEE S. Statistical Analysis of the Road Network of India[C] // Materials Science Forum, 2011:719-724.

[29] SEN P, DASGUPTA S, CHATTERJEE A, et al. Small-world properties of the Indian railway network [J]. Physical Review E Statistical Nonlinear & Soft Matter Physics, 2003, 67 (3pt 2): 036106.

[30] 郑啸, 陈建平, 邵佳丽, 等. 基于复杂网络理论的北京公交网络拓扑性质分析[J]. 物理学报, 2012, 61(19):95-105.

[31] 岳昊. 基于混合 Petri 网的道路交通网络建模与仿真[D]. 济南:山东科技大学, 2009.

[32] MARC B, ALESSANDRO F. Modeling urban street patterns [J]. Physical Review Letters, 2008, 100(13): 138702.

[33] 张尊栋. 道路交通网络多模态动态性建模研究[D]. 北京:北京交通大学, 2010.

[34] 赵丽. 基于特征与广义拓扑描述的城市道路建模方法研究与实现[D]. 沈阳:沈阳工业大学, 2010.

[35] ROSVALL M, TRUSINA A, MINNHAGEN P, et al. Networks and cities: an information perspective [J]. Physical Review Letters, 2005, 94(2):28701.

[36] ERDÖS, P, RÉNYI, A. On the evolution of random graphs [J]. Publication of the Mathematical Institute of the Hungarian Academy Ofences, 1960, 38(1):17-61.

[37] WATTS D J, STROGATZ S H. Collective dynamics of 'small-world' networks [J]. Nature, 1998, 393(6684):440-442.

[38] BARABASI A L, ALBERT R. Emergence of Scaling in Random Networks [J]. Science, 1999, 286(5439):509-512.

[39] WANG X F. Complex Networks: Topology, Dynamics and Synchronization [J]. International Journal of Bifurcation & Chaos, 2002, 12(5):885-916.

[40] NEWMAN M E. The structure of scientific collaboration networks [J]. Working Papers, 2000, 98(2): 404-409.

[41] LILJEROS F, EDLING C R. The web of human sexual contacts [J]. Nature, 2001, 411: 907-908.

[42] JEONG H, TOMBOR B, ALBERT R, et al. The large-scale organization of metabolic networks [J]. Nature, 2000, 407(6804):651-654.

[43] JEONG H, MASON S P, BARABÁSI A L, et al. Lethality and centrality in protein networks [J]. Nature, 2001, 411(6833):41-42.

[44] ALMAAS E, BARABÁSI A L. Power Laws in Biological Network [J]. Arxiv Cornell University Library, 2004,1(2):1-11.

[45] ECKMANN J P. Curvature to co-links uncovers hidden thematic layers in the World Wide Web [J]. Proceedings of the National Academy of Sciences of USA, 2002, 99:5825-5829.

[46] SUN H J, WU J J. Scale free characteristics of supply chain distribution networks [J]. Modem Physics Letters B, 2005, 19: 841-848.

[47] LI W, CAI X. Statistical analysis of airport network of China [J]. Physical Review E, 2004, 69: 46106.

[48] BOCCALETTI S, LATORA V, MORENO Y, et al. Complex Networks: Structure and Dynamics [J]. Complex Systems & Complexity Science, 2006, 424(4-5):175-308.

[49] LINTON C. FREEMAN. A set of Measures of Centrality Based on Betweenness [J]. Sociometry, 1977, 40(1): 35-41.

[50] LATORA V, MARCHIORI M. Is the Boston subway a small-world network [J]. Physica A Statistical Mechanics & Its Applications, 2002, 314(s1-4):109-113.

[51] BAGLER G. Analysis of the airport network of India as a complex weighted network [J]. Physica A Statistical Mechanics & Its Applications, 2008, 387(12):2972-2980.

[52] WU J J, GAO Z Y, SUN H J, HUANG H J. Urban transit system as a scale-free network [J]. Modern Physics Letters B, 2004, 18(19n20):1043-1049.

[53] 赵金山,狄增如,王大辉. 北京市公共汽车交通网络几何性质的实证研究[J]. 复杂系统与复杂性科学, 2005, 2(2): 45-48.

[54] SIENKIEWICZ J, HOLYST J A. Statistical analysis of 22 public transport networks in Po-

land[J]. Physical Review E Statistical Nonlinear & Soft Matter Physics, 2005, 72(4 pt 2): 46127.

[55] DU Y P, CHEN F F, ZHANG Z H. Analysis of Urban Rail Transit Based on Complex Network[J]. Applied Mechanics & Materials, 2011, 90-93:770-773.

[56] 赵月, 杜文, 陈爽. 复杂网络理论在城市交通网络分析中的应用[J]. 城市交通, 2009(1): 57-65.

[57] 吴建军. 城市交通网络拓扑结构复杂性研究[D]. 北京:北京交通大学, 2008.

[58] CHEN Y Z, LI N, HE D R. A study on some urban bus transport networks[J]. Physica A Statistical Mechanics & Its Applications, 2007, 376(1):747-754.

[59] PAOLO C, VITO L, SERGIO P. Centrality measures in spatial networks of urban streets[J]. Physical Review E Statistical Nonlinear & Soft Matter Physics, 2006, 73(3pt 2): 36125.

[60] LÄMMER S, GEHLSEN B, HELBING D. Scaling laws in the spatial structure of urban road networks[J]. Physica A Statistical Mechanics & Its Applications, 2006, 363(1):89-95.

[61] 石飞, 王炜. 城市路网结构分析[J]. 城市规划, 2007, 31(8):68-73.

[62] 张卫华, 杨博, 陈俊杰. 基于复杂网络的城市路网结构分析方法[J]. 交通运输工程学报, 2012, 12(5): 64-71.

[63] JIANG B, CLARAMUNT C. A Structural Approach to Model Generalisation of an Urban Street Network[J]. Geoinformatica, 2004, 8(2):157-171.

[64] JIANG B. A topological pattern of urban street networks: Universality and peculiarity[J]. Physica A Statistical Mechanics & Its Applications, 2007, 384(2):647-655.

[65] MASUCCI A P, SMITH D, CROOKS A, et al. Random Planar Graphs and the London Street Network[J]. Physics of Condensed Matter, 2009, 71(2):259-271.

[66] 冯树民, 高贺, 郭彩香. 城市道路网结构形式的评价[J]. 哈尔滨工业大学学报, 2007, 39(10): 1610-1613.

[67] 李江, 郭庆胜. 基于GIS的城市交通网络复杂性定量描述[J]. 华中师范大学学报:自然科学版, 2004, 36(4):534-537.

[68] 赵玲. 道路交通网络结构分析及其对交通流的影响研究[D]. 长沙:中南大学, 2013.

[69] 王国明. 城市群道路交通网络特性及演化研究[D]. 长沙:中南大学, 2012.

[70] 胡一竑, 吴勤旻, 朱道立. 道路交通网络的拓扑性质和脆弱性分析[J]. 复杂系统与复杂性科学, 2009, 6(3):69-76.

[71] 党武娟. 城市道路网合理结构研究[D]. 西安:长安大学, 2009.

[72] 刘建国, 任卓明, 郭强, 等. 复杂网络中节点重要性排序的研究进展[J]. 物理学报, 2013, 62(17): 178901.

[73] SCOTT J. Social network analysis: A handbook[M]. London: Sage Publications, 2000.

[74] 安世虎, 都艺兵, 曲吉林. 节点集重要性测度-综合法及其在知识共享网络中的应用

[J]. 中国管理科学, 2006, 14(1):106-111.

[75] 赫南, 李德毅, 淦文燕, 等. 复杂网络中重要性节点发掘综述[J]. 计算机科学, 2007, 34(12): 1-5.

[76] WASSERMAN S, FAUST K. Social network analysis: methods and applications [M]. Cambridge: Cambridge University Press, 1994.

[77] FREEMAN L C. Centrality in social networks [J]. Social Networks, 1979, 1:16-17.

[78] BONACICH P. Power and Centrality: A family of Measures [J]. American Journal of Sociology, 1987, 92(5):1170-1182.

[79] POULIN R, BOILY M C, MâSSE B R. Dynamical systems to define centrality in social networks [J]. Social Networks, 2000, 22(3):187-220.

[80] 许进, 席酉民, 汪应洛. 系统的核与核度[J]. 系统科学与数学, 1993(2):102-110.

[81] 许进. 一种研究系统的新方法-核与核度法[J]. 系统工程与电子技术, 1994(6):1-10.

[82] CORLEY H W, SHA D Y. Most vital links and nodes in weighted networks [J]. Operations Research Letters, 1982, 1(1):157-160.

[83] 李鹏翔, 任玉晴, 席酉民. 网络节点(集)重要性的一种度量指标[J]. 系统工程, 2004, 22(4): 13-20.

[84] CHEN Y, HU A Q, YIP K W, et al. Finding the most vital node with respect to the number of spanning trees [C] // Neural Networks and Signal Processing, 2003. Proceedings of the 2003 International Conference on. IEEE, 2003(2):1670-1673.

[85] BRIN B S, PAGE L. The Anatomy of a Large-Scale Hypertextual Web [C] // Search Engine, the Seventh International World Wide Web Conference, 1998.

[86] KLEINBERG J M. Authoritative sources in a hyperlinked environment. J ACM [J]. Journal of theAcm, 1998, 46(5):604-632.

[87] 周漩, 张凤鸣, 李克武, 等. 利用重要度评价矩阵确定复杂网络关键节点[J]. 物理学报, 2012, 61(5):50201.

[88] 张喜平, 李永树, 刘刚, 等. 节点重要度贡献的复杂网络节点重要度评估方法[J]. 复杂系统与复杂性科学, 2014, 11(3):26-32.

[89] 安世虎, 聂培尧, 贺国光. 节点赋权网络中节点重要性的综合测度法[J]. 管理科学学报, 2006(6): 37-42.

[90] JIAN Z, PAN J, ZHOU Y. Node Importance Evaluation Based on Network Heterogeneity [C] // Communications and Mobile Computing (CMC), 2010 International Conference on. IEEE, 2010:188-194.

[91] 杨汀依. 复杂网络关键节点识别技术研究[D]. 南京:南京理工大学, 2011.

[92] 张斌武, 邹森, 王勤. 复杂网络上节点重要度的确定方法[J]. 兰州理工大学学报, 2013, 39(3): 85-87.

[93] 谭跃进, 吴俊, 邓宏钟. 复杂网络中节点重要度评估的节点收缩方法[J]. 系统工程理论与实践, 2006, 26(11):79-83.

[94] 司晓静. 复杂网络中节点重要性排序的研究[D]. 西安:西安电子科技大学, 2012.

[95] 李先. 城市路网可靠性评价的实证研究[D]. 北京:北京工业大学, 2007.

[96] 张璇. 通信网络理论与道路交通网络理论关键节点分析的对比研究[D]. 北京:北京邮电大学, 2013.

[97] 王伟. 道路交通网络关键节点和路段辨识方法研究[D]. 长春:吉林大学, 2015.

[98] 王力, 于欣宇, 李颖宏, 等. 基于FCM聚类的复杂交通网络节点重要性评估[J]. 交通运输系统工程与信息, 2010, 10(6):169-173.

[99] 王正武, 况爱武, 王贺杰. 考虑级联失效的交通网络节点重要度测算[J]. 公路交通科技, 2012, 29(5):96-101.

[100] 赵毅寰, 王祖林, 郑晶, 等. 利用重要性贡献矩阵确定通信网中最重要节点[J]. 北京航空航天大学学报, 2009, 35(9):1076-1079.

[101] 沈鸿飞, 贾利民, 王笑京, 等. 基于公路网结构特性的关键节点评价指标与辨识方法[J]. 公路交通科技, 2012, 29(9):56-57.

[102] WANG Z, KUANG A, WANG H. Calculating Node Importance Considering Cascading Failure in Traffic Networks [J]. Research Journal of Applied Sciences Engineering & Technology, 2013, 5(1): 264-269.

[103] TSEN F S P, SUNG T Y, LIN M Y, et al. Finding the most vital edges with respect to the number of spanning trees [J]. IEEE Transactions on Reliability, 1994, 43(4):600-603.

[104] SANSÓ B, MILOT L. Performability of a Congested Urban Transportation Network when Accident Information is Available [J]. Transportation Science, 1999, 33(1):68-79.

[105] POORZAHEDY H, BUSHEHRI S N S. Network performance improvement under stochastic events with long-term effects [J]. Transportation, 2005, 32(1):65-85.

[106] TAYLOR M A P, 'ESTE G M D, BRINCKERHOFF P, et al. Concepts of network vulnerability and applications to the identification of critical elements of transport infrastructure [C]// Australasian Transport Research Forum Wellington New Zealand, 2003.

[107] SCOTT D M, NOVAK D C, Aultman-Hall L, et al. Network Robustness Index: A new method for identifying critical links and evaluating the performance of transportation networks [J]. Journal of Transport Geography, 2006, 14(3):215-227.

[108] 钟茹. 路网中关键节点和重要路段的分析研究[D]. 北京:北京邮电大学, 2013.

[109] 涂颖菲, 杨超, 陈小鸿. 路网拓扑脆弱性及关键路段分析[J]. 同济大学学报:自然科学版, 2010, 38(3):364-367.

[110] 沈鸿飞. 面向风险评估与应急管理的公路网结构性质评价与分析方法[D]. 北京:北京交通大学, 2012.

[111] 侯立文, 蒋馥. 城市道路网中路段相对重要性研究[J]. 系统管理学报, 2004, 13(5):425-428.

[112] 张喜平, 李永树, 刘刚, 等. 城市复杂交通网络道路重要性评估方法[J]. 复杂系统与复杂性科学, 2015, 12(3):7-13.

[113] KNORR F, SCHRECKENBERG M. Influence of inter-vehicle communication on peak hour traffic flow [J]. Physica A Statistical Mechanics & Its Applications, 2012, 391(6):2225-2231.

[114] 美国交通研究委员会. 道路通行能力手册[M]. 任福田, 刘小明, 荣建, 等, 译. 北京: 人民交通出版社, 2007.

[115] 中华人民共和国建设部. 城市道路交通规划设计规范: GB 50220—1995[S]. 北京: 中国标准出版社, 1995.

[116] LINDLEY J A. Urban freeway congestion: Quantification of the problem and effectiveness of potential solutions [J]. Ite Journal, 1987, 57(1):27-32.

[117] SCHRANK D L, TURNER S, LOMAX T J. Trends in urban roadway congestion, 1982 to 1991[J]. Statistics, 1994.

[118] 饭田恭敬. 交通工程学[M]. 邵春福, 杨海, 史其信, 等, 译. 北京: 人民交通出版社, 1993.

[119] WASHBURN S S, KIRSCHNER D S. Rural Freeway Level of Service Based on Traveler Perception [J]. Transportation Research Record Journal of the Transportation Research Board, 2006, 1988(1): 31-37.

[120] LEVINSON H, LOMAX T. Developing a Travel Time Congestion Index [J]. Transportation Research Record Journal of the Transportation Research Board, 1996, 1564(1): 1-10.

[121] ASAKURA Y, KASHIWADANI M. Road Network reliability caused by daily fluctuation of traffic flow[C]. Brighton: the 19th PTRC Summer Annual Meeting, 1991: 73-84.

[122] CHEN A, YANG H, HONG K L, et al. Capacity reliability of a road network: an assessment methodology and numerical results [J]. Transportation Research Part B Methodological, 2002, 36(3): 225-252.

[123] CHIN S M, GREENE D, HOPSON J, et al. Toward National Indicators of Vehicle Travel and Traffic Congestion Based on Real-Time Traffic Data [J]. Transportation Research Record Journal of the Transportation Research Board, 1999, 1660(1):132-139.

[124] 姜桂艳, 郭海锋, 孟志强, 等. 基于实时信息的城市道路交通状态评价指标体系研究[J]. 交通信息与安全, 2007, 25(5):21-24.

[125] 梁颖. 城市交通系统畅通可靠性分析与优化[D]. 北京: 北京工业大学, 2005.

[126] 孙超. 城市道路交通状态评价分析研究[D]. 广州: 华南理工大学, 2010.

[127] 李晓丹, 刘好德, 杨晓光, 等. 道路交通网络状态时空演化量化分析[J]. 系统工程, 2008(12):66-70.

[128] 张和生, 张毅, 胡东成, 等. 区域交通状态分析的时空分层模型[J]. 清华大学学报: 自然科学版, 2007, 47(1):157-160.

[129] 范超. 基于可变指标的城市路网交通状态分析[D]. 南京: 东南大学, 2014.

[130] 姜桂艳. 道路交通状态判别技术与应用[M]. 北京: 人民交通出版社, 2004.

[131] 戢晓峰. 城市道路交通状态分析方法回顾与展望[J]. 道路交通与安全, 2008(3): 11-15.

[132] KERNER B S, REHBORN H. Experimental Properties of Phase Transitions in Traffic Flow[J]. Physical Review Letters, 1997, 79(20): 4030-4033.

[133] SHY B, ARDESHIR F, ABISHAI P. Experimental investigation of spatial breakdown evolution on congested freeways[J]. Civil Engineering & Environmental Systems, 2007, 24(4): 261-274.

[134] COIFMAN B. Identifying the onset of congestion rapidly with existing traffic detectors[J]. Transportation Research Part A Policy & Practice, 2003, 37(3): 277-291.

[135] ABDULHAI B, RITCHIE S G. Enhancing the universality and transferability of freeway incident detection using a Bayesian-based neural network[J]. Transportation Research Part C Emerging Technologies, 1999, 7(5): 261-280.

[136] 孙晓亮. 城市道路交通状态评价和预测方法及应用研究[D]. 北京: 北京交通大学, 2013.

[137] 顾超然. 基于模糊c均值的城市道路交通状态判别研究[D]. 北京: 北京交通大学, 2012.

[138] 晏承玲. 基于模糊理论的城市道路交通状态判别研究[D]. 重庆: 重庆大学, 2013.

[139] 冷欢平. 城市路网交通状态评价研究[D]. 长春: 吉林大学, 2008.

[140] 贾淼. 基于实时信息的城市道路交通状态判别方法研究[D]. 北京: 北京交通大学, 2007.

[141] 朱琳. 城市快速路交通态势评估理论与方法研究[D]. 北京: 北京交通大学, 2013.

[142] 江龙晖. 城市道路交通状态判别及拥挤扩散范围估计方法研究[D]. 长春: 吉林大学, 2007.

[143] 徐磊. 城市道路交通状态判别与预测系统设计与关键技术研究[D]. 长春: 吉林大学, 2010.

[144] 於毅. 城市道路交通状态判别方法研究[D]. 北京: 北京交通大学, 2007.

[145] 邵敏华. 网络交通评价方法、指标体系及影响因素研究[D]. 上海: 同济大学, 2006.

[146] 张和生, 张毅, 胡东成. 一种区域交通状态定量分析方法[J]. 吉林大学学报: 工学版, 2009, 39(2).

[147] 张雷元, 袁建华, 赵永进. 道路交通状态识别技术研究[J]. 道路交通与安全, 2009(2): 29-32.

[148] 阴丽娜. 基于节点可达性的城市路网交通状态判别方法研究[D]. 西安: 长安大学, 2011.

[149] 于春全, 郭敏, 梁玉庆. 关于建立城市道路交通运行状况宏观评价系统的研究[J]. 道路交通与安全, 2007(1): 1-6.

[150] NOROOZI R, HELLINGA B. Distribution of Delay in Signalized Intersections: Day-to-Day Variability in Peak-Hour Volumes[J]. Journal of Transportation Engineering, 2012, 138

(9):1123-1132.

[151] BASSAN S. Modeling of peak hour factor on highways and arterials [J]. Ksce Journal of Civil Engineering, 2013, 17(1):224-232.

[152] TARKO A, PEREZ-CARTAGENA R. Variability of Peak Hour Factor at Intersections [J]. Transportation Research Record Journal of the Transportation Research Board, 2005, 1920(1):125-130.

[153] LAN C J, ABIA S D. Determining Peak Hour Factors for Capacity Analysis [J]. Journal of Transportation Engineering, 2011, 137(8):520-526.

[154] HUANG D W, HUANG W N. A model for city traffic in rush hours [J]. Chinese Journal of Physics, 2007, 45(6):708.

[155] AHMAD A, ARSHAD R, MAHMUD S A, et al. Earliest-Deadline-Based Scheduling to Reduce Urban Traffic Congestion[J]. IEEE Transactions on Intelligent Transportation Systems, 2014, 15(4):1510-1526.

[156] 张萌萌. 基于智能计算的城市交通信号控制系统研究[D]. 济南:山东大学, 2011.

[157] HONG K L. A Novel Traffic Signal Control Formulation [J]. Transportation Research Part A Policy & Practice, 1999, 33(6):433-448.

[158] MIN C C, SRINIVASAN D, CHEU R L. Cooperative, hybrid agent architecture for real-time traffic signal control [J]. Systems Man & Cybernetics Part A Systems & Humans IEEE Transactions on, 2003, 33(5):597-607.

[159] GARTNER N. Area Traffic Control and Network Equilibrium [J]. Lecture Notes in Economics & Mathematical Systems, 2004, 118:274-297.

[160] MIRCHANDANI P, HEAD L. A real-time traffic signal control system: architecture, algorithms, and analysis [J]. Transportation Research Part C Emerging Technologies, 2001, 9(6):415-432.

[161] YANG H, YAGAR S. Traffic assignment and signal control in saturated road networks [J]. Transportation Research Part A Policy & Practice, 1995, 29(2):125-139.

[162] LIN W H, WANG C. An enhanced 0-1 mixed-integer LP formulation for traffic signal control [J]. IEEE Transactions on Intelligent Transportation Systems, 2004, 5(4):238-245.

[163] GOKULAN B P, SRINIVASAN D. Distributed geometric fuzzy multiagent urban traffic signal control [J]. Intelligent Transportation Systems IEEE Transactions on, 2010, 11(3):714-727.

[164] SRINIVASAN D, MIN C C, CHEU R L. Neural Networks for Real-Time Traffic Signal Control[J]. IEEE Transactions on Intelligent Transportation Systems, 2006, 7(3):261-272.

[165] 徐勋倩, 黄卫. 单路口交通信号多相位实时控制模型及其算法[J]. 控制理论与应用, 2005, 22(3):413-416.

[166] 任慧, 王伟智. 基于排队长度的多路口交通信号控制方法[J]. 电工电气, 2010(1):

29-31.

[167] 杨忠程,叶晨,杨振宇. 一种高效的实时交通信号灯控制算法[J]. 系统仿真学报,2015,27(6):1348-1356.

[168] 杨东霞. 基于物理排队的城市动态交通信号优化控制研究[D]. 西安:长安大学,2011.

[169] 刘畅. 基于VISSIM的城市道路交叉口自适应信号控制仿真技术研究[D]. 南昌:华东交通大学,2015.

[170] 杜爱月. 基于模糊控制的交通信号控制系统及仿真的研究[D]. 西安:长安大学,2004.

[171] 张卫钢,刘亚萍,靳瑾,等. 十字口4相位信号灯模糊控制模型设计与仿真[J]. 长安大学学报:自然科学版,2008,28(4):83-86.

[172] 赵晨,胡福乔,施鹏飞. 基于模糊逻辑的路口交通信号控制[J]. 计算机工程,2003,29(10):50-52.

[173] 段敬琳. 城市交通信号灯动态配时优化算法研究[D]. 沈阳:沈阳大学,2014.

[174] LIST G F, CETIN M. Modeling traffic signal control using Petri nets[J]. Intelligent Transportation Systems IEEE Transactions on, 2004, 5(3):177-187.

[175] 卢燕俊,戴华平. 城市交通网络的混杂Petri网建模[J]. 浙江大学学报:工学版,2007,41(6):930-934.

[176] 叶剑虹,叶双,宋文,等. 基于增广Petri网的实时交通信号控制系统[J]. 厦门大学学报:自然科学版,2011(1):28-32.

[177] 罗凌,林岩. 混合Petri网交叉口信号灯建模的模糊优化[J]. 控制工程,2008,15(6):678-681.

[178] VIEGAS J, LU B. The Intermittent Bus Lane signals setting within an area[J]. Transportation Research Part C Emerging Technologies, 2004, 12(6):453-469.

[179] EICHLER M, DAGANZO C F, EICHLER M, et al. Bus lanes with intermittent priority: Strategy formulae and an evaluation[J]. Transportation Research Part B Methodological, 2006, 40(9):731-744.

[180] 陆建,王炜,陈学武. 公交专用车道设置条件与效益分析[J]. 东南大学学报:自然科学版,1998(3):103-107.

[181] 白玉,薛昆,杨晓光. 公交专用车道效益评价方法探讨[J]. 公路交通科技,2004,21(1):102-105.

[182] 马海红,孙明正,郭继孚. 快速公交专用道规划设计方法研究[J]. 城市交通,2007,5(4):70-75.

[183] ZHU H B. Numerical study of urban traffic flow with dedicated bus lane and intermittent bus lane[J]. Physica A Statistical Mechanics & Its Applications, 2010, 389(16):3134-3139.

[184] 周智勇,黄艳君,陈峻,等. 公交专用道设置前后无港湾公交停靠站特性研究[J]. 公

路交通科技, 2004, 21(7):103-107.

[185] 黄艳君, 陈学武, 张卫华. 公交专用道设置前后路段交通流模型的比较[J]. 华中科技大学学报: 城市科学版, 2003, 20(4):68-70.

[186] 李庆定, 董力耘, 戴世强. 公交车停靠诱发交通瓶颈的元胞自动机模拟[J]. 物理学报, 2009, 58(11):7584-7590.

[187] ZHAO X M, GAO Z Y, LI K P. The capacity of twoneighbour intersections considering the influence of the bus stop [J]. Physica A Statistical Mechanics & Its Applications, 2008, 387(18): 4649-4656.

[188] ZHAO X M, GAO Z Y, JIA B. The capacity drop caused by the combined effect of the intersection and the bus stop in a CA model [J]. Physica A Statistical Mechanics & Its Applications, 2007, 385(2):645-658.

[189] 贾斌, 李新刚, 姜锐, 等. 公交车站对交通流影响模拟分析[J]. 物理学报, 2009(10): 6845-6851.

[190] NAGEL K, SCHRECKENBERG M. A cellular automaton model for freeway traffic [J]. Journal of Physics I France, 1992, 2(12):2221-2229.

[191] SHINJI K, JUN T, AYA H. Analysis of the Influence of Lane Changing on Traffic-Flow Dynamics Based on the Cellular Automaton Model [J]. International Journal of Modern Physics C, 2011, 22(3):271-281.

[192] NAGAI R, NAGATANI T, TANIGUCHI N. Traffic states and jamming transitions induced by a bus in two-lane traffic flow [J]. Physica A Statistical Mechanics & Its Applications, 2005, 350(2-4): 548-562.

[193] LV W, SONG W G, FANG Z M. Three-lane changing behaviour simulation using a modified optimal velocity model [J]. Physica A Statistical Mechanics & Its Applications, 2011, 390(12): 2303-2314.

[194] ZHANG J, LI X L, LI Z P, et al. The Traffic Characteristics Caused by Lane Reduction Bottleneck in an Optimal Velocity Model [J]. Applied Mechanics & Materials, 2011, 97-98:935-941.

[195] PETTER H. Congestion and Centrality in Traffic Flow on Complex Networks [J]. Advances in Complex Systems, 2003, 6(2):163-176.

[196] RAMI P, YANIV A, et al. Augmented Betweenness Centrality for Environmentally Aware Traffic Monitoring in Transportation Networks [J]. Journal of Intelligent Transportation Systems Technology Planning & Operations, 2013, 17(1): 91-105.

[197] GAO S, WANG Y, GAO Y, et al. Understanding urban traffic-flow characteristics: a rethinking of betweenness centrality [J]. Environment & Planning B Planning & Design, 2013, 40(1): 135-153.

[198] FU T C. A review on time series data mining [J]. Engineering Applications of Artificial Intelligence, 2011, 24(1):164-181.

[199] NOOSHIN O, SEBASTIAN K, BERND M R, et al. Network-based segmentation of biological multivariate time series [J]. Plos One, 2013, 8(5):8750-8750.

[200] AKSOY H, GEDIKLI A, UNAL N E, et al. Fast segmentation algorithms for long hydrometeorological time series [J]. Hydrological Processes, 2008, 22(23):4600-4608.

[201] GEDIKLI A, AKSOY H, UNAL N E, et al. Modified dynamic programming approach for offline segmentation of long hydrometeorological time series [J]. Stochastic Environmental Research & Risk Assessment, 2010, 24(5):547-557.

[202] SINN M, KELLER K, CHEN B. Segmentation and classification of time series using ordinal pattern distributions [J]. European Physical Journal Special Topics, 2013, 222(2):587-598.

[203] ZADEH L A. Fuzzy sets as a basis for a theory of possibility [J]. Fuzzy Sets & Systems, 1978, 1(1):3-28.

[204] DUBOIS D, PRADE H. On several representations of uncertain body of evidence [J]. Fuzzy Information and Decision Processes, 1982(5):167-181

[205] DUBOIS D, PRADE H. Unfair coins and necessity measures: Towards a possibilistic interpretation of histograms [J]. Fuzzy Sets & Systems, 1983, 10(1-3):15-20.

[206] BART K. Fuzziness vs. Probability [J]. International Journal of General Systems, 1990, 17(2-3):211-240.

[207] TIAN Z, ZHANG Z D, YE Y D, et al. Analysis of real-time system conflict based on fuzzy time Petri nets [J]. Journal of Intelligent & Fuzzy Systems, 2014, 26(2):983-991.

[208] WONNEBERGER S. Generalization of an invertible mapping between probability and possibility [J]. Fuzzy Sets & Systems, 1994, 64(2):229-240.

[209] GEORGE J K, BEHZAD P. Probability-Possibility Transformations: a Comparison [J]. International Journal of General Systems, 1992, 21(3):291-310.

[210] SUDKAMP T. On probability-possibility transformations [J]. Fuzzy Sets & Systems, 1992, 51(1):73-81.

[211] DUBOIS D, FOULLOY L, MAURIS G, et al. Probability-Possibility Transformations, Triangular Fuzzy Sets, and Probabilistic Inequalities [J]. Reliable Computing, 2004, 10(4):273-297.

[212] YEH C T. On improving trapezoidal and triangular approximations of fuzzy numbers [J]. International Journal of Approximate Reasoning, 2008, 48(1):297-313.

[213] BAN A I, COROIANU L. Nearest interval, triangular and trapezoidal approximation of a fuzzy number preserving ambiguity [J]. International Journal of Approximate Reasoning, 2012, 53(5):805-836.

[214] YEH C T. Trapezoidal and triangular approximations preserving the expected interval [J]. Fuzzy Sets & Systems, 2008, 159(11):1345-1353.

[215] PRZEMYSŁAW G. Nearest interval approximation of a fuzzy number [J]. Fuzzy Sets &

Systems, 2002, 130(3):321-330.

[216] BAN A, B A, COROIANU L, et al. Approximations of fuzzy numbers by trapezoidal fuzzy numbers preserving the ambiguity and value [J]. Computers & Mathematics with Applications, 2011, 61(5):1379-1401.

[217] BAN A. Approximation of fuzzy numbers by trapezoidal fuzzy numbers preserving the expected interval [J]. Fuzzy Sets & Systems, 2008, 159(159):1327-1344.

[218] PRZEMYSŁAW G. Trapezoidal approximations of fuzzy numbers preserving the expected interval-Algorithms and properties [J]. Fuzzy Sets & Systems, 2008, 159(11):1354-1364.

[219] PRZEMYSŁAW G, MRÓWKA E. Trapezoidal approximations of fuzzy numbers [J]. Fuzzy Sets & Systems, 2007, 158(7):757-768.

[220] 袁崇义. Petri 网原理与应用[M]. 北京:电子工业出版社, 2005.

[221] GU W, LI Y, CASSIDY M J, et al. On the capacity of isolated, curbside bus stops [J]. Transportation Research Part B Methodological, 2011, 45(4):714-723.